온몸으로 드리는 예배

2011

온몸으로 드리는 예배
Worship With All: Understanding The Eucharist

2011년 3월 30일 초판 인쇄
2011년 4월 7일 초판 발행

저자 / 주인돈
발행자 / 박홍주
발행처 / 도서출판 푸른솔
영업부 / 장상진
관리부 / 이수경
표지디자인 / 김의창, 유은주
편집부 / 715-2493
영업부 / 704-2571~2
팩스 / 3273-4649
주소 / 서울시 마포구 도화동 251-1 근신빌딩 별관 302
등록번호 / 제 1-825

ⓒ 주인돈(2011)

값 13,000원

SBN 978-89-93596-21-2 (03230)

이 책은 저작권법에 의해 보호받는 저작물이므로 무단전재와 복제를 금합니다.

온몸으로 드리는 예배
[성찬예배의 이해]

주인돈 지음

푸른솔

이 책을 정철범(마태오) 주교님께 헌정합니다.

정철범(마태오) 주교님은
신학교 학장으로 계실 때에
저에게 전례의 아름다움을 일깨워주시고
공부하도록 격려하여 주셨으며,
사목의 길을 갈 때에 사랑으로 보살펴 주셨습니다.
정철범(마태오) 주교님께서는
성공회 전례교육과 발전에 애정을 가지고 헌신하셨습니다.
감사, 사랑 그리고 존경의 마음을 담아
이 책을 헌정합니다.

| 차 례 |

감사의 글
추천사
일러두기
머리말

제1부 집을 떠나 교회를 향하여: 예배의 동기와 준비

제1장 우리들은 왜 집을 떠나 교회로 향합니까? / 29
제2장 성찬예배의 시작은 입당성가가 아닙니다: 성찬예배의 준비 / 43

제2부 교회 안으로: 성찬예배와 교회

제3장 하느님의 성전, 하느님 백성들의 집으로 / 53
제4장 교회 안으로 / 59
   1. 교회의 건축과 배열
   2. 교회의 제구, 성물
   3. 예배의 상징
   4. 예복
   5. 교회에서 사용하는 색깔
제5장 교회의 관습과 예절 / 97
   1. 우리 몸짓은 마음을 나타내는 언어입니다.
   2. 십자성호는 우리의 신앙고백입니다.
   3. 경배는 겸손히 공경하는 마음입니다..
   4. 어떻게 성체를 받습니까?

제3부 뿌리를 찾아서: 성찬예배와 역사

제6장 최후의 만찬, 새로운 계약의 설립 / 113

제7장 주일, 해방과 부활의 축제일 / 119
    1. 안식일: 해방과 평화의 축제일
    2. 주일: 부활의 축제일

제8장 교회력 / 125
    1. 교회력의 의미
    2. 교회력의 역사와 구조
    3. 각 교회력 해설

제9장 성찬예배의 역사 / 133
    1. 초대교회의 예배
    2. 중세교회의 성찬예배
    3. 종교개혁시대의 성찬예배
    4. 오늘날의 성찬예배

제4부 의미를 찾아서: 성찬예배와 그 의미

제10장 성찬예배의 이름 / 179

제11장 성찬예배의 의미 / 183
    1. 감사
    2. 기념
    3. 희생제사

제12장 성찬예배의 은총 / 197
    1. 죄의 용서
    2. 예수 그리스도와 하나됨
    3. 형제자매와 하나됨
    4. 하늘나라의 잔치에 미리 참여함

제13장 성찬예배의 구조 / 217

제14장 말씀의 전례 / 219

제15장 성찬의 전례 / 235

제5부 지평을 넓히며: 성찬예배와 성공회

제16장 성찬에 대한 신학적 이해 / 259
    1. 로마가톨릭교회의 화체설
    2. 루터교회의 공재설
    3. 쯔빙글리의 기념설
    4. 캘빈의 영적 현존설
    5. 성공회의 수찬설
    6. 미국 연합감리교회
    7. 시간의 신비로서 성찬예식
    8. 언제 그리스도는 현존하시는가?

제17장 성공회 성찬예배의 특징 / 287
    1. 말씀의 전례와 성찬의 균형 잡힌 예배
    2. 교회의 전통적인 예배
    3. 포용하는 예배
    4. 공교회적이고 회중적이며 지역적인 예배
    5. 온몸으로 드리는 예배

참고문헌

| 감사의 글 |

이 책을 출판하면서 "하느님의 일을 하고자 하는 마음을 주시고 그 일을 할 힘을 주신"(필립 2:13) 하느님께 감사드립니다. 한 권의 책이 나오기까지 참으로 많은 사람들의 사랑과 정성 그리고 수고가 필요합니다. 이 책도 역시 그렇습니다.

성공회의 신앙을 살아가시며 어려서부터 신앙을 가르쳐 주신 나의 부모님이신 주경훈(에녹)님과 김애인님께 감사드립니다. 오랜 세월 동안 사랑으로 함께 해준 나의 누이, 주명선 전도사님께도 감사드립니다. 사제가 되고 사목을 실천하는 길에 격려해주시고 이끌어 주신 선후배 그리고 동료 성직자 여러분께 감사드립니다. 특별히 성소를 일깨워 주시고 인도해 주신 전삼광 신부님, 신학교 학장으로 계실 때부터 저에게 전례에 관심을 갖도록 하시고 계속 격려해 주시고 교구장 주교로서 사랑을 베풀어 주신 정철범 주교님, 성소를 일깨워주신 전삼광 신부님, 성직의 길을 가도록 부제, 사제서품을 베풀어주시고 신학교 이후 서울교구 교무국에서, 서울대성당에서 교구장 주교로서 사목의 길을 인도해 주신 김성수 주교님, 서울교구 교무국과 서울대성당에서 사랑으로 감싸고 인도해주신 김재열 신부님, 김근상 주교님, 안봉식 신부님, 꿈 많던 학생시절과 신학생 시절에 신앙을 이끌어 주신 차인환 신부님, 조금환 신부님, 정연우 신부님, 박종기 신부님, 안귀섭 신부님, 이재정 신부님, 이정구 신부님, 교구장 주교로서 격려와 인도를 해주신 캐나다성공회 토론토

교구의 테렌스 휜리 주교님(The Rt. Rev. Terrence Finlay), 미국 성공회 시카고교구의 윌리암 퍼셀 주교님(The Rt. Rev. William D. Persell)과 제프리 리 주교님(The Rt. Rev. Jeffery D. Lee)께 감사드립니다. 이민사목의 현장에서 늘 함께 하여 주신 한성규(발렌틴) 신부님께 감사드립니다.

미국성공회 아시아 선교국장이었던 윈스턴 칭 신부님(The Rev. Dr. Winston Ching) 그리고 현직 아시아 선교국장 윈프레드 베가라 신부님(The Rev. Dr. Winfred Vegara), 그리고 원성호(요나단)께 감사드립니다. 시카고교구의 동역자로서 함께 해준 마해진 신부님(The Rev. Dr. Meredith Potter)과 프리모 라시모(The Rev. Primivito Racimo) 신부님께 감사드립니다.

일일이 이름을 열거할 수는 없지만 이 책은 그 동안 제가 함께 했던 사목의 현장과 성직자 그리고 교우들을 통하여 이루어진 것입니다. 대한성공회 서울교구 선교교육원에서, 서울대성당에서, 캐나다성공회 토론토교구의 성디모테오 한인교회에서, 미국성공회 시카고교구의 한마음교회의 사목현장과 교우들을 통하여 이 책의 출간이 가능하게 된 것입니다. 필자는 사목 여정에 함께 한 모든 분들께 많은 사랑의 빚을 졌습니다. 그분들의 사랑에 감사드립니다.

선교교육원에서 교육교재 출판을 함께 하였습니다. 추천사를 써 주신 성공회대학교 양권석 총장 신부님께 감사드립니다.

책의 출판을 위하여 애쓰고 수고한 분들, 특별히 출판을 위해

격려해주고 직접 출판을 담당해준 나의 친구 박홍주 푸른솔 대표께 감사드립니다.

한마음교회의 이(윤)힐다, 허금옥 자매는 옛 원고들을 입력해주었고 송(이)혜린 자매는 원고 교정을, 나의 비서였던 박순옥 자매는 편집을 도와준 고마운 사람들입니다. 주낙현 신부님께서는 박사과정 공부하는 중에도 원고를 검토해 주셨습니다. 표지 디자인을 해주고 사진촬영을 해준 김의창 집사님, 사진을 제공해준 시카고교구의 데이빗 스킷모어(David Skidmore) 언론부장님, 사진촬영을 담당한 이성훈 한마음교회 회장님께 감사드립니다.

마지막으로 저와 함께 성사적 삶의 여정을 이루어가는 나의 가족들 – 늘 곁에서 함께 해준 아내 이영숙(드보라), 기쁨과 희망을 주는 아들 홍종(이사야)과 딸 환희(메리)에게 감사합니다.

2011년 사순절에
시카고 한마음교회에서
– 주인돈(바우로) 신부

| 추천사 |

온몸으로 하느님을 만나는 예배의 경험을 위하여

성찬예배는 기독교의 핵심 예배입니다.
성찬예배는 기독교 2천년 역사 속에서 가장 중요하고 오랜 역사를 가진 전통 중 하나입니다.

성찬예배는 인간이 하느님을 만나는 접촉점이며, 하느님께서 인간에게 오시는 은혜의 통로입니다. 그러므로 성찬예배의 이해는 기독교 전통에 대한 이해이며 우리 신앙의 이해로서 하느님과의 만남에 대한 이해입니다.

천주교에서는 미사로, 개신교회에서는 성찬식, 성만찬, 성찬예배로, 대한성공회에서는 감사성찬례라고 표현되지만 교회일치적 관점에서 주인돈 신부님은 성찬예배란 표현을 사용하였습니다.

성공회에서 성찬예배는 성공회 신앙의 모든 것이 드러납니다. 성찬예배 속에는 성공회의 역사와 전통이 녹아 있고, 신앙의 고백과 실천이 종합적으로 표현되는 신앙고백입니다. 그러므로 성공회 신자들에게 성찬예배의 이해는 성공회 신앙의 핵심이요 결정체를 이해하는 것과 같습니다.

한국 교계에서는 리마예식서(1982년도)가 나온 이래로 예배의 갱신을 이야기해 왔으며 성찬예배에 관한 관심이 증가하였습니다. 그리고 그 예배 갱신의 모델로 성공회의 성찬예배가 언제나 논의되어 왔습니다. 그래서 성찬예배의 이해 그리고 그 중에 성공회 성찬예배의 이해는 한국 기독교의 예배의 갱신을 위한 기본 전제가 되기도 합니다. 개신교회에서는 말씀중심, 설교중심의 예배로부터 성찬예배로의 변화를 모색한지 오래입니다.

여기에는 인간에 대한 이해와 예수 그리스도에 대한 새로운 이해가 동반되어야 합니다. 그것은 인간은 오감각을 가진 존재로서 하느님께서는 인간의 오감각을 통하여 신앙생활하고 삶을 영위하도록 허락하셨다는 것입니다. 그리고 하느님은 인간의 몸으로 오셔서 인간의 오감각의 몸을 통하여 말씀하시고 선교를 펼치셨습니다. 다시 말해, 하느님께서는 성육신 하셔서 인간의 몸을 입으셨고, 인간의 몸의 구체적 현실로서 보시고, 들으시고, 말씀하시고, 만지시고, 함께 먹고 마시며 하느님의 나라의 현실을 사셨습니다. 바로 성찬예배는 온몸으로 드리는 성육신의 원리를 담은 예배이며, 인간은 성육신의 원리를 통하여 예배드립니다.

주인돈 신부님께서 이번에 출판하는 『온몸으로 드리는 예배』는 기독교 예배의 성육신의 원리에 기초하여 저술한 책입니다. 목회 현장에서 특별히 이민목회의 현장 속에서도 학문적 연구를 계속하면서 이 책을 집필한 주인돈 신부님의 수고와 열정에 감사를 드립니다.

이 책은 성공회의 신자들은 물론이고 한국 교회의 예배갱신을 위한 노력을 기울이고자 하는 일반 개신교 신자와 목회자들을 위해서도 좋은 교육 자료가 되리라고 생각합니다. 왜냐하면 이 책은 성찬예배에 대한 근본적이고 역사적인 이해를 종합적으로 시도하고 있기 때문입니다. 바라기는 이 책을 통하여 성찬예배에 대한 보다 깊은 이해를 통하여 성찬예배가 올바로 드려지며, 성찬예배 가운데 함께 하시는 하느님의 현존을 경험할 수 있기를 바랍니다.

2011년 3월, 사순절에
- 양권석 신부(성공회 대학교 총장)

| 일러두기 |

 이 책에서 사용되는 용어들이 대부분 번역어이기 때문에 몇 가지 용어표현을 일러둔다. 구체적인 용어들은 색인을 참고하기 바란다. 동시에 교파마다 사용하는 용어들이 다르기 때문에 이를 먼저 일러두고자 한다. 여기서 성서는 주로 〈공동번역〉을 인용하였고, 성서 약어 표기는 1997년도 공동번역성서 약어표기를 따랐다.

가톨릭(Catholic)
 '가톨릭'은 '보편적'이라는 뜻이며, 교회에서는 교회분열 이전의 보편적인 초대교회의 전통과 가치를 말한다. 따라서 여기서 쓰는 '가톨릭'은 천주교회를 말하는 것이 아니라 초대교회의 전통을 지키는 모든 교회를 가리킨다. 성공회는 가톨릭(보편적) 교회의 일원이다. 천주교는 "로마가톨릭교회"(Roman Catholic Church)라 하며, 우리말 공식 표기는 '천주교'이다.

개신교(Protestant)
 개신교는 중세 천주교로부터 종교개혁 시기에 독립한 교파들을 의미한다. 그 삼대 교파는 루터교, 개혁교회(장로교회), 성공회였다. 성공회는 개신교의 원칙을 가지고 있는 개신교이다. 그러나 여기서는 성공회 이외의 일반 개신교회들을 일컬어 사용한다.

기도서/공도문/공동기도서(The Book of Common Prayer)

성공회에서 공식적으로 사용하도록 한 예배서를 〈공동기도서〉라고 한다. 우리말로 〈공도문〉(公禱文)이라 번역하여 쓰다가, 2004년도에 한국성공회의 기도서를 개정 출판하면서 〈성공회기도서〉라 표기하였다.

성사/성례전(Sacrament)

성공회, 천주교, 정교회에서는 '성사'로 표기한다. 이 책에서도 이 용례를 따랐다. 개신교 일각에서는 '성례전'으로 표기한다.

성서/성경(The Bible)

그리스도교의 경전을 말하며, 경전성을 강조하는 곳에서는 성경으로, 성서에 대한 비판적 접근을 강조하는 곳에서는 성서라는 말을 쓰는 경향이 있지만 여기서는 성경과 성서를 혼용하여 사용한다.

성찬/성만찬/감사성찬례(The Holy Communion)

개신교에서는 성만찬으로, 정교회에서는 '성찬예배'로, 2004년 성공회기도서에는 '감사성찬례'로 표기하였다. 이 책에서는 '성찬예배'라고 표기하였다.

전례/예전(Liturgy)

일정한 형식에 따른 공적인 예배를 일컫는 말로서 한국성공회에서는 주로 예전라는 말을 사용하였으나 최근에는 전례로 표기하고자 한다.

하느님/하나님(God)

1977년 공동번역성서에는 하느님으로 표기하며, 성공회, 천주교, 정교회에서 이를 사용한다. 초기 개신교에서는 상제, 천주, 하느님, 하나님 등 다양한 용어를 사용했으나 개역성서를 펴내는 과정에서 하나님이란 호칭을 쓰기 시작했다. 여기서는 하느님으로 표기한다.

| 머리말 |

✺ 성찬예배에 대한 이야기를 시작하면서

> "그날은 주일미사에 참예한 것이 아니라,
> 곤욕스런 고문을 당하는 심정이었습니다."

왜 이야기를 시작하는가?

충격스러운 이야기였습니다. '미사에 참예한 것이 아니라 고문을 당하는 심정이었다'고 한 신자가 저에게 고백하였습니다. 본인이 대한성공회 서울대성당에서 보좌사제로 일을 할 때 들은 이야기입니다. 그분은 이런 고백을 하였습니다. "한 번은 주일미사 시간에 조금 늦게 왔습니다. 뒷좌석은 이미 다른 신자들이 차지하고 있었고 앉을 자리가 별로 없었습니다. 이때 안내를 담당하는 사람이 앞쪽 좌석으로 인도하였습니다. 미사를 집전하는 신부님의 모습이 잘 보여 처음에는 좋았습니다. 그런데 그것도 잠시뿐, 미사 도중에 언제 일어나고 언제 앉는지 몰라서 당황하였습니다. 그날은 주일미사를 봉헌한 것이 아니라 곤욕스런 고문을 당하는 심정이었습니다." 그분의 이야기는 저에게 충격이었습니다. 그분은 좋은 대학을 나왔고 사회에서도 지도적인 위치에 있는 분이셨습니다. 그런데 주일예배 중의 여러 가지 예절을 몰라 곤욕을 치렀다는 것입니다. 그런데 이와 같은 분이 한 둘이 아닌 것을 저는 발견하였습니다. 저는 성공회 집안에서 태어나 교회의 예배와 예절에 관하여 어려서부터 익혀왔기 때문에 별 문제가 없었습니다. 사실상 성공회의 예배는 이미 신자가 된 사람들이 드리는 예배를 전제하고 있습니다. 그 때문에 처음으로 성공회 예배에 참여하는 사람들에게는 어려움이 있습니다. 어떻게 할 줄 모르고, 의미도 모르며 여러 가지 질문들이 있습니다. 그래서 저는 서울대성당에서 시무할 때에 미사에 관한 이야기를 교회 주보에 1993년 7월부터 약 3개월간 실은 적이 있습니다. 그 이후 서울대성당을 떠나 캐나다와 미국에서 사목을 하면서 역시 같은 문제로 고민하는 신자들과 성직자들을 만나게 되었습니다. 그래서 성찬예배에 대한 질문은 저에게 숙제처럼 남게 되었고 그때그때 성찬예배에 관한 글을 쓰고 번역을 하였습니다.

그런가 하면 성공회 성찬예배에 참여해본 사람들 중 다수는 성공회 예배의 아름다움과 거룩함에 매료됩니다. 성공회 주일예배에는 엄숙함과 신적인 거룩함이 있습니다. 그러면서도 공동체가 함께 참여하는 자유로움과 역동성이 있습니다. 그뿐만 아니라 예배의 한 파트너로 침묵 중에 아름다움을 드러내는 교회의 성물과 건축 등은 성공회의 예배를 더욱 아름답고 거룩하게 인도합니다. 그래서 성공회 예배의 아름다움과 거룩함에 빠지는 사람들도 많이 있습니다. 성공회 성찬예배의 아름다움은 마치 크리스털의 아름다움과 같다고 할 수 있습니다. 크리스털은 서로 다른 면들을 가지고 있습니다. 그리고 서로 다른 면들이 함께 아름다움을 만들어내듯이 성공회의 성찬예배 역시 여러 면들을 통하여 아름다움과 거룩함을 드러내고 있습니다. 저는 이 책을 통하여 여러분들이 성공회 성찬예배의 아름다움을 재발견하고 그 아름다움 가운데 예배를 계속하기를 바랍니다. 만일 여러분이 습관적으로 주일예배에 참례한 분이라면 이 책을 통하여 성공회 예배의 성서적 근거와 역사적 뿌리 그리고 깊은 의미와 아름다움을 발견하시기를 바랍니다. 그래서 진정으로 아름답고 거룩하게 드리는 주일성찬예배가 되기를 원합니다.

온몸으로 드리는 예배

우리가 성서의 마지막 책인 요한묵시록을 보면 하늘나라의 예배장면들이 묘사된 것을 보게 됩니다. 요한묵시록에 묘사된 하늘나라의 예배장면들 중에는 다음과 같은 찬가들이 있습니다.

"거룩하시다. 거룩하시다. 거룩하시도다.
전능하신 주 하느님, 전에도 계셨고 지금도 계시고 장차 오실 분이시로다."

그리고 "죽임을 당하신 어린양"을 찬송하는 장면이 자주 반복되는 것을 볼 수 있습니다. 그리고 이런 요한묵시록의 찬송과 예배의 내용을 성공회 신자들은 매 성찬예배 때마다 반복해서 드리고 있습니다. 그리고 하늘나라의 예배장면의 모습을 성공회 교회에서는 볼 수 있습니다. 비록 요한묵시록에 묘사된 하늘나라의 예배처럼 유리 바다 같고 수정처럼 맑은 옥좌, 은과 금으로 된 제단과 나팔과 하프 등의 모습은 성공회 성전에서 볼 수 없지만 성공회 예배 가운데 눈으로 볼 수 있는 아름다운 여러 가지 것들-소리, 촛불, 아름다운 예복, 오르간과 성가대, 꽃들과 십자가 그리고 스테인글라스와 심지어 금향로의 향에서 나는 냄새도 맡을 수 있습니다. 이런 아름다운 것들은 하느님을 찬양하고 예배하기 위하여 준비된 것들입니다. 성공회는 하늘나라의 예배를 지금 여기서도 드리고 있는 것입니다. 저는 이런 성공회의 아름다운 예배의 모습을 "온몸으로 드리는 예배"로 이름 붙이고 싶습니다. "온몸으로 드리는 예배", 그것은 우리의 전 존재로서, 그리스도의 몸인 교회공동체 안에서, 하느님이 창조한 세계를 통하여 하느님께 예배드리는 것입니다.

우리들은 몸을 입은 영적 존재로서 하느님을 예배합니다. '하느님은 영이시니 영적으로 참되게 예배드려야 한다'는 것을 우리들은 알고 있습니다. 그러나 몸으로 예배를 드린다는 것은 생소할 수도 있습니다. 제가 표현하고 싶은 몸은 먼저 인간을 구성하는 전체입니다. 우리들은 육체적인 몸과 영을 지닌 한 개인으로서 몸입니다. 우리들은 단지 영으로만 하느님을 예배드리지 않습니다. 우리들은 온몸으로 예배드립니다. 우리들의 온몸-몸과 마음, 영혼-을 다하여 하느님을 예배합니다. 구약성서의 예배는 온몸으로 드리는 예배였습니다. 예수님 역시 온몸으로 예배드렸습니다. 우리들의 영은 육체적인 몸으로부터 분리될 수 없는 것이며 우리들의 영적인 신앙은 일상의 삶 속에서 육체적인 몸과 물질적인 것들을 통하여 표현되고 있습니다. 우리들은 이 사실을 성육신(incarnation)과 성사(sacrament)적 원리에서 찾아 볼 수 있습니다. 그리스도교 신앙의 시작은 하느님의 아들, 예수 그리스도께서 인간의 몸을 입고 오신 사건, 즉 성육신입니다. '말씀이 사람이 되셔서 우리와 함께 계셨다'(요한 1:14)고 요한복음은 말합니다. 하느님은 단지 인간에게 좋은 생각이나 영적인 통찰력을 보내시지 않으셨습니다. 하느님은 인간의 몸으로 오셔서 외적으로 볼 수 있는 존재로서 '그 말씀을 듣고 눈으로 보는 것' 뿐만 아니라 '실제로 목격하고 손으로 만져볼 수 있었습니다.'(1요한 1:1) 하느님께서 인간의 몸으로 오셨기 때문에 인간들이 하느님을 이해할 수 있었던 것입니다. 바로 성공회의 예배의 중심 원리는 성육신에 있습니다.

성육신의 예배의 원리는 성사적 방법(성례전적인 방법)을 통하여 표현됩니다. '내적이고 영적인 은총을 외적이고 볼 수 있는 것들을 통하여 나타내는 것'인 성사를 통하여 예배를 표현합니다. 그것은 바로 예수 그리스도께서 사용하신 방법입니다. 예수님께서는 빵과 포도주로 당신의 희생을 기념하도록 하셨고 그것을 제자들에게 나누어 주셨습니다. 병자들에게 손을 얹으셨고, 눈먼 사람에게 기름을 발라 주셨습니다. 성육신하신 구세주께서는 성사적 방법을 통하여 하느님의 사랑과 능력을 드러내셨습니다. 예수 그리스도의 성육신과 성사적 선교활동은 하느님을 전하고 예배하였으며, 온몸을 통하여 하느님께 예배드리는 성공회 예배의 원리가 되었습니다. 그래서 성공회에서는 인간의 모든 감각을 통해서 하느님께 예배드리고, 모든 감각을 통하여 하느님을 경험하도록 돕습니다.

"온몸으로 드리는 예배"는 또한 그리스도의 몸된 교회공동체의 예배를 의미합니다. 교회공동체는 그리스도의 몸입니다. 제가 표현하고 싶은 그리스도의 몸은 복합적 의미를 가지고 있습니다. 세례받은 형제자매들의 공동체로서, 지상적·역사적 실존형식으로서, 하느님 나라의 현실로서, 지교회인 동시에 세계교회로서, 다양성 안에 있는 통일성으로서, 우주적 공동체로서의 그리스도의 몸을 의미합니다.[1] 이 복합적 의미를 담고 있는 그리스도의 몸된

---

1) 이 부분에 대한 자세한 내용은 김균진의 논문 "그리스도의 몸으로서의 교회", 『신학논총』 제2집, 서울, 한국기독교문화연구소, 1996, pp.189-210. 참조.

교회공동체가 주님의 만찬으로부터 시작하여 역사 속에서 내려온 교회공동체의 예배를 드리고 있는 것입니다. 한 가지 예를 들면 로마시대의 박해의 시기에도 초대교회 신자들은 빵과 포도주를 나누고 촛불을 켰고 또 예복을 입었습니다. 우리들은 예수님의 최후의 만찬으로부터 시작되어, 역사적인 변천과 더불어 교회의 핵심 예배로 자리 잡고 있는 교회공동체의 성찬예배를 드리고 있는 것입니다. 역사 속에서 내려온 전통 및 유산과 더불어 오늘날 세계 각지에서 하느님께 예배드리는 형제자매들과 함께 온몸으로 예배드립니다. 그러므로 온몸으로 드리는 예배는 그리스도의 몸인 교회공동체가 드리는 예배입니다.

온몸으로 드리는 예배는 하느님이 창조한 이 세계를 통하여 드리는 예배입니다. 우리들은 하느님을 예배드리기 위하여 하느님이 창조한 세계 안에서 창조물을 재구성하고 그 창조물의 일부를 통하여 하느님을 예배합니다. 우리들이 예배드리는 사건은 단지 진공 속에서 이루어지는 것이 아니며, 구체적인 하느님의 창조의 현실 세계 속에서, 하느님의 창조물의 실제를 통하여 드립니다. 교회공동체가 예배드리기 위하여 사용하는 물리적인 영역들-교회의 건축, 교회의 성물, 예배의 각종 상징들은 하느님의 창조의 세계, 이 세계의 몸을 말합니다. 성공회는 하느님이 창조한 이 세계의 몸을 통하여 예배를 드립니다. 그러므로 우리가 예배를 이해하기 위해서는 이 세계의 몸을 이해하여야 합니다.

온몸으로 드리는 예배는 한 개인의 몸, 교회공동체의 몸과 하느님이 창조한 세계의 몸으로 드리는 예배입니다. 우리들은 하느님께서 창조하신 인간의 몸, 인간의 모든 감각을 통하여 그리스도의 몸인 교회공동체 안에서 공동체와 더불어 하느님이 창조하고 우리에게 주신 당신의 세계를 통하여 하느님을 예배하고 하느님을 경험하도록 인도하며 표현합니다. 그래서 우리들이 드리는 예배는 우주적 사건으로서 종말론적인 하늘나라의 예배를 미리 경험하는 것입니다. 온몸으로 드리는 예배, 이것이 성공회 성찬예배에서 드리기 원하는 예배이고 또한 이 책이 설명하기 원하는 바입니다.

이 책의 구성에 대하여

온몸으로 하느님께 드리는 예배를 이해하기 위하여 이 책은 다음과 같이 구성되었습니다. 먼저 성찬예배를 위한 주변적인 것과 외적인 것에서부터 시작하여 내적인 의미와 깊이로 들어가고자 합니다. 1부에서 먼저 집을 떠나 교회로 가는 예배의 동기를 다루고 성찬예배를 어떻게 준비하는가를 말합니다. 2부에서 우리가 성찬예배를 드리기 위해서 교회로 들어가서 만나게 되는 여러 가지 외적인 것들-예배를 위한 교회건축, 교회의 제구와 성물, 상징, 교회의 예절 등을 다룹니다. 3부에서는 성찬예배가 역사적으로 어떻게 변천되어 왔는가를 이해하기 위하여 최후의 만찬, 주일, 교회력, 성찬예배의 역사를 다룹니다. 4부에서는 성찬예배의 의미를 이해하기 위하여 성찬예배의 여러 이름, 성찬예배의 의미와 성찬예배를 통하여 얻는 은총, 성찬예배의 구조, 성찬예배의 각 부분에 대한 설명을 시도합니다. 5부에서는 성찬(성체성사)에 대한 성공회의 신학적 이해를 다른 교파의 신학적 이해와 비교하면서 살피고, 성공회 성찬예배가 다른 교파와 비교할 때 어떤 특징이 있는 지를 살핍니다. 이 책에서 성찬예배와 관련된 더 하고 싶은 질문들이 있지만 다루지 않은 부분들이 있습니다. 성찬예배와 성서 그리고 성서정과에 대한 질문, 성찬예배와 음악, 성찬예배와 참여자들-사제, 제단 봉사자, 성가대, 회중 등에 대한 질문 등입니다. 이 부분은 다음 기회로 미룹니다.

이 책은 전례 봉사자, 평신도 지도자, 신학생, 성직자들의 성찬예배에 대한 교육을 위하여 준비된 것입니다. 하지만 여기에 있는 글들은 본래 책을 내기 위해서 쓴 글들이 아닙니다. 필자가 성공회 신학교를 졸업한 이후 대한성공회 서울교구의 선교교육원에서 구역기도 교재를 편집하면서, 서울대성당의 교회 주보에 쓴 것과 캐나다 토론토의 한인성공회와 미국성공회 시카고의 한마음교회에서 신자들의 교육을 위하여 그때그때 글을 쓰고 번역한 것들을 모으고 정리한 것입니다. 그리고 더 깊은 관심과 연구를 하고자 하는 이들을 위하여 각주를 달았고 마지막에 전체적으로 참고문헌 목록을 수록하였습니다.

여기에 쓰여진 글들은 대부분 영국성공회, 미국성공회와 캐나다 성공회에서 출판된 문헌을 참고로 하여 작성되었습니다. 또한 한국천주교회와 미국천주교회에서 발행한 미사와 전례에 관한 문헌들을 참고하였습니다. 이 책은 대한성공회와 영어권 나라에서 신앙생활하는 성공회 신자들과 성공회의 예배를 알기를 원하는 사람들을 위하여 준비하였습니다. 그래서 명칭표기가 한·영으로 그리고 한국과 미국성공회의 전례의 맥락에서 다루었습니다.

바라기는 이 책을 통하여 성공회의 성찬예배를 이해하고 성공회 예배의 아름다움을 더욱 발견하시고 온몸으로 하느님께 예배드리시기를 바랍니다. 우리가 진정으로 성찬예배를 바르게 이해할 때

말씀과 성체 안에서, 그리고 그리스도의 몸된 교회공동체 안에서 하느님이 창조한 세계를 통하여 우리에게 오시는 하느님을 만나고 경험하리라 믿습니다. 또한 이 책이 한국 기독교계의 예배를 회복하는 데에 도움이 되기를 바랍니다.

제1부 집을 떠나 교회를 향하여:
예배의 동기와 준비

왜 할 일 많은 주일에
우리들은 집을 떠나 교회로 향합니까?
교회를 향하는 발걸음,
성찬예배를 향한 마음은 어떤 것들일까요?
어떻게 성찬예배를 준비할까요?

사진 1. 최후의 만찬,
Juan de Juanes, 1560s, Panel, 116 x 191 cm Museo del Prado, Madrid

제1장 우리들은 왜 집을 떠나 교회로 향합니까?
제2장 성찬예배의 시작은 입당성가가 아닙니다: 성찬예배의 준비

제1장

✣ 우리들은 왜 집을 떠나 교회로 향합니까?

왜 사람들은 주일에 집을 떠나 교회로 향하는 것일까요? 왜 사람들은 교회로 발걸음을 옮기는 것일까요? 주일, 세속적인 용어로 일요일에는 얼마나 할 일이 많이 있습니까? 못다한 집안 정리, 미루어둔 서류 정리, 정원가꾸기, 운동, 가족과 주말여행, 친척들 방문하기, 비디오나 영화보는 것 또는 느긋하게 커피 한 잔을 하면서 일요일자 신문을 보거나 잡지책을 볼 수도 있지 않습니까? 정말로 일요일에는 얼마나 많은 일들을 할 수 있겠습니까? 그러나 그 모든 것들을 뒤로하고 우리들은 교회로 향합니다. 수많은 일들을 물리치고 우리들은 교회로 향합니다. 오늘날 주일예배는 수많은 경쟁자들을 물리쳐야만 하는 것과 같습니다.

사람들은 여러 가지 이유로 교회에 갑니다. 어떤 이들은 습관적으로, 어떤 이들은 감사함으로, 어떤 이들은 죄책감으로, 어떤 이들은 교회에 대한 충성으로 교회에 갑니다. 어떤 이들은 배우자에게 등이 떠밀리다시피 해서 또는 강요에 의해서, 어떤 이들은 자녀들에게 신앙심을 심어 주기 위해서, 어떤 이들은 깊은 신앙심으로, 어떤 이들은 사람들이 좋아서 가기도 합니다. 어떤 이들은 뭐라고 설명할 수 없지만 교회에 가는 것이 그들의 일처럼 되어버린 사람들도 있습니다. 그런데 이 모든 것들 속에, 이 세상의 모든 문화와 사건들을 잠재우고 무엇이 주일에 교회에 가서 예배드리게 만드는 것일까요? "우리가 사람들이 '왜 주일에 교회로 향하는가'를 이해하는 것은 예배의 이론을 제공해 주고 예배의 방향을 제공해 주기 때문입니다."1)

1. 신앙의 신비-그리스도께서 부르셨습니다.

우리들은 주일에 교회에 나가서 하느님께 예배를 드릴 때 "살아계신 하느님의 현존(現存)"을 경험합니다. 우리들은 예배 중에 살아계신 하느님을 만나고 그의 현존 앞에 무릎을 꿇고 그를 예배드릴 수밖에 없습니다. 그것은 하느님께서 인간을 창조하신 목적이기도 합니다. "살아계신 하느님 앞에 예배드리는 행위는 인간이 진정한 인간이 되기 위한 필수적인 일과 같은 것입니다."2) 그래서 어느 시대 어느 곳에서나 인간이 사는 곳에서는 하느님을 예배하였습니다. 인류학자들에 의하면 어느 시대 어느 문화이든지 간에 모든 인간은 신적인 존재와 연결되고 싶은 종교적 행위가 있음을 보여줍니다. 하느님을 예배하는 것은 하느님께서 인간 안에 심어 놓은 우주적 갈망이라고 말할 수 있습니다. 인간은 영적인 존재입니다. 그러므로 인간이 하느님을 영적으로 예배할 때만 진정한 인간이 되고 영적인 갈망을 충족시킬 수 있는 것입니다.

---

1) Long, Thomas G, *Beyond Worship Wars*(Bethesda, MD: The Alban Institute, 2001), p.15.
2) Long, Thomas G, Ibid. p.17.

교회의 예배에는 이미 살아계신 하느님께서 그곳에 계시어 우리를 부르시는 것입니다. 살아계신 하느님께서 우리와 함께 계셔서 당신을 예배하도록 인도하는 것입니다. 마치 하느님께서 호렙산 기슭의 가시나무 떨기에 나타나셔서 모세가 신발을 벗고 하느님 앞에 예배를 드릴 수밖에 없었던 것처럼 하느님은 살아 계셔서 우리를 예배하도록 인도하십니다. 그것은 풍랑이 이는 호숫가 위를 걸으시는 예수님을 만나고 베드로가 주님께 무릎을 꿇고 경배드리고 그의 죄됨을 고백하는 것과 마찬가지입니다. 살아계신 하느님은 이미 그곳에 계시며 우리는 살아계신 하느님께 예배드리는 것입니다. 이것이 신앙의 신비입니다. 전능하신 하느님께서 당신 백성들에게 그의 현존을 알리시고 하느님의 백성들은 하느님을 예배드릴 수밖에 없는 신앙의 신비, 그것이 사람들을 교회로 향하게 하는 것입니다.3) 시편은 이를 다음과 같이 표현합니다.

"어서 와 허리 굽혀 경배드리자. 우리가 야훼께 무릎을 꿇자."(시편 95:5)
"야훼 우리 하느님을 기리어라. 그분의 발판 아래 엎드려라. 그분은 거룩하시다."(시편 99:5)

우리가 하느님께 가는 것은 그가 먼저 예수 그리스도를 통하여 우리에게 오셨기 때문이며 우리가 그를 사랑할 수밖에 없는 것은 그가 먼저 우리를 사랑하셨기 때문입니다. 그분 앞에 예배를 드릴 수밖에 없는 것, 이것이 신앙의 신비입니다. 사도 바울로는 이 신앙의 신비를 다음과 같이 묘사하고 있습니다.

---

3) 신앙의 신비에 관해서는 다음의 자료를 참고할 수 있습니다. Charles P. and Weil, Louis. *Liturgy for Living*(San Francisco: Harper & Row Publishers, 1979), pp.31-34.
  Abba, Raymond. *Principles of Christian Worship*, 허경삼 역, 「기독교 예배 원리와 실제」(서울: 한기독교서회, 1988), p.14. 그리고 Long, Thomas G, Op. Cit., p.18.

"우리가 믿는 종교의 진리는
참으로 심오합니다.
그분은 사람으로 이 세상에 오셨고
성령이 그분의 본성을 입증하셨으며
천사들이 그분을 보았습니다.
그분은 만방에 전해져서
온 세상이 그분을 믿게 되었으며
영광 가운데 승천하셨습니다."(1티모 3:16)

사진 1-1. 성당 정문에 있는 그리스도의 상.
많은 중세시대의 교회에는 교회 정문에 그리스도의 상을 조각하여 놓았는데, 이는 그리스도는 모든 이를 환영하며 당신에게로 초대한다는 의미입니다. 바로 그리스도의 초대에 대한 응답이 예배입니다.

    우리 신자들은 사람마다 모두 다릅니다. 그럼에도 불구하고 우리들은 함께 모입니다. 함께 모여 교회공동체를 이루고 예배를 드립니다. 이 사실은 초기 로마시대의 그리스도교인들의 예배를 상기시켜 줍니다. 초기 로마시대의 신자들은 박해의 위험성에도 불구하고 함께 모여서 그리스도를 예배드렸습니다. 그레고리 딕스(Gregory Dix)는 로마시대의 성찬예배를 해석하면서 성찬예배는 주일 이른 아침부터 시작되었다고 하였습니다. 사람들은 이른 아침에 주일예배에 참여하기 위해 집을 나섰습니다. 특별히 로마 시대에 주일예배에 참여한다는 것은 박해를 당하던 시대였으므로 죽음을 각오한 것이었습니다. 생명을 건 결단으로 초기 그리스도교 신자들은 함께 모여 예배를 드렸습니다. 왜냐하면 그리스도께서 부르셨기 때문입니다. 우리들, 각 다른 개인들은 교회로 모여 함께 공동의 기도를 드리고 함께 같은 찬송을 부릅니다. 도대체 어떻게 이것이 가능할까요? 그것은 그리스도께서 우리를 부르셨기 때문입니다. 그리스도께서는 '하느님 아버지께서는 이렇게 예배하는 사람을 찾고 계신다'(요한 4:26)고 하셨습니다. 그리스도는 우리를 불러 그리스도의 몸을 이루고 하느님을 예배하도록 인도합니다. 토머스 롱(Thomas G. Long)은 현대사회 속에서 교회가 살아 있는 예배를 드리기 위해서는 예배 중에, 예배 안에, 하느님의 현존을 경험하는 신앙의 신비를 경험토록 하여야 한다고 주장합니다. [4]

그리스도는 계속적으로 그의 백성들을 부르시고 모으십니다. 모든 연령, 사회적 신분과 지위, 경제적 배경, 성별, 교육 정도의 차이에도 불구하고 그리스도께서는 우리를 부르시고 우리들은 그의 부르심에 응답하여 예배를 드립니다. 12~13세기 중세 유럽의 성당에는 전신상의 그리스도가 문 앞에 있었습니다. 그것은 그리스도는 사람들을 초대하고, 사람들을 환영하는 집주인과도 같은 분이라는 고백 때문입니다.[5] 그분은 우리를 초대하십니다. 그분은 우리들의 많은 차이에도 불구하고 우리를 불러 하나가 되게 하십니다. 그분은 우리를 불러서 주님의 잔치에 참여하고 함께 공동체의 예배를 드리고 구원에 이르도록 인도하고 있는 것입니다. 그분의 부르심에 응답하여 살아계신 하느님의 현존을 경험하는 신앙의

---

4) Long, Thomas G, Op. Cit., p.20.
5) Mauck, Marchita, Shaping a House for the Church, Chicago, IL: Liturgy Training Publications, 1990, p.8.

신비, 그것이 사람들이 교회에 모여 예배드리는 첫 번째 이유입니다.

2. 공동체 예배에 참여

우리가 교회에 모여 함께 예배드리는 것은 각 개인별로 하느님을 만나기 위한 것이 아닙니다. 우리들은 각자 집에서 기도할 수 있습니다. 각자 집에서 예배드릴 수 있습니다. 요즘같이 미디어가 발달된 세계 속에서는 우리들은 언제든지 예배의 상황을 접할 수 있고 하느님의 말씀을 들을 수 있습니다. 그럼에도 불구하고 우리들은 주일에 교회에 함께 모입니다. 그것은 우리들이 모이는 의미, 전례(Liturgy)의 뜻을 드러냅니다. 전례는 본래 '하느님 백성들의 일'을 뜻합니다. 하느님의 백성들이 하느님께 예배드리기 위해서 함께 모이고 일하는 것, 그것이 전례입니다. 성직자들은 예배를 인도하고 회중들은 성직자들의 예배 인도를 구경하기 위하여 모이는 것이 아닙니다. 예배는 성직자와 평신도가 함께 하느님을 예배드리는 것입니다. 그래서 예배는 본질적으로 공동체적인 행위(a corporate activity)입니다. 예배는 고립된 개개인의 행위가 아니라 교회전체의 행위이며 교회의 주되신 그리스도와의 관계 속에서 이루어지는 공동체의 행위입니다.6) 예배는 하느님의 백성들이 하느님을 향하여 나아가는 공동체의 접근이며 공동체의 고백입니

---

6) 교회 예배의 공동체적인 요소에 관해서는 다음의 책들을 참조할 수 있습니다. Price, Charles P. and Weil, Louis. *Liturgy for Living*, San Francisco: Harper & Row Publishers, 1979, pp.20-22. 참조. 그리고 Abba, Raymond. Op. Cit. pp.19-22. 참조. 그리고 Shepherd Jr, Massey H., *The Worship of the Church*, Greenwich, Con: The Seabury Press, 1952, pp.4-5. 참조. Dix, Dom Gregory, *The Shape Of The Liturgy*, London: Dacre Press, 1975, pp.16-19 참조.

다. 우리들 한 사람 한 사람이 개인적인 신앙으로 모여서 공동체적인 신앙으로 함께 예배드리는 것입니다. 나 개인의 신앙을 표현하고 주장하기 위하여 공동체로 모이는 것이 아니라 각 개인적인 신앙의 차이에도 불구하고 공동체의 신앙을 고백하기 위하여 모이는 것입니다.

사진 1-2. 대한성공회 서울대성당의 주일학교 어린이들이 공동으로 완성될 성당을 모자이크로 만들었습니다.(1991년) 교회는 각 지체들이 서로 사랑과 친교를 통하여 이루어지는 공동체입니다. 교회는 공동체의 예배를 드립니다.

우리가 그리스도교 신자생활의 시작인 세례를 이해할 때 그리스도를 통한 하느님과의 관계는 그리스도교 공동체의 맥락(context) 안에서만 이루어지는 것입니다.7) 다시 말하여 우리는 세례를 통하여 그리스도교 공동체의 일원이 되며 나의 믿음을 공동체 안에서 고백하는 것입니다. 우리가 세례성사에서 고백하고 성찬예배 때마다 반복해서 표현하는 신앙은 그리스도 안에서 일치를 이루는 공동체의 신앙이고, 하나되게 하는 성령 안에서 이루어지는 신앙 고백입니다. 우리는 이 공동체를 세례공동체라고 부릅니다. 교회

---

7) Price, Charles P. and Weil, Louis. Ibid., p.30.

는 세례를 통하여 예수 그리스도의 탄생, 죽음과 부활을 믿으며 이것이 그들의 삶의 여정과 구원의 전형임을 고백하는 사람들의 모임입니다. 이 세례공동체가 드리는 예배는 세상과 구별되는 공동체입니다. 우리가 교회에 나가면 이미 그곳에는 교회공동체의 신앙이 있고, 교회공동체의 예배가 있는 것을 발견합니다. 우리가 교회의 예배를 드릴 때에 사용하는 성서, 예식서, 성가책을 살펴봅시다. 거기에는 이미 오랜 세월을 거쳐서 내려오는 교회의 신앙과 전통이 담겨져 있습니다. 우리는 이미 고백되어진 교회공동체의 신앙고백과 전통을 나의 신앙과 고백으로 받아들이고 표현하는 것입니다. 그리고 이미 신앙을 고백하고 하느님을 예배한 사람들의 경험을 통하여 나의 신앙은 더 깊어지고 확대되어지는 것입니다.

우리가 역사적인 교회에 가면 만나게 되는 많은 것들이 있습니다. 거기에는 성화(icon), 성상, 스테인드글라스와 역사적인 기록들을 볼 수 있습니다. 이 모든 것들 속에는 우리들보다 먼저 믿은 신앙인들의 역사와 신앙의 표현이 담겨 있습니다. 우리들은 그것들을 통하여 신앙이 공동체적으로, 역사적으로 내려오고 있다는 사실과 오늘의 역사 속에서 공동체의 신앙을 또한 고백하여야 함을 인식하게 됩니다. 그러므로 우리들은 개인적으로 모여 공동체의 신앙을 고백합니다. 이것을 통해 개인들의 신앙은 공동체를 통하여 승화되고 성숙되어 갑니다. 개인적인 차원의 신앙이 공동체를 통해 확장되고 심화되어 집니다. 세례공동체인 교회 속에서 개인들은 예배를 통하여 공동체를 경험합니다.

인간은 사회적 동물입니다. 인간의 근본적인 욕구 중에는 공동체에 대한 욕구가 있습니다. 공동체에 소속되고 싶고 교제를 나누고 싶은 열망이 인간에게 있습니다. 특별히 현대사회와 같이 분화되고 개인화되어가는 삶 속에서는 공동체에 대한 열망은 더욱 강하게 나타납니다. 사람들은 바로 교회에 나와서 예배를 통하여 공동체를 이루고 사랑의 친교를 나눕니다. 사람들은 공동체에 소속되기를 원하고 사랑의 친교를 나누기를 원합니다. 모든 환경에 있는 사람들이 교회의 공동체의 예배를 통하여 인종, 국적, 부귀, 교육, 사회적 지위, 성별, 연령을 초월한 사랑의 교제를 경험합니다. 사도행전에 나오는 초대교회 공동체의 사랑과 일치의 모습은 바로 이 사실을 증명해 주고 있습니다. 미국성공회(1982년) 성가 529장 그리고 한국찬송가공회의 찬송가(1983년) 526장은 교회공동체의 사랑의 교제를 다음과 같이 표현합니다.

"주 예수 안에 동서나 남북이 있으랴. 온 세계 모든 족속이 다 형제 아닌가"

사도 바울로는 이 교회공동체의 일치와 사랑을 다음과 같이 노래합니다.

"성령께서 평화의 줄로 여러분을 묶어 하나가 되게 하여 주신 것을 그대로 보존하도록 노력하십시오. 그리스도의 몸도 하나이며 성령도 하나입니다. 이와 같이 하느님께서 여러분들을 당신의 백성으로 부르셔서 안겨주시는 희망도 하나입니다. 주님도 한 분이시고 믿음도 하나이고 세례도 하나이며 만민의 아버지이신 하느님도 한 분이십니다. … 그리스도께서는 우리들에게 각각 다른 은총의 선물을 알맞게 나누어 주셨습니다. … 우리의 몸은 각 부분이 자기 구실을 다함으로써 각 마디가 서로 연결되고 얽혀서 영양분을 받아 자라납니다. 그리스도를 머리로 하는 교회도 이와 같이 하여 사랑으로 자체를 완성해 나가는 것입니다."(에페소 4:1-16)

삼위일체 하느님께서 서로 안에 온전한 사랑과 친교로 일치를 나누듯이 구원받은 성도들의 모임인 교회공동체는 예배 안에서 친교를 나누고 하나가 되므로 삼위일체 하느님의 사랑과 친교를 반영합니다. 교회로 향하는 신자들의 발걸음 속에는 이 사랑과 친교의 공동체로 향하는 마음들이 있는 것입니다. 그래서 교회의 예배는 방문자, 초신자들을 환영하고 사랑과 친교 안으로 들어갈 수 있도록 배려할 때 하느님의 현존을 경험할 수 있습니다. 그러므로 예배를 계획하고 인도하는 자들은 인간의 두 가지 갈망, 하느님의 현존을 경험하고자 하는 갈망과 공동체 안에서 사랑과 친교를 나누고자 하는 갈망을 어떻게 예배 안에서 실현할 수 있을까를 고민하여야 합니다. 인간의 기본적인 갈망, 좀 더 정확히 표현하자면 공동체 안에서 하느님(God in community)을 경험하기를 원하는 갈망을 충족시켜야 합니다. 티모디 라이트(Timothy Wright)는 다음과 같이 말하였습니다.

> "사람들은 자신들을 있는 그대로 알아주기를 원하고 사랑받기를 원합니다. 그들은 교회에서 사람들이 사랑해주길 바라고, 사람들이 그들을 있는 그대로 받아주길 희망하면서 교회에 나옵니다. 그들은 따뜻하고 열려 있는 환경에 가치를 둡니다. 예배 가운데 사랑과 친교를 나눌 수 있는 요소가 있다면 이런 사람들의 갈망을 충족시켜주는 것입니다."[8]

3. 거룩한 시간, 거룩한 공간을 향하여

우리들은 매주 교회에 모여 하느님께 예배를 드립니다. 우리들은 하느님의 함께하심을 추구하며, 한 주일이 지나면 그 다음 주일에 또 모입니다. 모여서 역시 똑같은 모습으로 하느님의 말씀을

---

8) Timothy Wight, *A Community of Joy*, Nashville, TN: Abingdon Press, 1994, pp.20-21.

듣고 성찬의 전례를 행합니다. 왜 우리들은 똑같은 일들을 매 주일마다 반복할까요?

우리들은 이 세상에 살면서 실패하고 좌절하곤 합니다. 우리가 살아가는 이 세상은 우리들보다 더 강합니다. 그리스도의 도움 없이 우리는 이 세상을 바르고 힘 있게 살아갈 수 없습니다. 그래서 우리들은 매 주일에 모여서 영적인 힘을 새롭게 갱신하며 이 세상을 승리하며 하느님의 뜻대로 살아갈 힘을 공급받습니다. 매 주일마다 교회에 모여 하느님을 예배하는 가운데 끊이지 않는 영적인 근원에서 샘물을 떠 마십니다. 우리가 교회로 향하는 시간들은 거룩한 시간을 향하여 나아가는 것입니다. 이 세상의 유혹과 좌절과 실패를 넘어서 하느님께서 새롭게 주시는 힘과 능력으로 이 세상의 삶을 살기 위하여 나아가는 것입니다. 우리들의 모자람과 연약함 그리고 죄됨을 고백하고 하느님의 정결케 하시고 온전케 하시는 능력을 향하여 나아가는 것입니다. 이 세상의 온갖 소란스런 소리에서 벗어나 하느님의 말씀에 귀를 기울이는, 거룩한 음성을 듣기 위하여 나아가는 시간입니다. 우리들이 일상의 삶 속에서 행하는 온갖 세상의 일들을 멈추고 하느님의 축제에 참여하여 하느님의 일을 하는 시간들입니다. 지금 우리들의 삶을 넘어서 하늘나라를 향하여 새롭게 빛나는 눈빛을 가지는 시간입니다. 거룩한 시간을 향하여 나아가는 것, 그것이 집을 떠나 교회로 향하는 우리들의 신앙입니다.[9] 루이스 와일은 예배 안에서의 시간의 신비는 과거와 미래가 현재 가운데서 그리스도와 함께 하는 거룩한 시간으로 변화되는 것이라고 말하면서 그 대표적인 표현이 미국성공회 성찬기도문 D에서 표현되었다고 지적합니다.[10]

---

9) Allmen, J-J von. *Worship, Its Theology and Practice*, 정용섭 외 역, 『예배학원론』 (서울: 대한기독교출판사, 1979), pp.236-238.

그러므로 성부여, 이제 우리가 우리 구원을 기념하여 이 예식을 거행하나이다. 그리스도의 죽으심과 죽은 자 가운데로 내려가심을 기억하고, 부활하시고 성부 오른편에 오르셨음을 선포하며, 또한 영광 중에 다시 오실 것을 기다리며, 주께서 주신 선물 가운데 이 빵과 이 잔을 봉헌하면서 당신을 찬송하며 찬양하나이다.(한영 공도문, p.243)

신학자 몰트만은 이런 예배의 특징을 "메시아적 축제"라고 표현합니다. 그는 다른 말로 "메시아적 간막극(intermezzo)"이라고 합니다. 메시아적인 축제는 그리스도의 기억을 새롭게 하며 그의 나라에 대한 희망을 일깨우는 것이며 예배 속에서 다시 사신 그리스도의 현재를 경험하고 하늘나라의 메시아적인 축제를 경험하는 것입니다.11)

사진 1-3. 모세가 사막에서 물을 내다. 영국성공회 캔터베리 대성당의 유리화. 교회는 하느님의 생수를 얻을 수 있는 거룩한 공간입니다.

또한 우리들이 교회로 향하는 발걸음은 거룩한 공간을 향하여 움직이는 것입니다. 우리들이 살아가는 삶의 현장은 세상입니다. 우리들은 세상 속에서 세상일을 하면서 세상을 경험하며 세상을 살아갑니다. 세상 속에서 하느님께 예배드릴 때 우리는 공간을 거룩케 하는 것이 필요합니다. 예수님

---

10) Price, Charles P. and Weil, Louis. Op. Cit., p53. 그리고 pp.51-54 에서 그는 우리들이 '예배드릴 때에 우리들의 시간은 거룩한 시간, 그리스도의 시간으로 변화된다'고 설명합니다.

11) 박봉랑, "몰트만에 있어서 교회의 새로운 이해", 〔神學論集〕4 (서울: 강남사회복지대학, 1985), pp.53-82.

은 하느님과 시간을 갖기 위하여 자주, 따로 한적한 곳으로 가셨습니다. 그분은 당신의 일상의 터를 떠나 한적한 곳에서 기도하시고 하느님과의 시간을 가지셨습니다. 하느님은 어디에나 계시지만 하느님은 특별히 당신께서 백성들을 만나기 위하여 성막을 건설토록 명령하셨습니다. 우리들은 하느님을 예배하기 위하여 일상의 현장을 떠나 거룩하게 구별된 장소로 나아가는 것이 필요합니다. 바로 교회는 하느님을 예배하기 위하여 특별히 구별된 공간, 축성된 장소입니다. 그곳에 가면 하느님을 예배하기 위한 공간이 마련되어 있고 하느님을 만나기 위한 환경이 조성되어 있습니다. 그곳에서 우리들은 일상을 떠나 거룩한 공간으로 옮아가는 것입니다.12)

필자에게는 마음속에 남는 특별한 거룩한 공간이 셋 있습니다. 그 첫째는 제가 어릴 때에 다녔던 시골 교회, 강화도 장화리 교회입니다. 지금은 그 옛 모습을 찾을 수 없지만 마루로 바닥을 깔아 신을 벗고 들어간 교회, 별로 아름답고 화려한 제단은 아니었지만 제가 처음 경험했던 거룩한 교회공간입니다. 어릴 때였지만 그곳에 가서 무릎을 꿇고 기도하고 하느님을 만난 공간입니다. 특별히 신부님께서 화려하고 아름다운 예복을 입고 성찬예배를 집전할 때의 그 모습이 거룩함으로 다가왔던 많은 기억이 있습니다. 두 번째는 인천의 자유공원 올라가는 길에 있는 내동교회입니다. 특별히 그곳에서 저는 고등학생 시절부터 신학생 시절까지 토요일 저녁에 그레고리안 찬가로 노래만도(晩禱 저녁기도)를 드렸습니다. 토요일 노래만도라서 비록 적은 숫자가 모여 기도하였지만, 그 넓

---

12) 거룩한 공간에 관해서는 다음을 참조할 수 있습니다: Allmen, J-J von. Op. Cit., pp.239-241, 250-254, 280-281 참조.
Long, Thomas G, Op. Cit., pp.64-71 그리고 Schattauer, Thomas H. (ed), *Inside Out: Worship in an Age of Mission Minneapolis*,(MN: Augsburg Fortress, 1999), pp.107-116 참조.

은 성당에 찬가가 가득히 울려 퍼져 천상의 소리, 천상의 기도소리처럼 들렸습니다. 그리고 교회 뒤 발코니에서 성가대에서 성가를 할 때 또는 제단 앞에서 봉사할 때에 인천내동교회는 거룩한 공간, 기도의 공간, 천상의 찬가를 경험하였던 공간으로 저의 마음에 자리잡고 있습니다. 세 번째 거룩한 공간은 서울대성당의 지하성당입니다. 서울대성당의 보좌사제로 시무할 때에 거의 매일 아침미사를 봉헌하였던 곳입니다. 그것에서 미사를 집전하기도 하고 미사에 참예하기도 하였던 공간입니다. 그러나 그 무엇보다도 그곳에 들어가면 자동적으로 고개를 숙이고 무릎을 꿇고 기도하고 싶어지는 공간입니다. 그곳에 들어가면 조용해지고 자연스럽게 기도하고 싶어집니다. 때론 바쁜 사목의 일상 가운데서 지하성당에 들어가서 기도를 하곤 하였습니다. 교회는 바로 거룩한 공간입니다. 일상의 삶의 세계로부터 떠나 하느님을 만날 수 있는 공간입니다. 교회는 하느님께서 모세에게 명하여 성막을 짓게 하셨던 것처럼 하느님을 만나기 위한 거룩한 공간입니다. 우리들이 교회로 나아가는 것은 바로 하느님을 만나는 거룩한 공간으로 나아가는 것입니다.

제2장

✣ 성찬예배의 시작은 입당성가가 아닙니다: 성찬예배의 준비

"신부님, 오늘 주일미사의 성가는 몇 장입니까?"

이 질문은 제가 서울대성당에서 일할 때에 주일 아침마다 받는 전화 통화의 내용입니다. 매주 아침 9시 이전에 걸려오는 한 통의 전화가 있습니다. 그 전화는 당시 80세가 넘으신 송 클라라 할머니로부터 걸려오는 전화입니다. 그분은 전화로 주일 성찬예배에 참례하기 전에 미리 주일 성찬예배의 성가를 확인하시고 준비하시고 오시는 것입니다. 그래서 주일 성찬예배의 성가가 기쁜 찬양이 되고 찬양이 기도가 되게 합니다. 할머니에게 있어서 주일 성찬예배는 이미 집에서부터 시작되고 있는 것입니다.

여러분에게 성찬예배의 시작은 언제부터입니까? 우리는 흔히 성찬예배의 시작이 00시로 알고 있습니다. 그리고 그 성찬예배의 시작은 입당성가로 알고 있습니다. 그래서 그 시간 정각에 맞추어 도착하려고 애를 씁니다. 어떤 분들은 성찬예배 시작종을 쳐야 성당으로 들어오십니다. 조금 일찍 오신 분들은 정원이나 친교실에 계시다가 들어오십니다. 그래도 이런 분들은 낫습니다. 성찬예배 시작시간 정각에 도착하여 입당성가를 부르는 신자들이 많았으면 오히려 좋겠습니다. 안타깝게도 어떤 신자들은 성찬예배 시간에 늦습니다. 막 허겁지겁 달려와서 준비되지 않은 마음으로 준비기도 없이 성찬예배를 드리고 있지 않나 염려됩니다. 성공회의 전통은 주일을 거룩하게 지키기 위하여 토요일의 저녁기도(晚禱 만도)부터 시작하였습니다. 토요일 저녁의 기도로부터 시작하여 주일예배를 거룩하게 지키기 위하여 몸과 마음을 준비하였습니다.

우리는 주일 성찬예배를 진정으로 준비하여야 합니다. 준비된 마음으로 성찬예배에 참례할 때 우리가 받는 은혜는 더욱 깊을 것입니다. 우리들은 다음과 같이 성찬예배를 준비할 때 성찬예배 안에서 하느님을 체험하고 형제자매 안에 계신 그리스도를 만나리라 믿습니다.[1]

첫 번째로 성찬예배를 준비하는 마음은 매일의 삶 속에서 하느님을 만나는 것입니다. 예배는 우리에게 은혜로 주어진 삶을 살아가는 연속적인 과정이며 삶을 쟁취하는 과정이 아닙니다. 만일 우리들의 삶에 대하여 당연히, 그리고 마땅히 내가 받아야할 권리가 있다고 생각하며 살아간다면 예배를 드릴 필요가 없습니다. 우리가 하느님이 창조한 세계에 대하여 그리고 우리들을 구원하여 주시고 새로운 삶으로 이끄시는 하느님에 대하여 감사의 마음을 갖지 않는다면 우리는 예배드릴 필요가 없습니다. 예배는 우리들의

---

[1] 아래 부분은 Dennis R. Maynard 신부가 쓴 *Those Episkopols*, Dionysus Publications, 1994.의 pp.29-43를 본인이 정리하면서 번역한 부분이 많음을 밝혀 둡니다.

삶이 감격과 감사로 가득찬 눈으로 바라볼 때 시작됩니다. 예배는 우리가 단순한 일상의 삶 속에서 이 모든 것은 "하느님이 하시는 일이요 우리에게는 신비하고 기묘한 일입니다"라고 볼 수 있는 안목이 있을 때 가능한 것입니다. 만일 우리가 일주일 동안 또는 주말에 하느님에 대하여 잊고 살다가 주일 아침에 하느님께 관심을 집중한다는 것은 어려운 것입니다. 하느님을 올바로 예배하기 위하여서는 매일의 삶 속에서 하느님을 사랑하는 것이 중요합니다. 예배에서 하느님을 만나기 위해서는 매일의 삶 속에서 하느님을 만나는 것이 중요합니다. 만일 우리가 하느님을 매일의 삶 속에서 체험한다면 주일에는 그를 더욱 깊게 만날 수 있을 것입니다.

두 번째로 성찬예배를 위해서는 성찬예배에 참여하는 모든 사람들의 준비와 응답이 필요합니다. 성공회 예배는 멋있는 스포츠가 아닙니다. 예배는 관중들을 위한 것이 아닙니다. 예배는 우리가 함께 하는 에어로빅과 같은 것입니다. 예배는 우리가 함께 하는 것입니다. 사제는 결코 연주자나 배우가 아닙니다. 나는 피아노 연주도 못하고 노래도 잘 못합니다. 그러므로 나는 지루한 연예가입니다. 또한 성가대나 성가대 지휘자는 우리에게 연주를 하기 위하여 있는 것이 아닙니다. 전례적인 교회와 비전례적인 교회 사이에는 결정적인 차이가 있습니다. 성공회 예배는 지루한 텔레비전과 같습니다. 당신은 전례를 지켜볼 수 없습니다. 당신은 전례에 참여하여야 하고 당신은 한 파트를 담당하여야 합니다. 이것은 우리가 성가를 한 두곡하기 위하여 모였는가? 성서말씀을 읽는가? 신자들의 기도를 하는가? 설교를 하는가? 그리고 마지막으로 성찬을 받는가 하는 것이 아닙니다. 성찬예배, 전례는 하나의 위대한 드라마입니다.

이것은 우리 모두가 참여하는 연극입니다. 거기에는 방향이 있고 또한 흐름이 있습니다. 목적이 있습니다. 이 모든 것은 우리의 영감을 드높이고 깊게 하기 위하여 준비된 것들입니다. 우리는 청중이 아닙니다. 하느님께서 청중이 되십니다. 성찬예배는 우리들의 응답을 요구하고 있습니다. 우리들은 의자에서 일어나 제단 앞으로 나아가야 합니다. 그리고 성찬을 받기 위하여 손을 벌립니다. 그리고 우리들은 그리스도의 몸과 피를 향하여 나아갑니다. 그리고 우리들은 이것을 취합니다. 우리들은 우리들의 삶 속에 그의 임재를 기원합니다.

우리는 성찬기도에서 우리가 빵을 나눌 때에 그리스도를 알 수 있기를 기도합니다. 이것은 성찬이 단순한 기억이 아니라는 고백입니다. 이것은 단지 예수님을 따르는 무리들이 얼마나 아름다웠고 예수님께서 우리를 위해서 했던 일이 얼마나 좋은 일들이었나를 생각하기 위해서 모이는 것이 아닙니다. 성찬예배는 부활하신 그리스도의 현존을 오늘 여기서 축하하기 위한 것입니다. 이것은 그리스도 우리 주님의 예배입니다. 우리 주님은 특별하고 독특한 방법으로 우리와 함께 하십니다. 우리는 주님께서 우리 자신이 되도록 그리고 우리를 변화시키고 새로운 창조물이 되도록 요청합니다. 하늘의 양식과 구원의 잔을 통하여 그가 우리 안에 거하시며 우리가 그 안에 거하도록 요청합니다. 성공회는 성체에 대하여 감정주의적인 시도를 거부하고 싫어합니다. 또한 성체성사에 대한 무시도 거부합니다. 영국성공회의 유산은 적절한 것이 되어 왔습니다. 성만찬에 대한 집례는 적절한 것이어야 합니다. 또한 그것은 순서에 의한 것이어야 합니다.

세 번째의 특징적인 요소는 예배 그 자체의 목적에 관한 것입니다. 우리는 예배를 통하여 하느님께 경배를 드리고 찬양을 드리면서 우리 자신을 잊습니다. 어떤 사람이 나에게 이렇게 말하는 것을 가끔 듣습니다. "나는 교회에 나와서 얻어 가는 것이 없어요." 나는 그들이 무엇을 말하는지 압니다. 나는 그들을 동정하고 이해합니다. 그러나 이런 방식으로 예배에 대하여 이해하는 것을 제안하고자 합니다. 우리 자신을 비우고 하느님이 우리를 채우시기를 바라는 것입니다. 우리가 예배의 요소에서 서로 상충되고 모순되는 요소를 발견한다면 우리는 예배의 중요한 부분을 잃게 됩니다. 만약 우리가 상반되는 것을 허락한다면 우리가 하고 있는 일의 초점을 잃게 될 것입니다. 만약 당신이 발걸음을 하나 둘 세고 있다면 당신은 춤을 추고 있지 않는 것입니다. 우리가 예배의 부분 부분에 집착한다면 우리는 하느님께 예배드리고 있지 않는 것입니다. 예배는 우리의 관심의 초점을 하느님께 맞출 때 가능한 것입니다. 만약에 그것이 우리의 목적이라면 몇 가지 책임들이 따르게 마련입니다.

첫째로 사제들, 성가대원, 그리고 안내자들 모두는 회중들에 대한 책임이 있습니다. 우리는 예배를 정성스럽게 준비해야 하는 책임이 있습니다. 우리는 예배에서 회중을 인도하여야 하는 책임이 있고, 우리의 목적은 하느님께 향하는 것이지 결코 연예인이 되는 것이 아님을 이해하여야 합니다. 회중들의 관심이 우리가 아니라 하느님을 향하도록 하는 책임이 우리들에게 있습니다. 만약에 우리가 예배 중에 다른 사람들을 인도한다면 우리는 반드시 하느님께 예배드려야 합니다. 우리는 하느님의 도우심으로 하느님께서 우리를 들어 올리시고 영감을 주시도록 예배를 준비해야 합니다.

둘째로 회중들은 서로에 대하여 책임을 져야 합니다. 회중들은 서로 다른 사람들의 경향에 대하여 관대하여야 합니다. 우리는 우리의 경험에 비추어서 다른 사람들을 평가하려는 경향이 있습니다. 만약에 나에게 의미가 있는 것이라면 나에게 좋았던 것입니다. 그리고 나에게 의미가 없는 것이라면 나에게 좋지 않았던 것입니다. 그렇다면 예배에서 관대함이란 무엇입니까? 한 사람에게 의미 있는 것이 다른 사람에게는 의미 없는 것일 수도 있습니다. 우리는 예배에서 서로 참여해야할 책임이 있습니다. 우리는 예배에 참여하기 위하여 왔습니다. 우리는 전례에서 이런 열린 마음으로 응답하여야 합니다.

마지막으로 우리들은 우리들 스스로에게 책임을 져야 합니다. 우리는 하느님에 대한 목마름으로 예배에 모여야 합니다. 우리는 하느님 앞에 영적으로 열린 모습으로 나와야 합니다. 우리는 하느님 앞에 기대감으로 나와야 합니다. 하느님께서 예배 중에 당신을 만나 주시기를 바라는 마음으로, 하느님께서 당신의 현존을 우리들에게 나타나기를 원하는 마음으로 나와야 합니다. 하느님께서 예배를 통하여 당신을 만나주시기를 기대하여야 합니다. 어떤 순간에 그것이 찬송 중이건, 기도 중이건, 성서를 읽는 중이건, 설교 중이건 또는 성체를 받을 때이건 하느님께서 당신을 만나 주시기를 기대하여야 합니다. 하느님께서 만나 주시도록 기대하여야 합니다. 그러면 하느님께서 만나 주실 것입니다.

이제 구체적인 성찬예배의 준비 사항들을 살펴봅니다.
1) 성찬예배 시작 5~10분 전에 오셔서 기도와 묵상으로 마음의 준비를 하시기 바랍니다. 조용한 마음으로 마음을 가라앉히고 묵

상의 시간을 갖습니다. 기도로 하느님께서 당신의 마음속에, 당신의 머리속에 그리고 당신의 입속에 함께 하셔서 하느님을 예배할 수 있도록 기도합니다. 바쁜 삶을 살아가는 우리들은 침묵하는데 익숙하지 않습니다. 그러나 이 시간은 자신의 묵상뿐만 아니라 다른 사람들의 묵상을 배려하는 것이 중요합니다. 다른 사람과 대화를 나누거나 인사하는 것은 성전에 들어오기 이전에 하는 것이 좋습니다.

사진 2-1. 공동기도서.
성찬예배는 이미 집을 떠나기 전에 준비하는 마음부터 시작됩니다.

2) 성찬예배에 참여할 때에는 단정한 옷차림으로 오시고 화려한 옷과 노출이 심한 옷은 삼갑니다. 어떤 분들은 주일 성찬예배에 참여하기 위하여 단정한 옷차림을 준비합니다. 사실상 초대교회 신자들은 주일 성찬예배에 참여하기 위하여 특별히 좋은 옷을 준비해서 주일에만 입기도 하였습니다. 그것은 주일을 특별히 구분된 날로서 삼았기 때문입니다. 이미 옷을 준비하는 손끝에서부터 주일 성찬예배의 기도는 시작되고 있는 것입니다.

3) 성찬예배에 참여하실 때에 성서와 예배문, 성가를 가져오시고 헌금도 미리 정성껏 준비합니다. 성찬예배 시작 전에 주보에 있는 순서를 미리 보시고 성서를 찾아 놓습니다. 성공회는 성서적인 교회로서 주일예배에서는 보통 4번의 성서말씀, 구약, 시편, 서신 그리고 복음서를 읽고 듣습니다. 주일예배에 듣는 네 번의

성서말씀은 성서정과(聖書正課 lectionary)에 의한 것으로서 3년 주기로 성서를 통일성 있게 그리고 그리스도를 중심으로 읽고 듣기 위한 것입니다. 할 수만 있다면 주중에 다음 주일 성서말씀을 미리 읽고 묵상하고 난 뒤에 설교말씀을 들으면 더욱 은혜로울 것입니다.

4) 성찬예배 중에 성체를 거룩하고 깨끗한 마음으로 받기 위하여 성찬예배 전, 전통적으로는 2시간 전에는 음식을 들지 않습니다. 요즘과 같은 현대생활 속에서 이 전통을 지키기는 어렵다할지라도 몸과 마음을 준비하는 태도가 필요함을 이 전통은 상기시켜 줍니다.

제2부 교회 안으로: 성찬예배와 교회

교회는 하느님께 예배드리기 위하여 구분된 공간입니다.
교회 안에서 만나는 것들은 예배를 중심으로 준비된 것입니다.
여기서는 성찬예배를 위한 외적 표현들을 이해합니다.

최후의 만찬, Ugolino di Nerio(c. 1322), New York, Metropolitan Museum

제3장 하느님의 성전, 하느님의 백성들의 집으로

제4장 교회 안으로
1. 교회의 건축과 배열
2. 교회의 제구, 성물
3. 예배의 상징
4. 예복
5. 교회에서 사용하는 색깔

제5장 교회의 관습과 예절
1. 우리 몸짓은 마음을 나타내는 언어입니다.
2. 십자성호는 우리의 신앙고백입니다.
3. 경배는 겸손히 공경하는 마음입니다.
4. 어떻게 성체를 받습니까?

제 3 장

◆ 하느님의 성전, 하느님의 백성들의 집으로

'교회'(敎會 church)라는 이름은 오랜 역사를 가지고 있습니다. 교회가 생겼을 때 그 뜻은 '주님의 집' 또는 '하느님의 집'(domus dei: house for God)을 의미했습니다. 교회는 하느님을 예배드리는 공간의 의미를 갖고 있습니다. 또한 교회는 그리스어로 에클레시아(ecclesia)라고 하는데 이 말은 '하느님의 집에서 예배를 드리는 사람들'과 관련지어서 나왔습니다. 에클레시아는 문자적으로 '사람들을 모임으로 불러냈다' 또는 '주님의 이름으로 회중이 되도록 불러냈다'는 뜻입니다. 여기서 교회는 그리스도를 믿는 사람들의 모임을 의미하며 이 개념에 의하여 교회는 하느님 백성들의 집(domus ecclesiae: house for the people of God)의 의미를 갖습니다. 그러므로 교회를 말할 때는 건물과 동시에 하느님의 백성들의 모임이라는 뜻을 가지고 있습니다. 교회 역사 속에서 '하느님의 성전으로서의 교회'와 '하느님의 백성들의 집'으로서의 개념 사이에 논쟁이 있었습니다.[1] 하느님의 성전으로서 교회는 구약성서의 개

---

1) Schattauer, Thomas H.,(ed), *Inside Out: Worship In an Age of Mission*,(Minneapolis, MN: Augsburg Fortress, 1999), pp.108-111 참조.

념이 강조됩니다. 성전은 초월적이고 엄위로우신 하느님을 만나는 거룩한 장소의 건물을 말합니다. 그래서 교회 건축은 높고 신비로우며, 거룩한 하느님의 모습을 담으려고 하였습니다. 기원 전 2세기의 시락의 집회서(외경 집회서)는 성전에서의 거룩함을 말해 줍니다.

사진 3-1. 영국성공회 캔터베리 대성당.
이 성당은 전 세계 성공회 신자들의 일치의 구심점입니다. 교회의 첨탑은 우리의 눈을 하늘로 향하도록 하며, 하느님께서 보호하신다는 상징입니다.

"아론의 모든 자손들이 찬란한 옷차림을 하고 주님께 바칠 제물을 손에 든 이스라엘의 회중 앞에 섰을 때, 시온은 전능하시고 지극히 높으신 분께 정중하게 제물을 바치면서 제사를 지냈다.
그가 손을 내밀어 거룩한 잔을 들고 포도주즙을 약간 부어, 제단 밑에 쏟을 때, 만물의 왕이시며 지극히 높으신 분께서 오르는 향기가 그윽하였다."
(외경 집회서 50:13-15)

그러나 현대에 와서는 교회는 세상을 향해 열린 공간으로서 하느님의 백성들을 위한 공간의 역할이 강조되고 있습니다. 이스라엘 백성들은 광야시대, 포로시대, 예수와 사도시대 그리고 초대교회에서 이방인으로서, 주변인간 공동체(liminal community)였습니다. 그래서 이 공동체에서는 인종, 계층, 빈부 그리고 사회적 지위와 상관없이 모여서 예배드리는 공동체였습니다. 베드로전서는 우리가 '나그네와 행인 같다'고 말합니다. 그러므로 교회는 세상으로부터 구분되어 독립된 공간으로서의 전통적인 역할보다는 이 세상에 열려 있는 공간으로서, 하느님의 백성들의 구원을 위한 공간으로서 기능이 강조되고 있습니다.[2]

이제 여기서는 그리스도교인들이 모여서 예배드리는 장소로서 건축적인 개념의 교회를 이해하고자 합니다. 교회 건물에는 대부분 십자가가 있고 우리의 눈을 하늘로 향하도록 인도하는 첨탑이 있습니다. 고딕 아치가 위를 향하고 하느님께서 그의 백성들을 보호한다는 의미에서 첨탑 또는 탑이 있습니다.

심지어 교회의 위치도 의미를 가지고 있습니다. 초대교회 때부터 제대는 동쪽 벽에 붙여졌는데, 우리 주님께서 죽은 자들 가운데서 부활하신 것을 상징하여, 예배드리는 자들이 떠오르는 태양을 향하여 마주하도록 한 것입니다. 이 전통은 오늘날까지 계속됩니다. 그 예가 미국 워싱턴 D.C.에 있는 미국성공회 국립대성당으로서 제대가 동쪽을 향하여 있습니다. 대한성공회 서울대성당도 또한 제대가 동쪽을 향하고 있습니다. 또한 동쪽은 그리스도께서 마지막 재림 때에 다시 오실 방향을 가리킵니다. "동쪽에서 번개가 치면 서쪽까지 번쩍이듯이 사람의 아들도 그렇게 나타나리라." (마태 24:27) 이런 이유 때문에 한때는 그리스도인들이 장사지낼 때에 머리를 동쪽을 향하여 기도하였습니다.

---

2) Schattauer, Thomas H.,(ed), Ibid., p.112.

하느님의 집으로서 교회는 예배를 드리기 위하여 특별히 구분되어 왔습니다. '구분 짓는 것'을 우리는 축성(祝聖) 또는 헌당(獻堂)이라고 불러 왔으며 주교가 이 예식을 집행하였습니다. 주교에 의하여 축성된 교회건물은 예배의 목적으로 지어진 것이며 다른 목적으로는 사용되지 않았습니다.

축성식을 할 때에 교회는 이름을 갖게 됩니다. 교회의 이름은 전통적으로 우리 주님과 관련된 것, 사도와 성인과 관련된 것들 중에서 지어졌습니다. 예를 들면 그리스도 교회, 성 마태오교회, 성 패트릭교회 등등. 또한 교회의 중요한 교리적 선언을 이름으로 붙인 교회도 있습니다. 삼위일체교회(三位一體 Holy Trinity), 구주강생교회(救主降生 Church of Incarnation), 은혜교회(Grace Church) 등등. 본인이 시무하고 있는 교회의 이름은 종말론적인 의미가 강한 '한마음교회'(One In Christ Church)입니다. 요즘 한국교회는 형용사의 형태로서의 교회 이름을 짓는 경우를 보게 됩니다. 예를 들면 아름다운 교회, 새로운 교회, 늘 푸른 교회 등 입니다.

성공회 안에서 교회는 다양하게 구분되어 불려집니다. 성공회 안에서 교구(diocese)의 중심교회, 주교의 자리가 있는 교회를 대성당이라 부릅니다. 대성당은 영어로 캐시드럴(cathedral)이라 하는데 이는 그리스어로 의자, 권자라는 뜻입니다. 대성당은 주교직의 권위를 상징하는 의미에서 주교좌성당이라고도 부릅니다. 재정적으로 자립된 교회공동체가 함께 예배드리는 교회를 본교회 또는 전도구(parish)라고 부릅니다. 초기에 본교회는 지형적으로 일정한 지역의 교회를 말한 것이었습니다. 하지만 오늘날 사람들은 이동을 자주하고 또한 먼 거리를 이동하기 때문에 그 의미가 약화되었습니다. 또한 일반적으로 작은 교회를 선교교회(mission church)라고 부르는데 선교교회는 교구 또는 지역 본교회가 교회를 시작하여서 재정적으로 자립하지 못한 교회입니다. 자 이제 교회의 문을 열고 안으로 들어가 봅시다.

제 4 장

◆ 교회 안으로

1. 예배공간으로서 교회의 건축과 배열

전통적인 교회 건물의 내부는 보통 세 부분으로 나눕니다. 현관, 회중석, 성소가 일반적인 구분입니다. 처음 교회의 문을 열고 들어가면 만나게 되는 곳이 현관(玄關 porch), 복도(vestblue), 통로(narthex) 등으로 불리는 부분입니다. 현관은 교회로 들어가는 곳입니다. 그리고 이곳에 성천(세례대)을 놓기도 합니다. 왜냐하면 현관이 교회로 들어가는 물리적 공간이라면 성천은 세례를 통하여 신비로운 그리스도의 몸의 연합체인 교회의 일원이 되는 입문성사(入門聖事)이기 때문입니다. 현대교회에서는 이 현관 부분이 점차 더 중요해지고 있습니다. 왜냐하면 처음 신자들이 들어오는 곳이고 함께 모이기 시작하는 부분이기 때문입니다. 신자들이 각자의 삶의 현장으로부터 예배의 장소로 모이는 장소이고 함께 만나 예배하기 위한 준비의 장소이기도 합니다.

다음은 교회의 중추적 공간인 회중석(會衆席 nave)이 있습니다. 이 회중석은 하느님께 예배드리는 사람들이 앉고 서고 무릎 꿇는 장소입니다. Nave는 라틴어 Navis에서 온 말인데 '배'라는 뜻입니다. 교회는 인생의 바다에서 험난한 파도를 넘어 우리를 구원에 이르게 하는 배인 것입니다. 어떤 교회는 십자가 형태(cruciform)를 가지고 있습니다. 십자가의 두 쪽 공간을 수랑(袖廊 transepts)이라고 부릅니다. 십자가 형태의 어떤 교회는 남북을 확장시킨 교회도 있으며 일반적으로 한쪽에 제단을 마련합니다.

오늘날 회중석은 교회공동체를 상징적으로 드러내 주는 공간입니다. 하느님의 백성들이 함께 모여 예배드리고 교제할 수 있는 평화의 인사를 나눌 수 있는 공간으로서의 중요성이 강조됩니다. 그래서 긴의자보다는 움직일 수 있는 개인의자를 현대교회는 선호하고, 전통적인 교회의 긴(長)의자라 할지라도 공동체를 서로 인식하고 경험할 수 있도록 재배열합니다.1)

수랑을 지나면 교회의 앞부분에 오게 되는데 이 부분을 성소(聖所 chancel, sanctuary)라고 부릅니다. 전통적인 교회에서 성소는 제대가 놓여지는 제단과

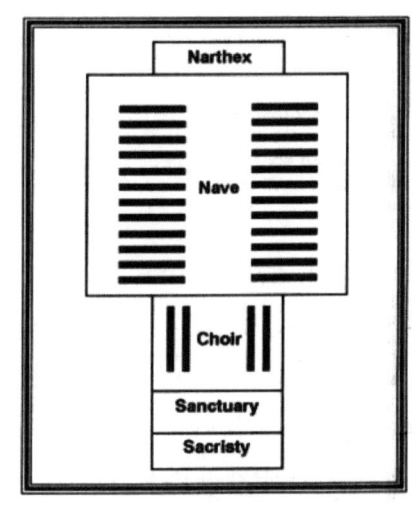

사진 4-1. 전통적인 교회의 평면도.
교회는 현관, 회중석, 성소의 세 부분으로 구분됩니다.(출처: Taylor, B.D., The Complete Training Course for Altar guilds, p.3-3)

---

1) Long, Thomas G, *Beyond Worship Wars*,(Bethesda, MD: The Alban Institute, 2001), p.74.

신자들의 회중석 사이의 공간을 말합니다. 보통은 계단을 두어서 회중석보다 높게 만듭니다. 전통적인 교회에서 이 공간은 개방된 난간(open screen), 영성체 난간(communion rail), 칸막이(fence) 등을 두어서 회중석과 성소를 구분하기도 합니다. 예수의 십자가상을 위에 달아서 그곳을 구분하기도 합니다. 오랫동안 서울대성당의 대성전에는 성소와 회중석을 구분하는 지점에 십자고상(十字苦象)을 높게 달아 두었습니다. 많은 경우 성공회나 로마가톨릭교회(천주교회)의 역사적인 교회건물을 보면 성소와 회중석의 중간 지점에 십자가를 달아 그 구분을 하였습니다. 그러나 현대교회에서는 성직자와 신자들의 구분을 없애고 공동체성을 강조하기 위하여 이 난간을 없앱니다. 그리고 높은 계단을 없애고 낮은 한 계단 또는 회중석과 같은 높이로 제단을 만들기도 합니다. 성소는 성가대가 앉아서 회중들의 찬송과 음악을 인도하고 교회의 성직자들이 예배를 인도하는 자리이기도 합니다. 그리고 교회의 예배를 위하여 봉사하는 평신도-복사, 독경사, 성찬분배자들이 앉는 장소입니다. 전통적으로 이 공간은 성직자와 캐석 또는 장백의를 입은 평신도들에게만 허용된 공간이었습니다. 현대에 와서 성소는 더 융통성 있게 사용됩니다. 이 공간은 다양한 움직임의 공간(movement space)으로 사용되어 집니다.[2] 예를 들면 성극, 성가곡, 교회음악을 연주할 수 있는 공간으로 또는 전례적인 춤(liturgical dance, worship dance)을 출 수 있는 공간으로 또는 소그룹이 모여 기도하거나 헌신예배, 위임식을 할 수 있는 공간으로서 성소의 여러 제구를 치우거나 회중석의 앞부분 긴 의자를 치워서 마련합니다.

성가대의 좌석은 성직자의 좌석과 마찬가지로 성소의 전면에 위

---

[2] Long, Thomas G, Ibid., pp.72-73.

치한 것이 전통적인 성공회의 배치입니다. 하지만 어떤 교회에서는 성가대석이 회중석 뒤편에 위치하기도 합니다. 이는 성가대가 예배자들의 시선을 자극하여 예배에 방해가 되지 않기 위한 의도이기도 합니다. 현대교회의 전례공간에서 성가대의 역할은 예배의 인도자로서 그리고 회중의 한 부분으로서 '이중적 역할'을 감당합니다. 그래서 성가대가 제대 전면에 또는 뒤의 발코니에 위치하는 것은 장려하지 않고 회중과 성소의 중간 지점에서 성가대의 이중적 역할을 수행하는 것을 장려합니다.

성소의 마지막 부분은 제단(祭壇 sanctuary)입니다. 제단은 구약성서에서 하느님의 임재(臨在), 현존(現存)이 함께 하는 장소였습니다. 이스라엘 백성들이 사막에 있을 때는 장막이었고(출애굽기 35-40장), 솔로몬 시대에는 성전(열왕기상 6-7장)이었습니다. 성찬중심의 교회에서는 제단을 더욱 중요하게 여깁니다. 대부분의 제단은 계단을 만들어 회중석보다 높게 하였습니다. 이것은 시각적으로 제단의 중요성을 드러내는 것이었고 실제적으로 사람들이 제단을 더 잘 보게 하기 위한 것이었습니다. 제단은 대부분 동쪽 끝부분에 위치하며 계단을 놓은 높은 부분으로서 교회건물 중 중요한 공간입니다. 오늘날 현대적인 교회건물은 원형으로 지으며 제단을 건물의 한 가운데에 놓으며 성가대석은 한쪽에 자리 잡기도 합니다. 현대 교회건축에서는 제단을 동쪽 벽으로부터 떼어 내어 신자들 가까이에 놓습니다. 교회에서 제단은 우리들 가운데 계신 하느님의 현존하심의 상징입니다.

교회의 건축은 역사를 내려오면서 변해 왔고 교회건축의 배열도 교회의 전례와 신학의 변화와 함께 변해 왔습니다. 교회의 건물이 어떤 형태-십자가형, 직사각형 또는 원형의 형태-를 갖든 간에 모든 교회는 출입부분과 회중석과 제단을 가지고 있고 각 부분은 거기에 맞는 가구를 가지고 있습니다.

현대에 와서 예배의 변화를 시도하고자 할 때에 사람들은 설교, 음악, 회중들의 참여, 성직자들의 참여 그리고 예식문의 개정 등을 하여 왔습니다. 그리고 교회의 건축 부분은 전례의 변화의 마지막 부분처럼 생각해 왔습니다. 하지만 교회건축의 변화는 바로 교회 예배의 변화를 표현하고 그것을 실천하는 중요한 요소입니다.3) 교회의 전례공간은 하느님과 인간이 함께 만나는 공간으로서 하느님의 현존을 경험하고 동시에 하느님의 백성들의 공동체를 경험할 수 있는 공간이어야 합니다.

2. 교회의 제구, 성물4)

---

3) 미국성공회 교회건물재단(The Episcopal Church building Fund)은 새로운 시대의 교회건축과 리모델링에 관한 지침서로 *The Church for Common Prayer, A Statement on Worship Space for the Episcopal Church*를 발간하고 비디오테이프*(Churches for Common Prayer, Building for the Liturgical Assembl)*를 제작하였습니다.
이 부분은 http://www.ecbf.org/mater.html를 참고할 수 있습니다.
미국 로마가톨릭교회에서 나온 교회건축에 관한 새로운 지침과 안내의 책은 다음을 참고할 수 있습니다.
　Michael E. DeSanctis, *Reviewing the City of God*,(Chicago, IL: Liturgy Training Publications, 1993)
　그리고 Mauck, Marchita, *Shaping a House for the Church*,(Chicago, IL: Liturgy Training Publications, 1990), 그리고 Richard S. Vosko, *Designing Future Worshop Spaces*,(Chicago, IL: Liturgy Training Publications, 1996). 그리고 미국 연합감리교의 전례학자이면서 미국 로마가톨릭대학인 노틀담대학교에서 전례학을 가르쳤던 James White와 Susan J. White가 공저한 교회의 건축에 관한 책 *Church Architecture: Building and Renovating for Christian Worship*,(Akron, OH: OSL Publications, 1998)은 일반 교회건축에 관한 최근의 지침과 안내를 제공합니다.

성천(聖泉 font)

사진 4-2. 초대교회의 성천.
초대교회는 무덤 형태의 성천을 사용하였습니다.
왜냐하면 세례는 그리스도와 함께 죽고 다시 사는 것이기 때문입니다.

대부분 많은 교회에서 문을 열고 들어갈 때 첫 번째로 볼 수 있는 것이 성천(세례대)입니다. 성천은 신자들이 세례 받을 때에 사용하는 제구입니다. 이 성천은 우리에게 세례성사를 통해 믿는 이들의 친교로 들어간다는 것을 상기시켜 줍니다. 세례는 하느님께

---

4) 성공회에서 교회의 제구, 성물 그리고 예복에 실제적인 사용지침은 Howard E. Galley, *The Ceremonies of The Eucharist*,(Cambridge: MA, Cowley Publications, 1989)에서 발견할 수 있습니다. 그리고 이 책은 선교교육원에서 성공회 전례안내서 라는 이름으로 번역 출판되었습니다. 또한 미국 성공회에서 제대 봉사자들을 위한 안내도서로 Tayor, B. Don, *The Complete Training Course For Altar Guiilds*,(Harrisburg, PA: Morehous Publishing, 1993)를 통하여 제구, 성물 그리고 예복에 실제적인 사용지침을 확인할 수 있습니다. 미국 로마가톨릭교회 주교회의 전례위원회에서는 교회의 건축, 제구, 성물, 몸동작 등에 관한 지침의 공식적인 문서를 발표하였습니다. *National Conference of Catholic Bishops, Bishop's Committee on The Liturgy, Environment & Art In Catholic Worship*,(Chicago, IL: Liturgy Training Publications, 1986). 로마교황청의 전례헌장의 "제7장 성 미술과 전례 제구 및 제의"에서 이에 관한 지침을 제공합니다. 전례헌장 문헌은 http://www.ocatholic.com/에서 참조할 수 있습니다.

서 우리를 당신의 자녀로 양자 삼으시고, 그리스도의 몸인 교회의 지체가 되며, 하느님 나라의 상속자가 되는 것을 상기시키는 것입니다. 어떤 교회는 성천이 회중석의 앞부분에 놓이기도 합니다. 회중들이 세례성사가 있을 때에 성천을 볼 수 있고 예식을 들을 수 있도록 한 실제적인 이유와 예수께서 직접 세우신 두 성사인 세례와 성체성사를 상기하기 위한 상징적인 의미에서 성천과 제대를 놓기도 합니다. 우리들은 교회로 들어가면서 성수(聖水)를 손으로 찍으면서 다음과 같이 기도합니다. "주여 이 성수로 나를 씻기사 영세의 은총을 보존하게 하소서." 이는 성수를 통하여 세례성사의 언약을 기억하고 현재화시키며 그 은총을 보존케 하기 위함입니다. 초대교회에서 성천은 무덤의 형태를 하거나 직사각형의 욕조, 십자가 형태였고 사람들이 그 안에 충분히 잠길 수 있는 분량의 물을 담을 수 있는 것이었습니다. 그 후 북유럽의 추운 지방에서 세례예식을 행할 때에 실제적인 이유에서 물을 뿌리는 것으로 대체하면서 성천은 작아졌습니다. 오늘날에는 성천을 초대교회의 모습대로 크게, 그리고 살아 있는 물의 흐름을 볼 수 있게 제작합니다.

독경대(讀經臺 lectern), 설교대(說敎臺 pulpit)

성소 안에 또는 성소 가까이에는 두 가지의 두드러진 제구로 독경대와 설교대가 있습니다. 본래 설교대와 독경대가 나누어서 존재하였던 것은 그리스도교가 로마에서 공인되면서 교회가 로마의 법정이었던 바실리카라는 건물을 사용하였기 때문입니다. 이때에 두 변호사가 변론을 할 때 사용하던 가구는 독경대와 설교대로 사용하게 되었고 법관이 앉던 의자는 주교의 의자(주교좌)가 되었습니다. 독경대는 성경을 받치는 가구로서 여기에서 성경을 읽습니다. 영어로 독경대는 lectern이라 하는데 이 말은 라틴말로 '읽는다'는 말에서 나온 것입니다. 독경대는 가끔 독수리 모양을 하고 있는데 이는 요한복음 기자를 상징하기도 하지만 복음의 영감과 하느님의 말씀이 세상에 전파되는 것을 상징합니다. 보통 독경대와 설교대가 함께 있을 때는 회중들이 성소를 바라볼 때 독경대는 오른쪽에 설교대는 왼쪽에 위치합니다.

설교대는 설교자가 하느님의 말씀을 선포하는 곳이고 하느님의 말씀을 오늘의 삶에 재해석하는 곳입니다. 성찬예배를 드릴 때 설교는 복음성경 이후에 하는데 그것은 성경말씀의 의미를 설명하기 위한 것입니다. 이 고대관습으로부터 '복음을 설교한다'는 표현이 나왔습니다. 현대의 전례공간에서는 각각 구분된 독경대와 설교대가 하나로 합쳐져서 하나의 설교대(ambo)를 놓는 경우가 많습니다. 제대가 성찬 중에 함께 계시는 하느님을 상징하는 것이라면 설교대는 말씀 가운데 함께 계시는 하느님을 상징합니다. "설교대는 하느님의 말씀을 존중하기 위하여, 하느님 말씀의 존엄성과 말씀 선포의 중요성을 가시적으로 표현하기 위하여 존재하며 제작되어야 합니다."[5] 그래서 설교대는 주교에 의하여 축성되며, 성공회 공동기도서는 이때 '설교자를 위하여, 하느님의 말씀을 듣는 자들을 위하여' 기도합니다.

제대(祭臺 altar)

---

5) Webber, Christopher L., *Welcome to Sunday*,(Harrisburg, PA: Morehouse Publishing, 2003), p.8.

교회에서 가장 현저한 제구는 제대입니다. 제대는 교회의 중심으로 그리스도의 몸을 상징하며 이는 교회가 그리스도의 몸 위에 세워졌음을 의미합니다. 제대는 성찬예배를 집전할 때 사용되는 곳입니다. 제대는 주님의 식탁(The Lord's Table), 거룩한 식탁(The Holy Table) 또는 간단하게 탁자(The Table)로 불렸습니다. 어떤 교회에서는 제대가 대리석으로 만들어졌으며 어떤 교회에서는 나무로 만들어졌습니다. 제대판에는 다섯 개의 십자가가 있는데 이는 그리스도의 몸에 난 다섯 가지 상처(두 손, 두 발, 옆구리)를 의미합니다. 그리고 제대 위에는 깨끗함과 숭고한 제사를 드리는 곳임을 나타내기 위해서 흰 보를 깔아둡니다. 제대에 이르기까지는 회중석에서부터 몇 개의 계단이 있기도 하고 제대 부분을 보호하기 위하여 난간을 만들기도 하였습니다. 제대는 언제나 동쪽 벽을 뒤로하고 있는 것은 아닙니다. 한때는 회중석 한 가운데에 영구적으로 있었던 적도 있습니다. 그러나 후에 제대가 경솔하게 취급당하는 것을 방지하기 위하여 동쪽 벽에 붙이게 되었고 난간을 붙이게 되었습니다. 미국성공회에서는 독립전쟁 전에는 설교대와 독경대는 건물의 다른 공간, 보통 교회건물의 북쪽 벽쪽에 별도의 공간에 있었고 단지 제대와 성직자의 좌석만이 성소 안에 있기도 하였습니다. 미국 독립전쟁 후에 점차 많은 교회들이 제대, 설교대 그리고 독경대를 하나의 그룹으로 묶어서 건물의 동쪽 끝부분에 배치하였습니다. 1800년대 중반에는 현재 교회의 성소와 같은 형태의 배치가 이루어졌습니다. 1960년대부터 시작된 교회의 전례회복운동은 벽에 붙어 있던 성소의 제대를 떼어내어서 회중들을 바라보고 집전자가 예배를 드릴 수 있도록 한 것입니다. 한국 성공회의 경우에는 1980년 중반부터 벽에 붙어 있던 제대를 신자들을 향하여 함께 성찬예배를 드릴 수 있도록 제대를 옮겨 놓거나 벽에 붙어 있는 제대 말고 새롭게 제대를 추가로 만들었습니다. 이러한 움직임은 그리스도의 몸인 제대가 하느님의 백성들로부터 멀리 떨어져 존재하였던 초월적 존재로서의 그리스도의 개념에서 하느님의 백성들을 위해 쪼개지고 나누어지는 그리스도의 몸의 내재적 현실을 강조한 것입니다.

성막(聖幕 tabernacle)

신자들이 개인적으로 성체(축성된 성찬)께 경배를 드리며 기도를 바치기 위해서 성체를 모셔 두는 곳을 성막이라고 부릅니다. 4, 5세기경부터 성체를 소성당(小聖堂)이나 교회 옆에 모셔 두는 관습이 있었고, 8세기에 와서 제단 위에 모시기 시작했습니다. 제단에 성막을 모신 것은 성막을 제단의 심장으로서 성막 안에 그리스도의 성

사진 4-3. 성막은 그리스도의 현존의 상징입니다.

체를 모셔 두기 때문입니다. 그러나 성체 보존은 성체께 경배를 드리기 위한 것이 본래 목적이기 때문에, 오늘날에는 제단이나 교회의 적절한 장소에 모실 수 있도록 했습니다. 성막은 튼튼하고 침해당하지 않도록 만들고 교회 안에는 단 한 개의 성막만을 두어야 합니다. 그리고 성체를 모셔 둔 것을 알리고 그에 대한 존경의 표시로 성체불을 켜 놓습니다. 따라서 필요한 경우가 아니면 사사로운 잡담을 피해야 하고 제단 중앙, 성막 앞을 지날 때는 깊은 절을 함으로써 성체에 대한 존경의 표시를 합니다. 성막은 다른

이름으로 감실로도 불립니다. 한국천주교회에서는 감실로 표현합니다.

십자가(十字架 cross)

교회 안에는 십자가가 있습니다. 십자가는 우리 주 예수 그리스도의 죽음과 부활을 상기시켜 줍니다. 우리의 세상 죄를 위한 희생과 죄와 죽음으로부터 승리하시고 다시 일어나신 것을 상기시켜 줍니다. 십자가는 우리 구원의 표지(標識 sign)이며, 그리스도 신자의 표지입니다.

사진 4-4. 서울대성당의 십자가

이미 2세기에 그리스도교인들 무덤 위에 십자가를 세웠습니다. 콘스탄틴 황제의 어머니가 그리스도께서 못 박히셨던 십자가를 예루살렘에서 발견함으로써 십자가의 의미는 한층 더 두드러졌습니다. 보통 교회 제단 편에 십자가를 모셨는데 그것은 주께서 우리와 함께 계시다는 표시였습니다. 그리고 승리와 생명의 표지인 십자가를 아름답게 장식했습니다. 행렬을 할 때에는 언제나 십자가를 앞세웠고, 제단을 향해서 행렬할 때도 십자가를 앞에 들고 갔습니다. 11세기에 제단 위에 십자가를 놓게 되었습니다. 십자가는 제단 위나 제단 가까이에 하나만 놓으면 됩니다. 제대 뒤에 선반이 있는 경우에는 그곳에 십자가를 놓기도 합니다. 또한 성소 위에 천장에서부터 매어달기도 합니다. 십자가는 신자들이 잘 바라볼 수 있게 두어야 합니다.

십자가는 여러 형태이지만 크게 세 가지로 구분합니다. 첫 번째는 십자고상 또는 고상십자가(十字苦象 Christus Patiens: suffering Christ)로 십자가에 고난당하시는 그리스도의 상이 있는 십자가입니다. 두 번째는 그리스도 왕(Christus Rex: Christ the King) 십자가입니다. 이 십자가는 십자가에 달리신 주님께서 왕관을 쓰시고 사제의 예복을 입으신 모습으로서 승리의 주님, 영광의 주님, 온 우주의 왕이신 그리스도를 표현합니다. 세 번째의 십자가는 부활의 십자가(plain Cross, resurrection cross)입니다. 부활하신 그리스도는 십자가에 계시지 않습니다. 그러므로 단지 십자가만이 있습니다. 보통 십자고상은 천주교회에서, 그리스도 왕 십자가는 동방정교회에서, 부활십자가는 개신교회에서 주로 발견됩니다. 그러면 성공회에서 발견되는 십자가는 어떤 것일까요? 한국성공회는 고교회(Anglo-Catholic Church)의 전통에 영향을 받아 많은 경우 고상십자가가 교회에서 발견됩니다. 하지만 영국성공회, 캐나다성공회 그리고 미국성공회 등에서는 위의 세 십자가를 동시에 발견합니다. 어느 교회에서는 고상십자가를, 어떤 교회에서는 그리스도 왕 십자가를, 어떤 교회에서는 단순한 부활십자가를 걸어 놓았습니다. 어떤 한 교회에서는 교회의 각기 다른 공간, 주성당과 소성당 기타 다른 공간에서 위의 세 십자가가 동시에 발견되기도 합니다. 그것은 어느 한 쪽에 치우치지 않고 모두를 포용하는 성공회 신앙의 포용성을 드러내줍니다.

촛대(candle sticks)

많은 교회에서는 십자가 양쪽에 촛대를 놓아 제단을 아름답게 합니다. 초대교회 시대에 제대에 촛대를 놓고 초를 밝힌 이유는 집전자들이 책을 읽을 수 있도록 하기 위한 것입니다. 이것은 마치 구약성서의 성막 안에 등잔대(출애 25:31-40)를 만들어 제사장이 제사를 드리도록 한 것과 같은 것입니다. 후에 등잔대는 기름등과 전깃불로 바뀌었습니다. 처음에 책을 볼 수 있도록 하기 위하여 초를 밝힌 이유에서 오늘날에는 예배에서 영적인 의미를 밝히기 위하여 촛불을 켭니다. 초는 '예수 그리스도께서 이 세상의 빛'임을 상기시켜줍니다.(요한 8:12) 예수 그리스도는 그를 믿는 누구에게든지 진리의 빛이 됩니다. 또한 촛불은 그리스도의 복음의 빛을 통한 우리의 기쁨과 영화로움을 상징합니다. 성서는 '너희는 세상의 빛이다. 너희도 이와 같이 너희의 빛을 비추어 그들이 너희의 착한 행실을 보고 하늘에 계신 아버지를 찬양하게 하여라'(마태 5:14,16)고 말합니다. 또한 교회는 신약성서에서 언급되고 있는 바와 같이 빛을 발하는 빛의 장소가 되어야 합니다. 교회는 빛의 장소로서 어둠에 대처하여 빛으로 극복하는 곳임을 보여 주는 장소가 되어야 합니다.

사진 4-5. 촛대

교회에 따라 그리고 특별한 절기에 따라 촛대는 다양하게 여러 가지로 사용됩니다. 종교개혁 이전에 영국의 대성당에서는 일곱 개의 촛대가 사용되었습니다. 이는 구약의 등잔대의 일곱 가지의 전통을 이어 받은 것입니다. 토마스 크랜머 캔터베리 대주교는 1547년에 두 개의 촛대를 사용하게 하였고, 그 이후 두 개의 촛대는 성공회의 전통으로 내려오게 되었습니다. 로마가톨릭교회에서는 경우에 따라 많은 촛대를 사용하였습니다. 현대의 전례에 와서는 두 개의 촛대를 사용하는 것이 마치 규범처럼 정해졌는데 촛대의 수는 다양하게 사용할 수도 있습니다. 축성된 성체를 모셔 놓은 성막에는 성막 등이라 하여 항상 불을 밝혀 놓는데 이는 우리와 늘 함께 하시는 그리스도를 상징합니다. 16세기 종교개혁과정을 거치면서 많은 개신교회에서는 제단의 촛불을 폐지하였습니다. 그러나 현대교회에 와서는 빛의 상징으로서 많은 개신교회도 촛불을 사용합니다. 특별히 결혼예식을 할 때는 더욱 촛불을 사용하는 것을 볼 수 있습니다.

화초(花草 flower & plants)

화초는 제단을 아름답게 장식합니다. 예배와 예배공간을 아름답게 장식하는 방법으로 우리들은 하느님이 창조하신 자연세계로부터 화초를 취하여 아름다움을 표현합니다. 그러나 제단을 늘 화초로 장식하는 것은 아닙니다. 한때는 성찬예배와 관계되지 않은 그 어느 것도 제대 주변에 놓는 것은 신성모독으로 간주하였던 때도 있었습니다. 다행히 그 금지규정은 오래된 전통으로서 현재는 지켜지지 않습니다. 지금은 교회가 크든지 작든지 간에 제단을 꽃과 화초로 아름답게 장식하는 것이 자연스러운 일입니다. 하지만 화초로 인해서 제대의 중심성이 상실되거나 약화되어서는 안됩니다. 다시 말하여 제대가 중심이 되어야 하고 화초가 시각적 중심이 되어서는 안됩니다.

휘장(揮帳 frontal, superfrontal)

제대에는 비단이나 다른 좋은 재질의 천으로 아름답게 장식하는 휘장이 있습니다. 휘장은 여러 세기를 내려오면서 다양하게 변화되어 왔습니다. 예를 들면 미국이 영국의 식민지로 있을 때에 빨강, 초록색의 비단보 또는 값비싼 재질의 천으로 제대를 사방에서 덮어 바닥까지 내려오도록 하였습니다. 하지만 회개의 계절인 사순절과 대림절기 동안은 교회의 제단을 완전히 드러나게 아무것도 덮지 않았습니다. 성찬예식을 할 때는 흰 천을 제대에 덮어 바닥까지 내려오게 하였고 그 위를 또 덮개로 덮었습니다. 1800년대 후반기에는 계절에 따라 색깔을 사용하는 습관이 도입되었고 미국성공회에서는 초기에 몇몇 교회만이 그리고 1920년경에는 대부분의 교회가 절기에 따른 색깔을 사용하게 되었습니다. 이런 여러 가지 색깔의 휘장은 교회력의 다양한 분위기를 반영하는 것이며 제대보에 다양한 교회의 상징들을 새겨 넣었습니다. 휘장은 크기에 따라서 다르게 불리는데 제대 전면을 덮는 것은 휘장(frontal), 제대의 윗부분만을 덮는 것 역시 휘장이라고 하는데 영어로는 Superfrontal이라고 합니다.

사진 4-6. 제대 휘장은 전례를 아름답게, 더욱 의미를 드러나게 합니다.

제대보(祭臺褓 communion linen)

제대보는 그리스도의 몸을 감싼 수의를 상징하기도 하고 또한 성찬은 하늘나라의 잔치로서 거룩한 식사를 상징하기 때문에 정결하게 하기 위한 것이기도 합니다.6) 전통적인 교회에서는 주님을 기념하는 성찬예배와 주님의 살과 피를 받아 모시는 성찬을 경건하게 거행하기 위하여 제단은 세 개의 흰 보로 덮어야 하고 적어도 흰 보 한 개는 덮어야 한다고 규정하였습니다. 제대보의 모양, 크기, 장식 등은 제단 구조에 적합하도록 만들어야 합니다.

성작(聖爵 chalice)

사진 4-7. 성작은 포도주를, 성반은 빵을 담는 용기입니다.

성찬예배 집전에 필요한 것들 중에서 특별히 귀중한 것은 전례 용기입니다.7) 그 중에서도 포도주와 빵을 봉헌하고 축성하고 받

---

6) Joseph M. Champlin, *Inside a Catholic Church: A Guide to Signs, Symbols and Sai,*(New York: Orbis Books, 2003), p.66.
7) 전례 용기에 관한 참고도서로는 미국 로마가톨릭교회에서 발간한 다음의 자료를 참고할 수 있습니다. David Philippart(ed), *Basket, Basin, Plate,*

아 모시는 성작과 성반이 있습니다. 그리스도는 최후의 만찬 때 잔을 사용하셨고, 그 잔에 담긴 포도주를 당신 피로 변화시키셨습니다. 오늘날도 성작에 포도주를 넣고 있으며, 이 포도주가 그리스도의 피로 변화되도록 성령임재의 기도를 합니다.

처음 성작은 유리제품이었습니다. 당시의 유리는 아주 귀중품이었기 때문입니다. 한편 가난한 교회에서는 목제나 도기제품의 성작을 사용했습니다. 3세기경부터 성작의 재료로 금과 은만을 사용하게 되었습니다. 그리고 신자들에게 그리스도의 성혈(聖血)을 베풀어 주었기 때문에 큰 성작을 사용했으나, 신자들에게 성체(聖體)만을 주게 되자 큰 성작도 점차 사용하지 않게 되었습니다.

전례 용기를 만드는 재료는 단단하고 그 지역의 공통된 판단으로 고상한 것이라야 합니다. 이 점은 각 주교회의가 판단할 것입니다. 또한 쉽게 깨지거나 썩는 재료가 아닌 것을 택해야 합니다. 성작과 주님의 성혈을 담는 그릇은 수분을 흡수하지 않는 재료로 만들어야 합니다. 그릇을 받치는 다리 부분은 단단하고 품위 있는 재료를 사용해야 합니다.

성반(聖盤 pattern)

성반은 금제품이나 도금한 것을 사용합니다. 보통 크기는 15센치 정도이고 축성된 면병 곧 성체를 그 위에 놓습니다. 본래 성반

---

and Cup: Vessels In The Liturgy(Chicago, IL: Liturgy Training Publications, 2001). 이 책은 전례 용기의 성서적 근거, 역사적 고찰, 사용 목적, 제작방법, 보관 및 돌보는 방법 그리고 축복 예식문 등이 있습니다.

은 큰 접시였고, 신자들이 성찬예배 때 가지고 온 빵을 받아 성찬예배 때 축성하여 다시 신자들에게 나누어 주었던 것입니다. 지금 사용하는 성반은 대체로 금제 혹은 은제에 도금한 것으로 내부에는 아무 장식도 없습니다. 그 이유는 면병 부스러기가 성반 내부에 남아 있지 않게 하기 위해서입니다.

면병을 위한 그릇인 성반, 성합, 기타 그릇들은 각 지역별로 귀중히 여겨지는 다른 재료로 만들 수 있습니다. 예컨대 상아나 단단한 나무와 같이 면병을 담기에 적합한 품위 있는 재료면 됩니다. 면병을 축성하기 위해서는 집전자와 복사들과 신자들의 영성체를 위한 면병을 다 담을 수 있는 단 하나의 큰 성반을 사용하는 것이 더욱 바람직합니다.

전례 용기를 금속으로 만들었을 경우 그 금속에 녹이 슬 수 있는 것이라면 속은 도금을 하는 것이 상례입니다. 그러나 그 금속이 녹이 슬지 않고 금보다 더 고상한 것이라면 구태여 도금을 하지 않아도 됩니다.

성합(聖盒 ciboria)

성합은 성체를 모셔두는 그릇으로 성작과 마찬가지로 도금합니다. 성작과 다른 점은 뚜껑이 있다는 것입니다.

성작보(聖爵袱 veil)

성찬예배를 시작하기 전에 그리고 끝난 뒤에 성작과 성반을 존경스럽게 하고 깨끗케 하기 위하여 덮는 보자기 입니다. 제의 또는 휘장과 같은 감과 색으로 네모나게 만듭니다.

사진 4-8. 성작보

성체포낭(聖體包囊 burse)

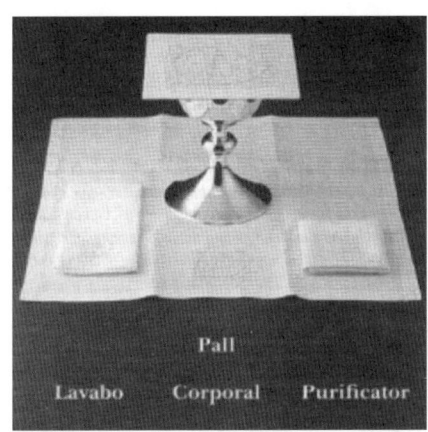

사진 4-8. 성작개, 성작포, 성작수건, 미사수건

성작개와 성체포를 넣는 네모진 납작한 주머니로서 역시 제의 또는 휘장과 같은 감과 색으로 만듭니다.

성작개(聖爵蓋 pall)

성작개는 본래 예물을 받아 놓고, 성찬기도 중 예물을 보호하기 위한 제대보의 축소형 입니다. 중세 말기에 지금과 같은 사각형의 형태로 변했습니다. 더러운 먼지가 섞이지 않게 하기 위해서 성작을 덮는 뚜껑입니다.

성체포(聖體布 corporal)

성체포는 면병과 포도주를 축성할 때 제대 가운데 펼쳐놓는 흰 천을 말합니다. 성체포는 그리스도의 몸인 면병 부스러기를 흘리지 않기 위하여 사용합니다.

성작수건(聖爵手巾 purificator)

영성체 후 성작과 성반을 닦는 작은 수건입니다.

미사수건(手巾 lavabo towel)

사제가 봉헌예물을 준비한 뒤에 정결한 손으로 성찬예배를 집전하기 위하여 손을 닦는 작은 수건입니다.

사진 4-9. 물병과 포도주병

물과 포도주병(酒水瓶 cruets)

보통 유리나 쇠로 만든 것으로 성찬예배를 드릴 때 사용할 물과 포도주를 담습니다.

3. 예배의 상징

상징은 단지 교회를 장식하기 위해서 사용하는 것이 아닙니다. 상징은 예배의 도구이기도 하며 진리를 전달하는 주요한 방법이기도 하였습니다.[8] 상징은 이해될 수 있고 지적인 것을 담보할 때에 시각적으로 그리고 드라마틱하게 우리의 예배를 돕습니다. 다시 말하여 상징은 우리들로 하여금 상징을 통하여 그리스도교 신앙을 기억하게 하고 진리를 인식하도록 하며 예배드리는 사람에게 예배정신을 더욱 풍부하게 하여 하느님께 진정으로 예배드리도록 돕는 것입니다. 교회의 건축, 제구, 성물, 몸가짐 그리고 예복 등 모든 것이 예배의 상징입니다. 그 중에 몇 가지의 상징들을 여기에 소개합니다.

물(water)

물은 우리에게 여러 가지 의미를 상기시켜 줍니다-창조, 씻음, 생기, 해방, 축제 그리고 생명 등 많은 상징을 보여 줍니다.[9] 성서에 있는 몇 가지를 예를 들면 다음과 같습니다. 창조의 이야기는 물로부터 시작됩니다. "하느님의 영이 물위에 활동하고 있었다."(창세

---

[8] 교회 전례에서 사용되는 상징에 관한 내용으로는 다음의 책을 참고할 수 있습니다. Joseph M. Champlin, Op. Cit., 그리고 Dom Robertall(ed), *Symbols Of Catholicism*,(NY: Barnes & Noble Books, 2003). 과르디니, 거룩한 표징, 장익 옮김,(왜관: 분도출판사, 1983) 그리고 Price, Charles P. and Weil, Louis., *Liturgy for Living*,(San Francisco: Harper & Row Publishers, 1979) pp.34-37 참고. 오늘날 교회 전례에 사용되는 상징에 대해서는 성공회, 천주교, 정교회, 루터교 등에서 공통된 일치의 견해를 이루며 사용됩니다.
[9] Joseph M. Champlin, Ibid., pp.17-30에서 물과 세례의 상관관계에 관한 풍부한 상징을 설명하고 있습니다.

1:2). 물은 우리에게 '하늘과 땅을 창조하신 전능하신 하느님'을 상기시켜 줍니다. 또한 하느님은 이스라엘 백성들이 홍해를 건너게 하심으로써 이집트의 노예생활에서 해방시키셨습니다. 하느님은 창조주일 뿐만 아니라 돌보시고 해방시키시고 구원하시는 분이십니다. 하느님은 광야에서 이스라엘 백성들에게 마실 물을 주심으로써 그들의 생명을 구하셨습니다.(출애 15:22-27) 물을 통한 하느님의 구원의 능력은 이러한 물리적인 영역을 넘어 영적인 영역으로 옮아가는 것을 우리는 신약성서에서 볼 수 있습니다. 예수님께서는 요르단 강에서 요한에게 세례를 받으시고 '메시아로서 성령의 기름부음을 받으셨습니다.'(마르 1:9-11) 예수 그리스도께서 십자가에 죽으시고 부활하신 후에 사람들은 그리스도의 죽음과 부활을 경험하는 것으로서 세례를 받았습니다. 그들은 물속으로 들어가고(죽음) 다시 나와서(부활) 성령을 통해 새로운 피조물로서 축복을 받았습니다. 그래서 죽으시고 부활하신 주님에 대한 신앙은 물로서 상징되는 것입니다. 이 부분은 특별히 공동기도서의 세례예식문 중에서 '물에 대한 감사의 기도'를 통하여 확인할 수 있습니다.

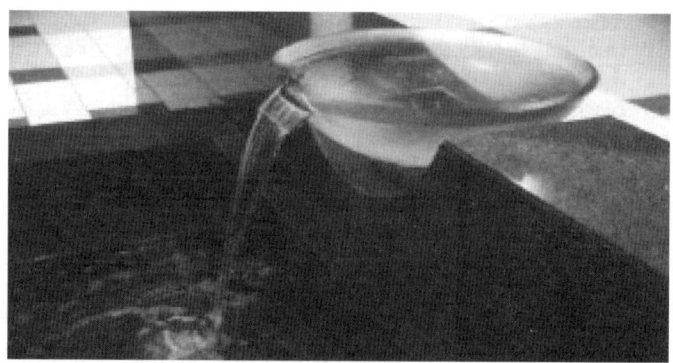

사진 4-10. 세례의 상징인 물은 죽음과 새 생명, 그리스도의 십자가 죽음과 부활의 의미를 드러냅니다.

또한 그리스도교에서 물은 정화의 상징으로서 사용됩니다. 사람들을 정화하기 위하여 또한 어떤 물건들을 정화하기 위하여 물을 사용합니다. 축성된 물(성수 holy water)을 사용하는 것은 그리스도교에 오래된 그리고 널리 퍼진 교회의 관습입니다. 초대교회에서는 로마의 공공건물을 교회로 사용할 때, 5세기부터는 환자의 병을 낫게 하기 위하여, 중세기에는 갓 태어난 아기에게 성수를 뿌리기도 하였습니다. 성수에 대한 미신적인 신앙도 있었지만 어째든 성수는 하느님의 구원하시는 은총의 상징입니다.

빵과 포도주(麵餅, 葡萄酒 bread and wine)

교회는 주님의 만찬을 거행하는 데에 항상 빵과 포도주와 물을 사용해 왔습니다. 성찬예배를 드리기 위한 빵은 밀가루로 만든 것이어야 한다는 것이 전체 교회의 전통이고, 누룩 없는 빵이어야 한다는 것은 로마가톨릭교회의 전통입니다. 성찬예배를 드릴 때에 사용되는 포도주는 포도 열매로(루카 22:28) 생산된 자연산 술이어야 합니다. 즉 다른 어느 것도 섞이지 않은 순수한 포도주여야 합니다. 성찬예배에서 빵과 포도주는 그리스도의 몸과 피를 상징합니다. 예수님은 여러 번 자신을 생명의 빵이라고 말씀하셨습니다. "내가 바로 생명의 빵이다."(요한 6:35) "나는 하늘에서 내려온 살아 있는 빵이다."(요한 6:51) 또한 예수님은 당신을 가리켜 '내 피는 참된 음료'(요한 6:56)라고 말씀하시면서 '내 피를 마시는 사람은 영원한 생명을 얻고 내 안에서 살고 나도 그 안에서 산다'고 말씀하셨습니다. 쪼개어진 빵과 부어진 포도주는 십자가상에서 죽으신 그리스도의 죽음을 상징합니다. 성찬예배의 원료인 빵과 포도주는 영적인 자양분을 공급합니다. 성찬예배는 하늘나라의 잔치입니다. 공동기도서에는 빵과 포도주를 '하늘의 빵'과 '구원의 잔'이라고 표현하고 있습니다. 우리의 영적인 생활은 그리스도의 생명과 영으로 유지되고 성숙해지는 것입니다. 공동기도서는 하느님께서 먹여주시는 심오한 의미를 전해줍니다.

"그리스도의 수난과 죽음을 기억하면서, 당신의 아들, 우리 주 예수 그리스도께서 손수 세우신 절차에 따라 '하느님의 선물이며 창조물인 빵과 포도주'를 보배로우신 그리스도의 몸과 피로써 받게 하소서."(한영공도문, 성찬기도문 D, p.244)

사진 4-12. 빵과 포도주, photo by 이성훈

빵과 포도주, 그것은 하느님께서 우리에게 베풀어 주시는 축복을 담는 상징입니다. 빵과 포도주, 그것은 동시에 우리 인간세상의 삶을 담는 질료입니다. 그래서 빵과 포도주에서 하늘과 땅이 만나고 하느님과 인간이 만나게 됩니다. 빵과 포도주, 그곳에는 인간공동체의 노동과 사랑이 함께 스며들어 있습니다. 그래서 빵과 포도주에서 너와 내가 만나고 우리들의 우주적인 삶이 녹아납니다. 빵과 포도주는 하느님의 은총의 상징이며 동시에 나의 삶의

제사입니다. 빵과 포도주, 그것은 하늘의 선물이며 동시에 인간 노동의 제사입니다.10)

안수(按手 laying hands)

사람들이 만지는 것에는 따뜻함과 지지(支持)를 나타내는 뜻이 있습니다. 누군가를 격려하고 위로할 때 그리고 축하할 때 우리들은 서로를 만지고 껴안고 쓰다듬어 줍니다. 그리스도교의 예배에서 손을 얹는 것은 축복을 전달하고 하느님의 능력을 전하는 방법입니다. 손을 얹을 때에 그 의미를 전달하는 말을 하고 본문은 그것을 설명합니다. 주교 또는 사제는 세례 때에 이마에 십자성호를 긋고 머리에 손을 얹습니다. 주교는 견진성사 때에는 사람들의 머리에 손을 얹습니다.

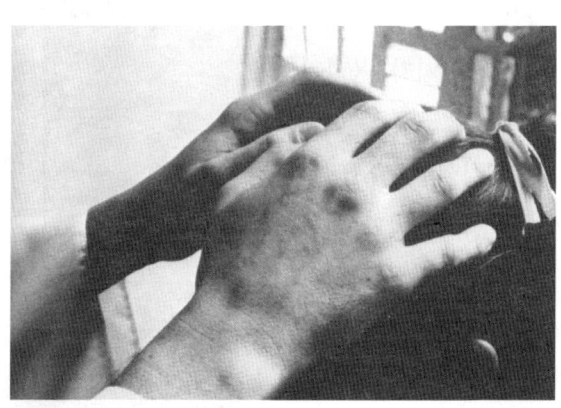

사진 4-11. 안수

또한 모든 성직서품식-부제, 사제, 주교 서품식을 할 때에도 후보자의 머리에 손을 얹습니다. 사제는 고해성사를 베풀 때에 그리고 병든 이에게 조병성사를 베풀 때에 참회하는 사람의 머리에 손을 얹습니다. 안수는 구약성서와 신약성서에 계속적으로 반

---

10) 빵과 포도주가 가지고 있는 상징적인 의미에 관한 성서적 근거와 초대교회의 역사 그리고 현대교회에서의 전례적 의미에 관한 뛰어난 책으로는 Photina Rech, OSB, Wine and Bread, (Chicago: IL, Liturgy Training Publications, 1998)를 참고할 수 있습니다.

복되는, 영적인 능력을 전달하는 방법으로 사용되어 왔습니다. 그 몇 가지 예를 들면 다음과 같습니다-마르코복음 5:23, 6:5, 사도행전 6:6, 8:17 이하, 9:17, 13:3, 19:6, 1디모테오 4:14, 5:22, 2디모테오 1:6, 히브리 6:2.

향(香 incense)

유향은 참나무의 마른 나뭇가지(樹脂) 알맹이의 혼합물입니다. 향로에 피운 촛불에 유향을 넣습니다. 이것을 흔들 때에 향기를 맡을 수 있을 뿐만 아니라 연기가 올라가는 것을 볼 수 있습니다. 그리스도교 예배에서 유향을 사용할 때에는 신적인 것과 연관된 거룩함의 분위기를 창조합니다. 또한 사람과 물건을 거룩하게 하는 것을 상징하였습니다.(출애 30:8) 바로 이런 이유 때문에 아기 예수님께 동방박사들이 유향을 드린 것입니다. 유향은 또한 우리의 기도가 하늘로 올라가는 것을 상징하였습니다.(시편 141:2, 요한묵시록 5:8, 8:3,4) 구약성서에서 제사를 드릴 때에 유향을 사용하는 것은 중요한 의미를 가지고 있었습니다. 초대교회에서는 유향을 사용하는 것은 이교도 제의와 연관되어

사진 4-12. 향

있고 또한 황제숭배와 관련된다고 생각하여 그 사용을 거부하였습니다. 하지만 4세기 이후에는 그리스도교에서 점차적으로 사용하였고 10세기부터는 서구에서 성찬예배에서 널리 사용되었습니다.

16세기 종교개혁 시기에 개신교는 향의 사용을 거부하였으나 성공회, 루터교에서는 계속 사용하였으며 오늘날까지 계속 사용하고 있습니다.11) 물론 유향은 개별교회의 취향에 따라 사용할 수도 있고 사용하지 않을 수도 있습니다.

재(聖灰 ashes)

재는 회개의 상징입니다. 또한 가치가 없는 허무한 존재로서 죽음을 상징합니다. 신실한 그리스도교인들은 사순절의 첫 날에 이마에 재를 받았습니다. '재를 받는다'하여 이 날을 재의 수요일(Ash Wednesday)로 부릅니다. 한자 문화권에서는 재의 수요일을 성회(聖灰) 수요일이라고 부릅니다. 그리고 재를 받는 관습은 교회를 통하여 계속 내려오고 있습니다.

4. 예복(禮服 vestments)

예배를 드릴 때에 입는 예복들은 예배의 상징 중 하나입니다. 초기 그리스도교에서 3세기까지는 특별한 사제복이 없었습니다. 오늘날 우리가 예배를 드릴 때에 입는 예복들은 초기 그리스도교가 시작될 즈음 로마시대의 공식적인 세속복이었습니다. 장백의는

---

11) Dom Gregory Dix, *The Shape Of The Litury*,(London: Dacre Press, 1975), pp.425-430에서 교회에서 유향 사용의 역사적 과정을 설명합니다. 그리고 Dunn, Greig S., *Servers and Services-Introduction for serving Anglican Liturgies*.(Toronto Canada: The Anglican Book Centre, 1986), pp.102-110에서 유향 사용의 실제적 지침을 참조할 수 있습니다.

여기에서 예외입니다. 로마시대에 사람들은 예배를 드릴 때에 입기 위하여 가장 "좋은 옷"을 구별하였습니다. 그래서 로마시대 한 황제는 그리스도인들이 하느님을 예배드리기 위하여 특별한 옷을 입는 것을 비판할 정도였습니다. 교회는 역사 속에서 계속적으로 예배를 드릴 때에 특별한 옷, 가장 좋은 옷을 입게 되었고, 특별히 성찬예배와 관련되어서 예복에 관한 성서적인 해석을 첨가하였고 특별한 상징과 의미를 첨가하기 시작하였습니다.12) 그래서 예배의 거룩함을 표현하고 전례에 대한 존경의 뜻에서 점차 특별한 옷, 예복들을 입게 되었습니다.

수세기를 통하여 발전되어온 교회의 예복에 대하여 우리들은 감사해야 합니다. 왜냐하면 교회의 예복은 다음과 같은 목적을 위해 사용되기 때문입니다. 첫째로 예복은 반드시 아름다워야 합니다. 예복의 아름다움은 예배의 아름다움을 드러내줍니다. 그리고 창조하시고 구원하시는, 전능하신 하느님의 능력을 드러내는 것으로서 하느님의 아름다움을 인식하고 반영합니다. 둘째로 예복은 역사적이고 신학적인 기능을 담고 있어야 합니다. 예복은 고대로부터 유래된 것이며 수세기를 내려오면서 그리스도교 예배의 연속성을 반영하고 있는 것입니다. 예복은 지나간 시대와 우리들을 하나로 묶어줌과 동시에 교회와 교회의 예배가 단지 일시적인 것이 아니고 영원성을 갖는다는 것을 상기시켜줍니다. 사실상 예복은 구약시

---

12) Dom Gregory Dix, Ibid., pp.398-410에서 교회 예복의 역사적 발전과정을 참조할 수 있습니다. 교회 예복에 관한 미국 로마가톨릭교회의 전례적 의미와 실제적 지침에 관해서는 다음을 참조할 수 있습니다. Philippart, David. *Clothed in Glory-Vesting the Church*,(Liturgy Training Publications, 1997). 그리고 박은규, "예복(예배복)에 대한 신학적 탐구" in http://www.theologia.pe.kr/에서, 그리고 Allmen, J-J von. *Worship, Its Theology and Practice*, 정용섭 외 역, 예배학원론,(서울: 대한기독교출판사, 1979), pp.269-273에서 예복의 역사적 발전과정과 실제 사용에 관한 문제들을 참조할 수 있습니다.

대, 아론의 제사복(출애 28:2)으로부터 유래된 것입니다. 그리고 예복의 여러 가지 장식들은 그리스도교의 신앙을 상징적으로 선포하는 도구이어야 합니다. 셋째로 예복은 기능적이어야 합니다. 예복은 교회의 예배에 참여하는 사람들의 역할과 직위를 사람들이 인식할 수 있어야 합니다. 다시 말하면 교회의 예복은 각 직책의 고유성을 드러내는 표지(標識)가 됩니다. 예복은 개인자격이나 개인의 명예를 위해서 입는 것이 아니고 하느님의 영광을 위하여 그리고 대리자로서 입는 것입니다. 이러한 이유들 때문에 교회의 예복은 예배에서 중요한 상징의 부분을 감당하는 것입니다.

1) 사제의 예복

사진 4-13. 캐석. 왼쪽은 천주교 스타일 캐석, 오른쪽은 성공회 스타일의 캐석입니다.

일반적으로 사제들은 다음과 같은 옷을 입습니다.

캐석(cassock) 성직자들이 입는 옷으로서 보통은 검정색(흰색)

의 옷입니다. 캐석은 발끝까지 닿는 긴 옷으로서 하느님과 교회에 봉사하기 위하여 자신을 바치고 속세에서 죽었다는 것을 상징하는 옷입니다. 캐석은 성직자-부제, 사제, 주교가 입는 옷입니다. 캐석에는 성공회식과 로마식이 있습니다. 성공회식 캐석(Anglican cassock)은 앞부분을 겹으로 휘두른 옷입니다. 그리고 단추가 아니라 검정색 천의 허리띠를 합니다. 로마식 캐석(Roman cassock)은 앞부분에 30개 내지 40개의 작은 단추가 달려 있는 옷입니다. 로마가톨릭교회에서는 이 옷을 수단이라고 부르는데 프랑스어 수단(soutane: 발밑까지 오는 긴 옷이라는 뜻)을 그대로 부르는 것입니다.

개두포(蓋頭布 amice) 제의 중에 제일 먼저 입는 것으로 직사각형의 보자기(스카프)로 양쪽에 끈이 달려 있어 머리에 씌었다가 목 주변을 감싸는 것입니다. 고대 로마 사람들의 목도리에서 유래한 것으로 원래는 추위로부터 머리와 목을 따뜻하게 하기 위한 것이었지만 후에 구원의 투구라는 상징(에페 6:17)으로 입었습니다.

장백의(長白衣 alb) 보통 캐석 위에 입으며 발끝까지 내려오는 희고 긴 옷으로 소매의 폭이 그리 넓지 않습니다. 이는 그리스도인들이 세례성사 때의 순결함과 온전함을 상징하기 위한 것입니다. 장백의는 성직자와 제단에서 봉사하는 사람들이 입습니다.

중백의(中白衣 surplice) 장백의를 조금 짧게 변형한 것으로 12세기경에 로마에서 처음 착용하기 시작했습니다. 무릎까지의 길이에 소매가 넓고 소매 끝과 아랫단에 수를 놓거나 레이스를 달기도 합니다. 14세기 이후 성찬예배 때 성직자들이 캐석 위에 입었습니다. 그리고 지금은 교회의 제단에서 봉사하는 사람들이나 성가대가 입는 옷으로 장백의와 같이 마음의 순결함과 온전함을 상징합니다.

소백의(小白衣 cotta) 장백의를 더욱 줄여 놓은 것으로 캐석 위에 입었습니다. 교회의 제단에서 봉사하는 사람들이나 성가대가 입는 옷으로 현대 교회에서는 보기에 좋지 않기 때문에 추천하지 않습니다.

사진 4-14. 중백의와 영대

띠(girdle 또는 cincture) 허리에 묶는 흰색의 끈입니다. 띠는 고대에서 헐렁한 옷을 입을 때 사용되었는데 장백의를 입을 때도 사용되었습니다. 길이가 긴 장백의를 활동하기에 편하도록 걷어 올려서 매는데 필요한 것입니다. 띠는 일, 싸움 등 결의의 상징입니다. 악마와의 투쟁, 참고 견디는 인내와 절제를 상징하는 뜻이 있습니다.

영대(領帶 stole) 영대는 목과 어깨를 걸쳐서 무릎까지 늘어지게 매는 좁은 띠로서 제의와 같은 천으로 만듭니다. 이는 봉사의 명에를 상징합니다. 영대의 기원은 고대 동방에서 사용하던 술이 달린 화려한 목도리로부터 유래된 듯합니다. 4세기에 처음으로 부제들이 명예를 표시하는 휘장으로 사용하였고 주교, 사제, 부제들이 목에 걸고 성찬예배를 봉헌했습니다. 영대는 성직자에게 부여된 직책과 의무의 상징입니다. 그래서 부제는 왼쪽 어깨에서 오른팔 밑으로 매며, 사제는 가슴 앞에 평행하게 내려 띠로 맵니다. 영대는 교회력의 색깔에 맞추어서 걸치며 영대 끝부분에는 교회의 상징과 사제직의 상징들이 새겨져 있습니다.

제의(祭衣 chasuble) 제의는 성찬예배를 집전하는 성직자가 장백의 위에 입는 반수(半袖) 원형의 옷으로서 로마 사람들의 옷에서 그 기원을 찾아볼 수 있습니다. 원래 남녀가 함께 입던 겨울 외투였는데 4세기부터 로마 원로원의 제복이 되었고 귀족들의 집회에서 유행했으며, 후대에 일반 사람들의 옷은 변했지만 성직자들은 그대로 성찬예배 때 착용하게 되어 성찬식의 옷이 되었습니다. 원래는 머리를 넣고 뺄 수 있게 중앙에 구멍을 뚫고 몸 전체를 감싸 두 팔이 모두 보이지 않게 하거나 오른팔만 나오게 돼 있는 넓은 망토와 같은 종처럼 생긴 외투였습니다. 제일 마지막으로 입는 큰 옷으로 장백의 위에 거의 덮이며 앞과 뒤가 늘어지게 양옆으로 터진 옷입니다. 제의에는 앞쪽 혹은 뒤쪽에 Y형의 십자가를 새겨 넣거나 기둥과 같은 문양을 새겨 넣습니다. 앞쪽의 문양은 보통 하나의 기둥처럼 되어서 주님이 묶인 기둥을 상징합니다.

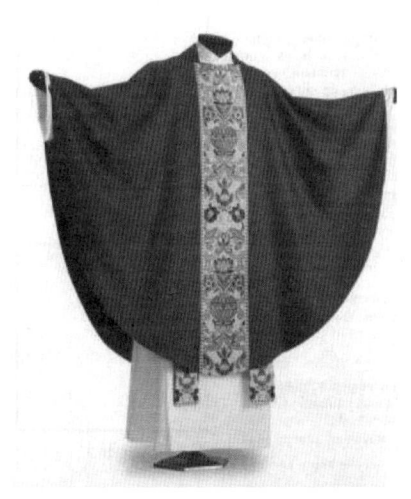

사진 4-15. 제의

제의는 교회력에 따라 색깔을 가지고 있고 제의에 교회의 상징들을 새겨 넣습니다. 예복을 만드는 재료는 전통적인 것외에도 각 지역의 고유한 자연천이나 해당 전례행위와 성무집전자의 품위에 부합되는 인조천도 사용할 수 있습니다. 장식은 거룩한 전례에 맞지 않는 것을 피하고 전례를 드러내는 표상이나 상징을 보여주어야 합니다.

어떤 교회에서는 사제가 성찬예배를 집전하기 위하여 중백의와 영대만을 할 때도 있습니다.

대례복(大禮服 cope) 장식이 새겨진 긴 코트로서 주교, 사제가 입습니다. 순행할 때, 장엄전례를 할 때, 장례 및 혼배성사 예식을 할 때 입습니다.

사진 4-16. 대례복

2) 주교의 예복

주교들은 캐석 위에 로쳇(rochect)이라고 불리는 주교의 장백의를 입습니다. 이 로쳇은 소매 끝이 아름답게 마무리되어 있는데 이를 주교의 소매(bishop's sleeves)라고 부르기도 합니다. 로쳇 위에 주교는 검정색, 보라색 또는 빨간색의 소매 없는 제의(치미리 chimere)를 입습니다. 그리고 이 위에 어깨로부터 영대 또는 어깨걸이(티핏 tippet) 또는 학위 후드를 걸칩니다. 그리고 장엄예

사진 4-18. 주교관

식을 할 때는 대례복과 주교관(mitre)를 씁니다. 이 주교관은 성령강림절에 사도들에게 내렸던 성령을 상징하는 두 개의 뾰족한 모자입니다.

주교들은 성장(聖裝 pastoral staff)을 가지고 다니는데 이는 교회의 최고 목자로서 양을 치는 것을 상징합니다. 또한 주교는 주교의 십자가 목걸이와 인장반지(seal ring)를 끼고 다닙니다. 주교의 반지는 일생을 통한 교회와의 결혼한 것을 상징합니다.

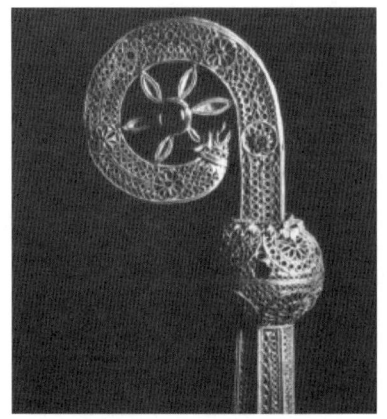

사진 4-17. 주교의 성장의 끝부분.
주교의 성장은 목자의 상징입니다.

3) 부제의 예복

부제는 캐석, 장백의, 중백의 그리고 영대를 합니다. 부제는 영대를 사제와 다르게 왼쪽 어깨에서 오른팔 밑으로 매는 것을 통하여 교회 안의 위계와 역할을 드러냅니다. 그것은 또한 사제직무에 완전히 오르지 않았음을 드러내는 것입니다. 부제는 장엄예식 때에는 달마띠까라는 제의를 입습니다.

사진 4-19. 부제의 예복

4) 평신도들의 예복

제단에서 봉사하는 사람들과 성가대원들도 제의를 입습니다. 평신도들도 캐석 위에 짧은 소백의(小白衣 cotta)를 입습니다. 또는 장백의를 입기도 합니다.

5. 교회에서 사용하는 색깔(典禮色)

교회에서는 예배를 위하여 여러 가지 색깔을 사용하며 그 색깔에 상징적인 의미를 부여합니다.13) 여러 종류의 색깔을 가진 예복, 휘장, 독경대에 씌우는 천 등을 여러 교파에서 사용하고 있습니다. 이 색깔은 교회력의 절기에 따라 바뀌고 예배를 드릴 때의 아름다움과 하느님의 신성을 나타내고자 합니다.(출애 28:4-6, 35:25, 36:8, 시편 27:4, 묵시 4:1-5) 초대교회의 성찬예배에서는 일정한 것이 없이 성서와 관련시켜 백색 한 가지만을 자주 썼습니다. 그러다가 그 축일의 특별한 의미를 제의색으로 드러내고자 하였습니다. 예를 들면 예수께서 돌아가신 날의 슬픔을 표시하기 위해 흑색을 사용하였습니다. 전례에서 색깔은 본질적인 것은 아니지만 교파의 전통에 따라서는 다른 색깔을 사용하기도 합니다. 또한 지역에 따라 다양하게 사용됩니다. 교황 이노센트 3세(Innocent III)는 12세기에 전례색으로 네 가지 색-백색, 자색, 녹색 그리고 홍색을 정하였습니다. 영국성공회는 다양한 색깔을 대성당과 여러 교회에서 중세기부터 사용하였습니다. 특히 성공회에서 19세기 옥스퍼드운동의 영향으로 전례에서 색상의 사용을 강조하였습니다. 개신교회는 종교개혁시에 색깔있는 예복의 사용을 철폐하고 단지 제대에 흰천만을 사용하였습니다. 현대에 와서는 교파를 초월하여 예배를 위하여 다양한 색깔을 광범위하게 사용합니다.14) 하지만 대체로 공통적인 것은 다음과 같습니다.

---

13) 예복 사용의 역사적 발전과정에 대하여 Price, Charles P. and Weil, Louis, *Liturgy for Living*,(San Francisco: Harper & Row Publishers, 1979), pp.242-243 참고. 그리고 Tayor, B. Don, *The Complete Training Course For Altar Guiilds*.(Harrisburg, PA: Morehous Publishing, 1993), pp.8-18-19, 그리고 Allmen, J-J von. Ibid, pp.268-269 참조.
14) Price, Charles P. and Weil, Louis.,Op. Cit., p.242.

백색(白色 또는 황금색 white/gold) 이 색은 하느님께서 친히 입으신 색(묵시 3:4, 18 이하)으로서 영광과 결백, 기쁨을 상징합니다. 따라서 부활절, 성탄절, 주님의 축일(수난에 관한 축일은 제외), 순교자가 아닌 성인 성녀들의 축일과 기념, 모든 성인의 날(11월1일) 그리고 결혼예식에 사용됩니다. 교회에 따라 백색 대신에 황금색을 사용하기도 합니다.

홍색(紅色 red) 뜨거운 사랑과 피를 상징합니다. 그리고 성령의 불을 상징합니다. 그래서 그리스도의 수난을 기념하여 주의 수난(성지)주일, 성 금요일 그리고 성령을 상징하여 성령강림주일, 사도들과 복음사가들의 축일 그리고 순교자들의 순교를 상징하여 순교자 축일 등에 사용됩니다. 또한 성직서품식과 견진성사 때에도 사용합니다.

자색(紫色 violet/purple) 자색은 죄에 대한 뉘우침과 속죄를 나타내는 것으로서 사순절에 사용합니다. 또한 위령(慰靈) 성무일도와 성찬예배에도 사용할 수 있습니다. 대림절기에는 다시 오시는 왕을 위한 위엄과 기다림을 상징하는 의미로 자색을 사용합니다.

녹색(綠色 green) 녹색은 생명의 희열과 희망, 성장을 드러내는 색으로 연중 주일, 즉 주의 공현 후 주일부터 사순절전까지, 성령강림 후 주일부터 대림시기전까지의 성무일도와 성찬예배 때에 사용됩니다.

흑색(黑色 black) 슬픔과 죽음을 상징하여 별세기념예배 때 사용됩니다. 현대교회에서는 별세기념 때에는 죽음의 슬픔 대신에 부활의 상징으로 흰색 사용을 권장합니다.

장미색(薔薇色 rose/pink) 자색의 슬픔과 백색의 기쁨에 대한 중간색으로서 대림절과 사순절의 기간에 성탄과 부활의 서광을 앞두고 좀 기뻐하며 휴식한다는 의미로 '기뻐하라' 주일(대림 3주일)과 '즐거워하라' 주일(사순 4주일)에 사용됩니다. 따라서 그 기쁨이 완전하지 못하므로 자색과 백색의 중간색을 사용하는 것입니다.

남색(藍色 blue) 새벽녘의 하늘빛처럼 남색은 다시 오시는 그리스도에 대한 기다림과 희망을 상징하며 대림절에 자색 대신 사용하기도 합니다. 현대교회에서는 대림절기에 주님의 오심에 대한 기다림이 강조되어 새벽빛의 파란색을 사용하기도 합니다.

제 5 장

◆ 교회의 관습과 예절

1. 우리 몸짓은 마음을 나타내는 언어입니다.

"신부님, 꼭 그렇게 해야만 합니까?"

성공회의 예배에 처음 참례하는 사람들은 성공회의 예배가 복잡하다고 합니다. "언제 일어서고 앉고, 무릎을 꿇고, 십자성호를 긋고 고개를 숙이고… 당황스럽습니다. 왜 성공회의 성찬예배에서는 복잡하다고 생각되는 행동을 해야 하는 것일까요? 그것에 신경을 쓰다보면 오히려 마음이 흐트러지고 성찬예배가 은혜롭지 못할 때도 있지 않습니까?" 이런 질문을 할 수 있습니다. 그리고 오래된 신자라 할지라도 그 의미를 잘 이해하지 못하는 경우가 있습니다.

우리의 일상생활에서의 몸가짐과 예절을 예로 들어봅니다. 지금 내가 앉아 있는 방에 어른이 오셨다고 가정합시다. 그러면 앉아 있던 사람은 일어납니다. 일어나는 것이 그분에 대한 인사이고 예우를 갖추는 것이며 그것은 곧 마음을 나타내는 것입니다. 만일

사진 5-1. 우리의 몸짓은 마음을 나타내는 언어입니다. photo by 김의창

여러분들이 친구의 집에 초대받았다면 어떻게 하시겠습니까? 친구의 집에 들어가면서 인사를 할 것입니다. 그리고 초대한 손님에 대하여 예절을 갖출 것입니다. 마찬가지로 당신이 하느님의 집에 들어갈 때에 무릎을 꿇고 당신이 어디에 있는 지를 인식하고 경배를 드리며, 성령의 인도하심과 도우심을 구하는 것은 마땅한 예절입니다. 당신이 교회를 떠날 때에 무릎을 꿇고 하느님의 집에 올 수 있었던 은혜에 감사하고 또한 예배를 통하여 얻은 하느님의 은총의 빛 가운데 살 수 있도록 기도하는 것 역시 마땅한 예절입니다. 우리가 이렇게 예절을 갖추고 몸가짐을 갖는 것은 우리의 몸짓과 예절은 우리 마음을 나타내는 언어이기 때문입니다. 우리가 입으로 하는 말뿐만 아니라 우리 몸의 여러 가지 표현 그 자체가 하나의 언어인 것입니다. 말을 하기 이전의 갓난아이는 몸짓으로 여러 가지를 표현합니다. 그리고 언어가 소통되지 않는 다른 나라에서는 손짓, 몸짓 등을 하면서 의사소통을 합니다. 그것은 몸이 하나의 언어이기 때문입니다. 그래서 몸짓은 '몸의 언어'(body language)인 것입니다. 우리는 몸의 여러 가지 표현을 통하여 하느님께 예배드립니다.[1] 그것은 하느님께서 우리의 몸을 창조하셨다는 것과 우리의

---

1) Greig S. Dunn, *Servers and Services-Introduction for Serving Anglican Liturgies*, (Toronto Canada: The Anglican Book Centre, 1986), p.27. 그리고 그는 27-36에서 우리들의 몸동작이 갖는 상징적 의미

몸이 그분께 속해 있다는 것을 고백하는 것입니다. 그리고 우리는 육체를 통해서도 하느님을 섬긴다는 것입니다. 마음만이 아니라 그 마음을 몸으로도 표현하는 전인격적인, 몸과 마음, 이성과 감정 전체로 하느님을 예배하는 것입니다. 우리의 몸은 우리의 마음을 담아 하느님을 더욱 경건하고 거룩하게 예배하도록 이끌어 줍니다. 미국 연합감리교회의 '이 거룩한 신비'에서도 다음과 같이 몸동작 또는 신체활동에 대해서 언급합니다.

> "성찬을 집례하는 것은 언어적 활동뿐만 아니라 신체활동까지도 요구된다. 몸동작은 성도들의 신체적이고 시각적인 동작을 유도하며, 예배드리는 사람들로 하여금 주님의 식탁에서 성찬예문을 읽는 것 이상의 활동이 필요하다는 것을 알게 된다."[2]

성찬예배 중에 참례자 모두가 통일된 행동으로 예식에 참여하는 것은 집회의 일치성을 드러내줍니다. 또한 하느님을 예배하는 마음을 서로 북돋아 주게 됩니다. 그러므로 우리는 성찬예배 중의 몸가짐에 대하여 이해가 필요한 것입니다. 그러면 성찬예배 중의 몸짓의 의미에 대하여 알아봅시다.

를 설명합니다. 몸동작의 상징에 대해서는 한국천주교에서 출판한 다음의 책을 참조할 수 있습니다. 김종수, 왜 저렇게 하지: 전례의 표징,(서울: 한국천주교중앙협의회, 2002), p.11-45. 그리고 과르디니, 거룩한 표징, 장익 옮김 (왜관: 분도출판사, 1983).

[2] 미국 연합감리교회는 2004년 총회를 통하여 성찬예배에 대한 미국 연합감리교회의 공식적인 신학적 해석과 실천으로 *"This Holy Mystery: A United Methodist Understanding of Holy Communion"*("이 거룩한 신비: 연합감리교회는 성만찬에 어떤 입장에 서 있는가?")를 채택하였습니다. 이 문서는 다음에서 영문을 확인할 수 있습니다.
http://www.gbod.org/worship/thisholymystery/default.html
한글문서는 다음에서 확인할 수 있습니다.
http://www.gbod.org/worship/default.asp?act=reader&item_id=13351&loc_id=9,39,211,388,1102 p.24

무릎을 꿇는 것(kneeling) 겸손과 공경의 표시로써 전능하신 하느님께 대한 우리의 복종관계를 표현할 때 어울립니다.(1열왕 8:54, 시편 95:6, 사도 20:36, 로마 14:11) 무릎 꿇음은 기도할 때나 고백할 때입니다. 허리를 곧게 하고 두 무릎은 바닥에 닿게 합니다. 현재 우리의 성찬예배에서는 축성경을 할 때 무릎을 꿇는데, 또한 일어설 수도 있습니다.

일어서는 것(standing) 존경의 표시요 찬양의 표시이며 또한 기도의 표시입니다. 그래서 성찬예배 중에 성가를 할 때, 기도를 할 때는 일어섭니다. 특별히 복음성경에 대한 존경을 표할 때와 신앙의 선언(니케아신경)을 할 때도 일어섭니다.

앉는 것(sitting) 듣기 위하여 마음과 정신을 집중하는데 적당한 자세입니다. 우리는 하느님의 말씀을 듣기 위하여 편안한 자세로 앉습니다. 구약성경과 신약의 서신성경을 읽을 때, 설교를 들을 때 앉습니다. 의자에 앉을 때는 무릎과 발을 모으고 바른 자세로 앉습니다. 예배 중에 다리를 꼬고 앉는 것은 바람직하지 않습니다.

2. 십자성호는 우리의 신앙고백입니다

우리는 성찬예배 중에 십자성호(十字聖號 a sign of cross)를[3)]

---

3) Greig S. Dunn, *Servers and Services-Introduction for Serving Anglican Liturgies*,(Toronto Canada: The Anglican Book Centre, 1986), pp.33-36에서 십자성호의 의미와 실제적 전례지침을 참조할 수 있습니다. Ghezzl, Bert, *The Sign Of The Cross: Recovering the Power of the Ancient Prayer*,(Chicago: Loyola Press, 2004). 이 책은 십자성호의 역사발전 과정과 그 의미를 기술한 참고도서입니다.

긋습니다. 그리고 기도를 할 때도 십자성호를 합니다. 그러나 어떤 신자들은 십자성호를 바르게 하지 못합니다. 대충 코 있는데서 시작해서 입을 지나 어중간하게 고개 아래에서 끝나기도 합니다. 또 어떤 신자들은 아예 십자성호를 하지 않습니다. 교회의 성찬예배와 예식에 참례할 때는 그런대로 합니다. 그러나 문제는 교회 밖에서입니다. 많은 사람들 앞에서 식사를 하면서 십자성호를 하지 않기도 합니다. '십자성호를 긋는 것이 왠지 쑥스럽고 티를 내는 것 같습니다. 안 할 수는 없을까요?' 이렇게 묻는 신자들도 있습니다. 십자성호는 분명히 바르게 할 때 그 의미가 드러납니다. 왜냐하면 우리의 몸짓은 우리의 마음을 나타내는 언어이기 때문입니다.

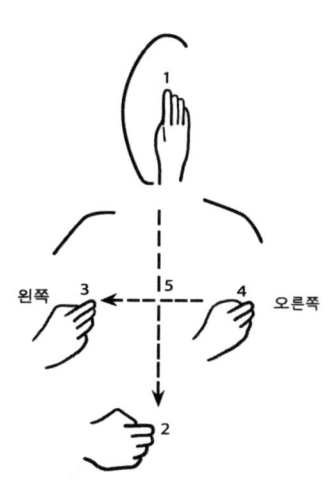

사진 5-2. 십자성호 긋는 법

1) 십자성호의 의미: 십자성호를 긋는 것은 한마디로 우리의 신앙을 고백하는 것입니다. 십자성호는 손으로 우리 구원의 상징인 십자가를 표시하는 것입니다. 처음 세례를 받을 때에 사제는 이마에 십자성호를 그으며 '당신은 … 영원히 그리스도의 사람으로서 표적을 받았습니다'고 말합니다. 십자성호는 '저마다 자기의 십자가를 지고 나를 따르라'고 하신 예수님의 명령을 따르기로 약속하는 것입니다.

2) 십자성호를 하는 방법: 오른손을 펴고 손가락을 모아서 십자

성호를 합니다. 먼저 손끝으로 이마에 대고 그 다음에 가슴 아래 부분, 왼쪽 어깨부분, 오른쪽 어깨부분, 마지막으로 가슴 중앙에 대면서 끝을 맺습니다.

3) 십자성호는 개인기도의 시작과 끝에 합니다. 따라서 성당에 입당하셔서 개인기도를 시작하고 끝날 때에 합니다.

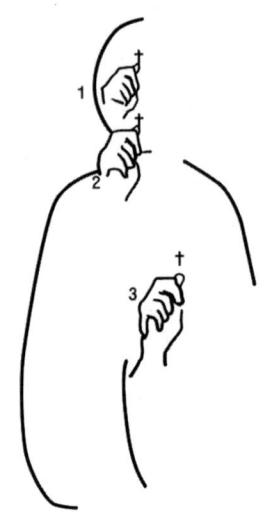

사진 5-3. 복음 낭독시의 십자성호

4) 성찬예배 때에는 다음 경우에 합니다.
　① 기도의 시작과 끝
　② 영광송의 끝부분을 할 때: '홀로 거룩하시고 홀로 주님이시고 홀로 높으시도. 아멘.'
　③ 복음성경이 낭독되기 전: 복음성서가 낭독될 때에는 다른 형태로 십자성호를 긋습니다. 오른손 엄지손가락으로 먼저 이마에 십자성호를 긋고, 다음에는 입술에 그리고 마지막에 가슴 중앙에 긋습니다. 이는 복음성경 말씀을 마음에 새기는 것으로써 생각의 으뜸으로 여기고 입술로 증언하며 마음에 지녀 말씀을 실천하기로 고백하는 것입니다.
　④ 사제의 설교 시작 전: '성부와 성자와 성령의 이름으로 말씀드립니다.'
　⑤ 설교가 끝나면서: '성부와 성자와 성령의 이름으로 말씀

드렸습니다.'
⑥ 니케아신경 끝부분: '후세 영생을 기다리나이다. 아멘.'
⑦ 죄의 고백 중에 사죄의 선언부분: '모든 죄를 + 용서하시고'
⑧ 축복기도부분: '전능하신 + 천주 성부와 성자와 성령은 여러분에게 강복하소서.'

성찬예배 중에 신자들이 일치된 행동으로 전례에 참여할 때 보기도 아름답습니다. 이는 전례에 참여하는 신자들의 일치성과 공동체성을 드러내주며 하느님을 예배하는 것을 북돋워 줍니다. 우리가 하는 작은 십자성호도 신앙고백이고 전례에 참여하는 응답임을 기억하며 함께 참여하는 것이 바람직합니다.

3. 경배는 겸손히 공경하는 마음을 나타냅니다.

우리 신자들은 하느님 앞에서 겸손히 그분을 공경합니다. 그분을 경배합니다. 우리는 예배 중에서도 겸손되이 하느님을 공경함을 몸짓으로 나타내는데 그것이 경배(bowing)입니다. 경배는 머리를 숙여 절하는 행위를 말합니다. 경배에는 단순경배와 장엄경배의 두 가지의 방법이 있습니다.

1) 단순경배(simple bow)

단순경배는 어깨를 약간 가볍게 숙이면서 머리를 숙이는 것입니다다. 단순경배는 다음의 경우에 합니다.

① 십자가가 당신의 앞을 지나갈 때: 십자가는 우리 구원의 상징으로 경배합니다.
② 순행 중에 주교님이나 집전자가 지나갈 때: 그분들은 예배를 드리는 회중의 인도자이며 동시에 우리 주님을 대리하는 분들입니다.
③ 복음 낭독 전 '주께 영광을 드립니다'와 복음 낭독 후 '그리스도를 찬미합니다' 할 때
④ 예수 그리스도의 성호를 부를 때
⑤ 영광경을 할 때: '영광이 성부와 성자와 성령께'

사진 5-3. 단순경배

2) 장엄경배(solemn bow)

두 손을 모으고 허리에서부터 어깨와 머리를 숙여 절합니다. 만일 손을 편다면 손끝이 무릎에 닿을 정도로 숙입니다. 장엄경배는 다음의 경우에 합니다.

① 교회의 거룩한 행동의 중심인 제대에 대한 경배
- 성소에 들어갈 때
- 성소를 떠날 때
- 성소를 가로 지나갈 때
- 교회의 좌석에 앉고 떠날 때

② 축성된 성체에 대한 경배
③ 특별절기에 복음성경을 낭독할 때

사진 5-4. 장엄경배

- 성탄절: '말씀이 사람이 되셔서 우리와 함께 계셨는데'(요한 1:14)
- 공현일: '아기를 보고 엎드려 경배하였습니다'(마태오 2:11)
- 성주간: 수난 복음 낭독시에 주님의 죽으심을 알릴 때
- 성지주일(종려주일): '예수께서 큰 소리를 지르시고 숨을 거두셨다.' (마태오 27:50)
- 성금요일: '예수께서는 고개를 떨어뜨리시며 숨을 거두셨다.'(요한 19:30)

④ 성찬예배 중에는
- 니케아신경 때에 '성령으로 동정녀 마리아께 혈육을 취하시고 사람이 되심을 믿으며' 부분을 할 때
- 죄의 고백을 할 때
- '거룩하시다' 부분을 할 때

3) 궤배(跪拜 genuflecting)

① 궤배는 경례, 무릎꿇음과 마찬가지로 공경과 겸손의 표시입니다. 사도 바울로는 '예수 그리스도의 이름에 모든 사람들은 무릎꿇어 경배하라'고 했습니다.

② 궤배는 허리를 곧게 펴고 오른쪽 발은 왼쪽 발보다 12인치(약 30Cm)정도 뒤로 한 뒤에 오른쪽 무릎이 바닥에 닿도록 합니다. 왼쪽 다리는 자연스럽게 구부립니다.

③ 궤배는 장엄경례 대신 특별히 성체를 모셔놓은 제대 앞으로 나아갈 때 또는 다른 경우에 할 수 있습니다.

사진 5-5. 궤배

4. 어떻게 성체를 받습니까?

(1) 성공회에서는 세례를 받은 사람은 교파를 초월하여 성찬을 받을 수가 있습니다. 옛날에는 견진성사를 받은 신자들에게만 성체를 영할 자격을 주었지만 지금은 교파를 초월하여 예수를 그리스도로 고백하고 세례를 받은 신자들은 누구나 성찬에 참여할 수 있습니다. 오늘날에는 세례를 받지 않은 사람들에게도 성찬을 개방하여야 한다는 논쟁(open communion)이 있기까지 합니다.

(2) 예수 그리스도 안에서 주시는 새로운 양식과 음료인 성찬을 받으러 제단 앞으로 나아올 때의 마음가짐은 경배와 깊은 신심에 의하여 결정되어야 합니다. 성체를 받을 때의 마음가짐은 성체를 받기 전후의 기도문이 잘 나타내 줍니다.

▶ 영성체 전 기도
우리의 위대하신 대사제이신 예수여, 전에 당신의 제자들과 함께 계셨듯이 우리와 함께 계시고, 떡을 뗄 때 우리로 하여금 당신을 알게 하소서. 주님은 성부와 성령과 함께 지금과 영원토록 살아 다스리시나이다.-아멘.

▶ 영성체 후 기도
주 예수 그리스도여, 당신은 기묘한 성사를 통하여 우리로 하여금 당신의 수난을 기념케 하셨나이다. 비오니, 우리로 하여금 당신의 거룩한 신비의 몸과 피를 공경케 하사, 우리 자신 안에서 언제나 당신의 구속의 열매를 인식하게 하소서. 성부와 성령과 함께 지금과 영원토록 살아 다스리시는 우리 주 예수 그리스도를 통하여 기도하나이다.-아멘.

사진5-6. 보혈을 받는 장면

(3) 성체를 받는 관습은 교회에 따라 다르지만 보통 두 가지 방법으로 성체를 받을 수 있습니다. 한 가지 방법은 성체와 보혈을 직접 받아먹는 방법입니다. 두 손을 앞으로 내어 손바닥이 위로 향하게 합니다. 그리고 한 손을 다른 손 위에 얹고 포갭니다. 그리고 손을 얼굴 높이로 들어 올립니다. 이는 생명의 양식을 향한 당신의 열망과 경배의 뜻도 있지만 축성된 성체를 가지고 사제가 허리를 숙일 때에 성체가 떨어지는 것을 방지하는 것입니다. 그리고 본인이 직접 성체를 입으로 가져갑니다. 마찬가지 방법으로 보혈을 받을 때에도 두 손으로 성작을 잡고 살짝 들어올려 입으로 가져간 다음에 입에 댑니다. 다른 한 가지 방법은 오른손으로 성

체를 보혈에 적셔서 받는 방법입니다. 먼저 왼손이 위로 오게 하고 성체를 받습니다. 오른손으로 성체를 집고 보혈에 적셔서 받습니다. 어떤 교회에서는 성찬을 나눠주는 사람이 성체를 직접 찍어 받는 사람의 혀에 넣어 주는 경우도 있습니다.

(4) 성찬을 받을 때에 십자성호를 하고 장엄경배(궤배)를 하는 것은 교회의 관습에 따라 그리고 개인의 신앙의 표현에 따라 행합니다. 또한 '그리스도의 몸, 그리스도의 피'라고 성찬을 베푸는 사람이 말을 할 때에 '아멘'이라고 응답하는 것이 바람직합니다.

(5) 전통적으로는 성체를 거룩하고 깨끗한 마음으로 받기 위하여 성찬예배 약 2시간 전에는 음식을 들지 않았습니다.

(6) 초대교회의 전통에 의하면 주간의 첫 날인 주일마다 성찬을 지킨다는 관습이 있었고(사도 20:7), 오순절 후 얼마 동안은 매일같이 행해진 때도 있었습니다.(사도 2:46) 그리고 그 후 시대에는 교회마다 약간씩 다른 관습을 갖게 되었습니다. 그러나 우리 교회에서는 매주일 성만찬에 참여하는 것을 원칙으로 합니다. 주일은 예수님께서 새로운 창조의 첫 열매로서 죽은 자들로부터 부활하신 날로서 매주일은 '작은 부활의 날' 입니다. 우리는 매주일 부활하신 주님을 만나고 그리스도의 살과 피인 성체와 보혈을 영함으로써 영혼의 양식을 얻어야 합니다. 그리스도인들은 성찬예배를 통하여 생명을 얻고 더 풍성히 얻으며, 장차 올 하느님 나라의 잔치의 기쁨을 미리 맛보면서 주님께서 다시 오실 날까지 이 예식을 행합니다.

우리가 매주일에 성찬에 참여하면서도 매일 성찬예배에 참여할 수 있습니다. 뿐만 아니라 하루에도 여러 번 성찬예배에 참여할 수 있습니다. 그리고 성공회에서는 성찬예배에 참여할 때마다 성찬을 받을 것을 권합니다. 왜냐하면 성찬의 전례는 함께 공동체를 이루는 것입니다. 한 빵과 한 잔을 나누어 먹고 마시는 것을 통하여 우리들은 그리스도와, 형제자매와 일치를 이루게 됩니다.

(7) 신병이나 사고로 교회에 나오지 못하였지만 성체를 영하기를 원한다면 교회의 사제에게 연락하여 성체를 영할 수 있습니다. 교회에서는 이런 위급한 경우를 대비하여 성막 안에 성체를 모시고 있으므로 원한다면 언제든지 사제에게 요청하면 됩니다. 성공회에서는 사제뿐만 아니라 부제 그리고 평신도들 중에서 훈련받은 성체봉사자(Lay Echucaristic Minister)들이 축성된 성체를 모시고 집이나 병원 등으로 가서 성체를 베풀어 줍니다.

제3부 뿌리를 찾아서: 성찬예배와 역사

"너희는 나를 기념하여 이 예식을 행하라"
우리는 주님의 명령에 따라 성찬예배를 드립니다.
최후의 만찬은 성찬예배의 원형이며
역사 속에서 성찬예배는 발전하여 왔습니다.

사도들의 성찬예배
Joos Van Ghent (1474), Ducal Palace, Urbino, Italy

제6장 최후의 만찬, 새로운 계약의 설립

제7장 주일, 해방과 부활의 축제일
   1. 안식일, 해방과 평화의 축제일
   2. 주일, 부활의 축제일

제8장 교회력
   1. 교회력의 의미
   2. 교회력의 역사와 구조
   3. 각 교회력 해설

제9장 성찬예배의 역사
   1. 초대교회의 예배
   2. 중세교회의 성찬예배
   3. 종교개혁시대의 성찬예배
   4. 오늘날의 성찬예배

제 6 장

🌀 최후의 만찬, 새로운 계약의 설립

예수께서는 사람들과 식사를 즐기셨습니다. 모든 문화 속에서 누군가와 함께 식사를 한다는 것은 단순히 먹는 것 이상의 의미가 있습니다. 그것은 식사하는 사람들과 함께 공통적인 그 무엇을 갖는다는 것입니다. 복음서는 예수님께서 식사를 드신 기록을 보여줍니다. 제자들과 함께 하신 수많은 식사, 군중들, 시몬(루카 7:36-50), 마르타와 마리아(루카 10:38-42), 자개오(루카 19:1-10)와의 식사 등 많습니다. 예수님께서는 식사를 통하여 친교를 나누셨고 당신의 가르침과 행위를 통하여 당신 자신과 아버지에 대하여 말씀하셨습니다.

예수님은 특별히 제자들과 최후의 만찬을 드셨습니다. 예수님의 최후의 만찬을 잘 이해하기 위해서 우리는 구약성서와 신약성서의 세계 속에서 고별담화문과 식사를 함께 이해하는 것이 좋을 듯 합니다. 이스라엘에서 죽음을 가까이 둔 사람은 자기를 에워싸고 있는 사람들(자식, 친척, 친구, 백성의 책임자, 백성 전체)에게 고별담화(告別談話)를 하였습니다.(야곱, 창세 49장; 모세, 신명 33장;

예수, 요한 13-17장; 사도 바울로, 사도 20:17-38; 2디모 3:1-4, 10) 그리고 이런 고별담화는 자주 식사를 하면서 말씀과 행위들로 인하여 특별한 의미를 지니게 되었습니다. 바로 예수님께서는 자신의 죽음을 제자들에게, 넓게는 모든 사람들에게, 자유로운 선물로 당신 자신을 주시고(요한 10:18) 죽음에 의미를 부여하기 위한 고별담화와 의식으로서 최후의 만찬을 하신 것입니다.[1]

사진 6-1. 최후의 만찬. Albrecht Durer.

최후의 만찬에서의 예수 그리스도의 말씀과 행위는 구약의 예언자들의 상징적 행위(이사야 20:3, 예레미야 19:10-11, 에제키엘

---

1) 고별담화에 관해서 A. 마르샤두 외 지음, 『성서에 나타난 성체성사』, (서울: 가톨릭출판사, 1988), pp.84-90 참조.

5:1-4)와 마찬가지로 예언자적인 행위와 말씀이었습니다.2) 그것은 최후의 만찬을 통하여 새로운 계약을 세우시는 것이었고 성체성사(성찬예식)를 설립하시는 것이며 새로운 하느님 나라의 상징이었습니다.

우리가 마지막 만찬을 살펴볼 때, 그 만찬이 과월절(유월절) 만찬이었는가 아니었는가는 중요하지 않습니다.3) 그것이 어떤 경우이든 다락방에서 있었던 과월절 축제는 예수님과 함께 있었던 제자들의 마음속에 깊게 자리잡게 되었다는 것입니다. 과월절 축제는 억압과 노예살이의 이집트에서 해방시키신 하느님을 다시 기억하는 것이었고, 홍해를 건넌 후에 하느님의 백성과 맺은 계약을 상기하는 것이며 하느님께서 주시겠다고 약속하신 땅을 향한 여행의 시작이었습니다. 긴장된 분위기가 감도는 1세기의 팔레스타인에서 모든 과월절 축제는 로마제국의 억압으로부터 새롭고 궁극적인 해방을 갈구하는 열망의 재생이었고 지상에 영원한 하느님의 나라를 건설하는 희망이었습니다. 이러한 희망이 주님에게 집중되었고 그들은 주님을 하느님께서 약속하신 새 계약과 하느님 나라를 개시(開時)할 메시야로 믿었습니다. 바로 이러한 시대적인 분위기에서 예수님께서는 십자가상에서 운명하시기 전날 밤 제자들과 함께 과월절 식사를 하셨습니다. 식사 중에 빵을 들어 감사의 기도를 드리신 다음 이것을 떼어서 제자들에게 주시면서 말씀하셨습니다. "이것은 너희를 위하여 내어주는 내 몸이다. 나를 기념하여 이 예식을 행하여라." 또 식사 후에 잔을 들어 감사의 기도를 드

---

2) A. 마르샤두 외 지음,,Ibid.,p.91. 그리고 Charles P and Weil, Louis, *Liturgy For Living,*(New York: The Seabury Press, 1979), p.188.
3) 이 논쟁에 관하여 Shepherd, Massey H. *The Worship Of The Church,*(Greenwich, CT: The Seabury Press, 1952), p.142 그리고 Charles P and Weil, Louis, Ibid., pp.187-188 참조.

리신 다음 그들에게 주시며 말씀하셨습니다. "너희는 모두 이 잔을 받아 마시라. 이것은 죄를 용서하여 주려고 너희들과 많은 사람들을 위하여 내가 흘리는 새로운 계약의 피니, 마실 때마다 나를 기억하여 이 예를 행하라."(마태 26:29, 마르 14:22-25, 루카 22:19-20, 1코린 11:23-26) 빵과 포도주는 예수님의 십자가 위에서 상처받은 몸과 흘리신 피를 말합니다. 예수님께서는 당신 자신을 십자가에 달리셔서 그의 살이 찢기우고 피 흘리심으로 희생제물이 되시고 하느님과 인간을 화해케 하셨습니다.(골로 1:19-20) 주님은 십자가에 달려 돌아가심으로써 새 계약을 맺으셨던 것입니다. 예레미야(예레 31:31-34)가 예언한 것처럼 새 계약은 하느님이 그의 법을 당신 백성의 마음에 써주시고 지극히 작은 자에게서부터 큰 자에 이르기까지 하느님을 알고 순종하며, 그들의 죄는 용서받고 더 이상 기억되지 않을 때에 이루어지는 것입니다. 예수님 스스로 십자가에 달리셔서 몸과 피로써 제물이 되시고 인간의 죄를 용서하셔서 하느님과 새로운 관계를 맺게 하신 것입니다. 그래서 우리들은 성찬예배를 '희생제사'(a sacrifice)라고 부릅니다. 성공회 교리문답은 이를 '교회가 드리는 찬미와 감사의 희생제사인 성찬예배는 그리스도께서 자신의 희생제물로 바치신 사건이 나타나고, 또 그것을 통해서 우리를 당신의 희생과 결합시켜 주는 성사입니다'고 표현합니다.[4]

주님께서는 우리가 이것을 반복해서 기념하도록 요청하셨습니다. 우리는 그리스도께서 명하신 대로 '그리스도의 생애와 죽음과 부활을 끊임없이 기념하여 그리스도께서 다시 오실 때까지' 이 예

---

[4] 대한성공회 공도문 개정전문위원회, 『대한성공회 기도서』, 2004,(서울: 대한성공회 출판부, 2004),신앙의 개요 107문, 그리고 미국성공회 아시아 선교부, 『미국성공회 공도문 1979 한영대조』,(뉴욕: 미국성공회본부, 1986), p.702.

식을 반복합니다. 그리고 우리가 이 예식을 반복할 때마다 우리들은 하느님과 새로운 관계를 맺는 새로운 계약의 백성으로서 예식을 하는 것입니다.5)

---

5) Shepherd, Massey H. Op. Cit., pp.147. 그리고 Charles P and Weil, Louis, Op. Cit., pp.188-189 참조.

제7장

주일, 해방과 부활의 축제일

1. 안식일: 해방과 평화의 축제일

"안식일을 거룩하게 지켜라.
너희 하느님 야훼가 분부하는 대로 해야 한다."(신명기 5:12)

이는 야훼 하느님께서 이스라엘을 애굽(이집트)의 종살이에서 해방시키고 호렙산에서 이스라엘과 계약을 맺으시며 주신 계명입니다.

안식일은 일을 하지 않고 쉬는 날을 말합니다. 이스라엘이 안식일을 정하기 전에는 세계 그 어느 곳에서도 정기적으로 쉬는 날은 없었습니다. 그리고 우리나라도 기독교가 들어오기 전에는 정기적으로 쉬는 날은 없었습니다. 그러면 왜 하느님은 안식일을 지키라고 말씀하였을까요? 이스라엘이 십계명을 정하고 안식일을 지킨 것은 이집트에서 노예생활을 하고 해방하는 과정에서 생겨난 것입니다. 하루도 빠짐없이 이집트의 강제 노동과 고역에서 시달려온 이스라엘 백성들에게 쉰다는 것은 커다란 해방이고 위안이었습니다. 그래서 이스라엘 백성들은 안식일을 제정하여 고된 생활에서 시달리는 사람들을 보호하였습니다.(신명 5:15 참조) 따라서 안식일은 쉬는 날, 해방의 날이었습니다.

> "안식일을 거룩하게 지켜라. 너희 하느님 야훼가 분부하는 대로 해야 한다. 엿새 동안 힘써 네 모든 생업에 종사하고 이렛날에는 너희 하느님 앞에서 쉬어라. 그날 너희는 어떤 생업에도 종사하지 못한다. 너희와 너희 아들 딸, 남종과 여종뿐만 아니라 소와 나귀와 그 밖의 모든 가축과 집안에 머무는 식객이라도 일을 하지 못한다. 그래야 네 남종과 여종도 너처럼 쉴 것이 아니냐? 너희는 이집트 땅에서 종살이하던 일을 생각하여라. 너희 하느님 야훼가 억센 손으로 내리치고 팔을 뻗어 너희를 거기에서 이끌어 내었다. 그러므로 너희 하느님 야훼가 안식일을 지키라고 너희에게 명령하는 것이다."
> (신명 5:14-15)

안식일은 단순히 일을 하지 않는 육체적인 휴식의 날일뿐만 아니라 일상생활에서 벗어나 하느님을 찬양하고 자신의 생활을 반성함으로써 거룩하게 하느님과 새로운 관계를 맺는 날입니다. 이날을 통하여 이스라엘은 거룩한 하느님의 백성이 되었습니다.(에제키엘 20:12) 하느님은 하늘과 땅을 창조하실 때에 이렛날에는 쉬셨습니다. 하느님은 육일 동안 세계와 인간을 창조하시고 제칠일에는 쉬셨습니다. 그러므로 하느님의 창조의 완성은 제칠일의 안식으로써 완성되었습니다.(창세 2:1-2) 이 안식일에는 하느님 안에서 모든 창조세계의 피조물들이 안식하면서 하느님과의 평화를 누리는 날이었습니다.(출애굽 20:8-11) 이 안식일은 하느님의 창조를 기억하며 하느님의 세계 속에서 안식하며 관계 속에서 평화를 누리는 날이었습니다.

이 안식일은 야훼 하느님과 이스라엘을 묶어주는 종교적인 끈이었습니다. 성전과 회당도 없이 유배생활을 하는 유다인들은 이 안식일을 지킴으로써 그들의 신앙을 지킬 수 있었습니다. 이스라엘 역사에서 안식일은 매우 엄격하게 지켜졌습니다. 마카베오시대에 유다인들은 안식일의 쉬라는 규정에 충실하여 무기를 들고 적군과 싸워야할 때도 안식일 규정을 어기기보다는 차라리 죽음을 당할 만큼 철저히 지켰습니다.(마카베오상 2:32-38) 그러나 예수님 시대에 바리사이파의 안식일에 대한 사소한 규정은 오히려 사람들을 억압하게까지 만들었습니다.

2. 주일: 부활의 축제일[1)]

예수님께서는 안식일 규정을 지키셨지만 그릇된 안식일 관행을 비판하시며 본래의 목적에 맞는 안식일이 되게 하셨습니다. 예수님의 제자들도 처음에는 안식일을 지켜나갔습니다. 예수님이 부활 승천하신 후에도 제자들은 안식일에 모여 유다인 가운데서 복음을 설교하였습니다. 그러나 예수님께서 부활하신 날인 주간의 첫 날에 주님을 예배하고 빵을 나누기 위하여 초기 그리스도교 신자들이 자주 모이기 시작하였습니다.(1코린 16:2, 사도 20:7, 요한 20:19) 신약성서에서 주일에 신자들이 모여서 빵을 떼는 예식을 했다는 중요한 기록으로는 사도행전 20:7-11에서 발견할 수 있습니다. 사도 바울로와 드로아의 신자들은 안식일 다음 날 저녁에

---

1) 주일이 갖는 의미에 대하여 Charles P and Weil, Louis, *Liturgy For Living*,(New York: The Seabury Press, 1979), pp.222-224 참조. Shepherd, Massey H., *The Worship Of The Church*,(Greenwich, CT: The Seabury Press, 1952), pp.111-113 참조.

모였고 밤이 새도록 이야기하였으며 그 다음 날 아침에 주의 만찬을 나눈 것으로 보여집니다. 이 사건을 유다인들의 시간 개념으로 이해할 때에 그들은 안식일이 끝나는 날 저녁에 모였고 그 다음 날 아침 주일에 빵을 떼는 주의 만찬을 행한 것으로 이해할 수 있습니다.[2] 유다인들은 자발적으로 모여서 안식일에 행하던 하느님께 대한 찬미와 자선 같은 일들을 주님의 날에 하였습니다. 이처럼 그리스도교 신자들이 구약의 안식일을 그대로 받아들이지 않고 주간의 첫 날을 그들의 축제일로 정한 것은 바로 그들의 주님이신 예수 그리스도의 부활과 성령 강림일이 일요일에 기인하기 때문입니다. 그들은 유다인들의 안식일을 지키지 않고 주님의 날(Lord's day)인 주일을 지켜나가기 시작하였습니다. 그들은 이날을 '주님의 날'이라고 불렀는데 초대교회 부활공동체가 매주간마다 모여 주님의 만찬(Lord's supper)을 나눴기 때문입니다. 그들은 이 날은 주님의 부활 날이고 말씀과 성찬을 통하여 부활하신 주님을 만나는 날이고, 첫 창조의 날로서 빛의 날이며, 제칠일의 주기를 넘어서 첫 창조를 이룬 제팔일이며, 교회가 출현한 날로 이해하였습니다.[3] 이것은 유다인 사회에서는 혁명과 같은 변화였습니다. 그들은 주님의 날, 예수 그리스도께서 죽음으로부터 영원한 생명으로 다시 사신 부활의 날, 그리고 그들에게는 구원의 날을 기념하기 시작하였습니다. 그들은 신자들의 집에서 모여서 사도들의 가르침을 가르치고, 성도의 교제를 하고, 성찬을 행하고, 기도하기에

---

[2] Power, David N., *The Eucharitic Mystery*(New York: Crossroad, 1993), p.75. 유다인들은 하루의 시작을 해가 진 저녁으로부터 시작합니다. 이 시간개념이 창세기 1장의 창조 이야기에 드러납니다.

[3] Johnson, Maxwell E., "The Apostolic Tradition" in *The Oxford History Of Christian Worship*,(ed) Wainwright, Geoffrey and Tucker, Karen B.,(New York: Oxford University Press, 2006), p.62. 존슨은 여기에서 초대교회 신자들이 지켰던 주일의 역사적 발전 과정과 그 의미를 살핍니다.

힘썼습니다.

2세기 초대교회 신자들이 지켰던 주일의 모습을 우리는 저스틴(Justine)의 기록에서 왜 유다인들과 다른 사람들이 주일에 모여서 주의 만찬을 하게 되었는지를 볼 수 있습니다.

> "우리들은 주일에 모였습니다. 왜냐하면 이날이 하느님께서 어둠을 변화시켜서 새로운 창조와 새로운 세계를 만드신 첫 날이기 때문입니다; 이 날에 우리 주 예수 그리스도께서 죽음으로부터 부활하신 날이기 때문입니다; 그들은 토요일 전날에 주님을 십자가에 달려 죽게 하셨지만, 토요일 다음 날, 즉 주일에 주님께서는 그의 사도들과 많은 제자들에게 나타나셨고, 우리들이 여러분들을 고려해서 재현하는 이것들(성찬)을 가르치셨습니다."[4]

이와 같이 주일은 주님의 부활을 기념하는 축제일이며 해방과 구원의 감격을 감사드리는 잔칫날입니다. 주일은 우리 주님, 예수 그리스도의 날입니다. 주일은 예수 그리스도의 부활을 축하하는 작은 부활절입니다. 이날은 교회가 새 기원을 축하하는 날이고 죽음을 넘어선 생명을 축하하는 날이며 사탄의 지배를 극복한 그리스도의 승리를 축하하는 날입니다. 주일은 또한 주간의 첫 날입니다. 제칠일이 지나고 첫 날 주님이 부활하셨기에 이 날을 제팔일이라고도 부릅니다. 이날은 구세주께서 새 창조의 역사를 시작한 날입니다. 또한 이 주일은 최후의 날, 재림의 날을 예견하는 날이며 부활하신 주님과 더불어 계속되는 교제의 상징입니다. 주일은 예수 그리스도로 말미암아 구원받은 신자들이 그 은혜에 감격하여 기쁨으로 예배드리는 날입니다.

---

4) Justin, Apologia I, p.65 그리고 67,3-5. English translation in Jasper and Cuming, *Prayers of the Eucharsit*, pp.28-30. Power, David N.,Ibid., p.74에서 재인용.

제8장

❋ 교회력

1. 교회력(敎會曆 Church Calender)의 의미

성서는 하느님의 위대한 구원의 이야기입니다. 교회는 이 구원의 이야기를 두 가지 방법으로 표현하고 있습니다. 하나는 신경으로 요약하여 표현하고 있습니다. 다른 하나는 하느님의 구원하시는 놀라운 역사를 일 년의 절기들 속에서 표현하고 축하합니다. 여기에 하느님의 구원의 역사를 도표화하면 다음과 같습니다.

성서	신경	교회절기
구약성서	첫째 단원: 나는 전능하신 하느님을 믿사오며 …	대림절
마태오복음 마르코복음 루카복음 요한복음	둘째 단원: 나는 예수 그리스도를 믿사오며 …	성탄절 공현절 사순절 부활절 승천절
사도행전 사도서신 요한묵시록	셋째 단원: 나는 성령을 믿사오며 …	성령강림절

특별히 교회는 예수님의 탄생과 세상에 나타남, 그리고 고난당하시고 죽으시고 부활 승천하시는 역사적인 그리스도의 생애를 교회력에 따라 펼쳐 놓음으로써 모든 신자들이 일 년 동안 예수 그리스도를 새롭게 체험할 수 있도록 하고 있습니다. 다시 말하여 교회력은 그리스도의 구속사건을 기억하고 기념하며 '기도와 성사(성례) 그리고 순종을 통해서 더 확실하게 신앙생활을 하기 위한 그리스도의 생애를 따라가는 신앙의 순례'입니다.1) 우리들은 교회력을 통하여 그리스도의 생애의 각 부분을 전례로 재현하고 그 전례 안에서 그리스도를 만나고 은총을 얻고 하느님께로 나아갑니다.

2. 교회력의 역사와 구조2)

교회력의 시발은 부활절입니다. 초대교회는 그리스도의 죽음에서 부활로 가는 사건을 기념하였습니다. 그 다음 성령강림의 오순절을 지켰습니다. 처음 3세기 동안은 부활절과 오순절이 교회의 유일한 절기였습니다. A.D. 336년 무렵에 그리스도의 탄생과 세례를 합하여 그의 성육신을 기념하는 공현절을 지켰습니다. 4세기에는 3대 절기의 분할로 교회력이 발전합니다. 곧 부활절은 성 금요일을, 공현절은 성탄절을, 오순절은 승천일을 출현하도록 하였

---

1) Clarke, W. K. Lowther,(ed) *Liturgy and Worship*,(London: S.P.C.K., 1950, p.201. Shepherd, Massey H. *The Worship Of The Church*,(Greenwich, CT: The Seabury Press, 1952), pp.97-122.
2) 교회력의 역사적 발전과정과 구조 그리고 각 교회력의 의미는 다음의 책을 참고하여 정리하였습니다. Clarke, W. K. Lowther,(ed), Ibid., pp.201-215. Price, Charles P and Weil, Louis, *Liturgy For Living*,(New York: The Seabury Press, 1979), pp.226-242. 이 중에 Price, Charles P and Weil, Louis의 책은 구조적으로 잘 정리되어 있습니다.

습니다. 4세기 말에는 부활절을 잘 지키기 위하여 사순절이, 성탄절을 준비하기 위하여 대림절이 첨가되어 교회력의 구조가 형성되었습니다. 또한 순교자와 성인의 기념일도 교회력에 첨가되었습니다. 성공회는 그레고리 8세의 교회력(1582년)을 1752년부터 사용하고 있습니다.

• 교회력의 구조

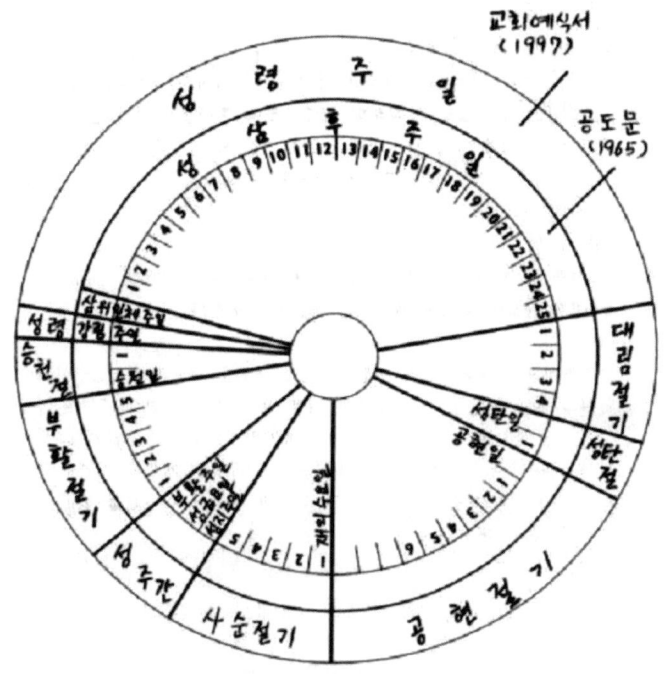

교회력의 구조는 전반부는 그리스도의 생애 곧 대림, 탄생, 공현, 고난, 죽음, 부활, 승천, 오순절의 성령강림을 회상하는 한 주기와 후반부로 성령강림 이후의 주일로 그리스도인의 생활에 강조점을 두는 주기로 구성됩니다.

3. 각 교회력 해설

대림절(待臨節 Advent)

대림절은 예수 그리스도께서 이 세상의 구주로 오실 것을 준비하는 성탄전의 4주간을 말합니다. 대림이란 말은 '기다린다'는 뜻이고 영어 Advent는 '오신다'는 뜻입니다. 이 절기는 인간으로 탄생하신 그리스도와 장차 세상의 종말에 다시 오실 그리스도를 기다린다는 두 가지 뜻을 가지고 있습니다. 따라서 대림절을 맞이한 신자들은 회개하고 새로운 마음으로 우리에게 오시는 그리스도를 맞을 준비를 하여야 합니다.

대림절의 색깔은 통회를 나타내는 보라색 또는 새벽녘의 하늘과 같은 남빛 색깔을 사용합니다.

성탄절(聖誕節 Christmas)

하느님께서 이 세상의 모든 인류를 위하여 보내신 예수 그리스도께서 탄생하신 것을 기념하는 절기를 말합니다. 성탄절을 맞이한 신자들은 아기 예수님께 거룩한 예배를 드리며 그분을 우리 마음속에 모시며 예수 그리스도를 보내주신 하느님께 감사드립니다. 신경은 이 성탄절의 신앙을 '성령으로 동정녀 마리아께 잉태되어 나시어 사람이 되시며'로 표현합니다. 성탄절의 제의 색깔은 기쁨을 나타내는 백색입니다.

공현절(公顯節 Epiphany)

공현절은 예수께서 공식적으로 그리스도(메시아)이심을 드러내신 것을 기념하는 절기입니다. 예수님께서 동방박사들(마태 2:1-12), 가나 마을의 혼인잔치(요한 2:1-12), 또 요르단강에서 세례자 요한에게 세례를 받으실 때(마태 3:13-17, 마르 1:9-11, 루카 3:21-22) 당신이 참 인간이시며 참 하느님이심을 드러내셨습니다. 공현절은 인종, 언어, 국적을 초월하여 모든 사람을 위하여 그리스도께서 오셨고 우리는 그 신앙에 초대받고 있음을 증거합니다. 그러므로 공현절은 그리스도를 증거하는 계절입니다.

사순절(四旬節 Lent)

사순절은 회개와 기도를 통하여 부활절을 준비하는 기간으로서 부활 전 40일간을 말합니다. 이때 주일은 제외됩니다. 사순절을 40일 동안 지키는 것은 예수께서 공생애를 시작하기 전, 세례를 받으신 후에 광야에서 40일간 단식기도를 하신 것에서 유래합니다. 사순절은 그리스도인에게 있어서 중요한 영적 훈련의 기간으로 참회, 극기, 기도, 헌신의 네 가지를 지키도록 노력하는 시기입니다. 사순절은 언제나 수요일에 시작하는데 이 날을 '재의 수요일(Ash Wednesday)'이라 합니다. 이 날에 재를 축복하여 이마에 바름으로 회개를 표시한 예배의식을 거행합니다. 사순절의 여섯 번째 주일을 성지주일(聖枝主日 Palm Sunday)이라고 하여 예수 그리스도께서 구원을 완성하시기 위하여 예루살렘에 입성하신 것을 기념합니다. 사순절의 마지막 주간은 성주간(聖週間 Holy Week)으로 지킵니다. 이 주간에는 그리스도의 지상생애의 마지막 사목을 기념합니다. 즉 목요일에 주의 만찬으로 성체성사를 설립하신 것, 금요일에 십자가에 달려 돌아가신 것을 기념합니다. 사순절의 제의 색깔은 통회와 고난을 상징하는 보라색입니다.

부활절(復活節 Easter)

부활절은 예수 그리스도께서 부활하신 것을 기념하는 40일 동안의 시기를 말합니다. 그리스도께서 죽음을 이기시고 부활하시어 모든 사람에게 새 생명을 주신 것을 기념하는 절기입니다. 우리는 부활전야에 대형 부활초(Pascal Candle)를 축복하여 불을 밝히는데 이는 죽음을 이기시고 부활하신 그리스도를 상징하는 것입니다. 부활절은 그리스도교 신앙의 근본 초석으로서 해마다 지킬 뿐만 아니라 매주일을 그리스도의 부활일로서 기념합니다. 매주일날은 그리스도의 부활을 기념하는 작은 부활날입니다. 부활절의 제의 색깔은 기쁨을 나타내는 백색입니다.

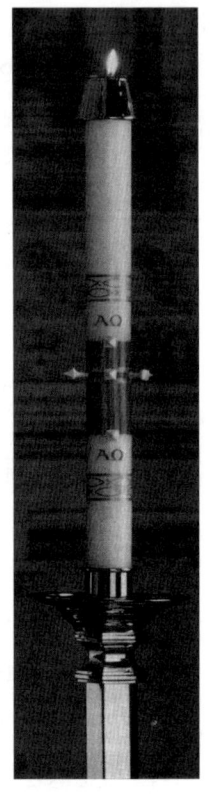

사진 8-1. 부활초

승천절(昇天節 Ascension)

예수께서 하늘나라에 오르신 것을 기념하는 절기로 성령강림주일 전까지 10일간을 말합니다.

성령강림절(聖靈降臨節 Pentecost)

성령강림절은 그리스도께서 약속하신 성령을 보내주신 날을 기념하는 절기로서 이 날은 교회의 탄생일이기도 합니다. 성령강림절의 의미는 하느님께서 성령을 통하여 역사하시어 계속적으로 우리 인간과 함께 계심을 나타내는 구체적인 표현이요 증거입니다. 성령강림절의 제의 색깔은 성령을 나타내는 붉은색입니다.

성령강림 후 주일(또는 연중주일)

대림절부터 성령강림주일까지는 그리스도의 탄생과 죽으심, 부활하심과 성령을 보내시는 그리스도의 생애와 사목을 중심으로한 절기입니다. 성령강림주일 이후부터는 그리스도인들의 일상생활 속에서의 신앙의 성장과 하느님의 은총에 관한 것을 주제로 묵상하는 절기입니다. 연중주일의 제의 색깔은 희망을 상징하는 녹색입니다.

축일(祝日 Feasts)

축일은 예수님 생존시에 일어난 사건을 기념하는 날로 성공회 공동기도서에 기념할 축일들이 자세하게 나타나 있습니다. 이 축일은 또한 교회를 위하여 헌신적으로 희생하신 성인들을 기념하는 날이기도 합니다. 이 축일에는 신자들이 감사한 마음으로 성찬예배에 참여하여야 합니다. 성인들의 삶과 신앙에 대하여서는 성인사전을 참고할 수 있습니다. 미국성공회에서는 『Leeser Feasts and Fast』에서 찾아 볼 수 있습니다.

제 9 장

● 성찬예배의 역사

　1993년 4월 16일, 대한성공회 서울대성당 성소에 새로운 변화가 일어났습니다. 그것은 성소 안에 신자들 가까운 곳에 제대를 하나 더 놓은 것입니다. 사제가 벽에 붙어 있던 제대에서 회중을 등지고 성찬예배를 집전하던 형태에서 사제가 회중을 마주보며 함께 성찬예배를 드리게 된 것입니다. 이는 1993년 4월 16일, 대한성공회가 독립관구로 승격하고 관구장으로 김성수(시몬) 주교께서 취임하실 때 일어난 변화입니다. 그러면 성소에 제대가 신자들 가까이에 하나 더 늘어난 것과 또한 성찬예배의 형태가 바뀐 것은 무엇을 의미할까요? 그리고 그것이 관구장 취임식 때 일어난 것은 어떤 연관이 있는 것일까요? 그것은 역사 속에서 교회의 건축과 성찬예배는 계속 변화되어 왔다는 것을 말해주는 사건이었습니다. 우리가 이러한 변화의 의미를 알려면 성찬예배의 역사를 살펴보아야 합니다. 그래서 이번 장에서는 성찬예배의 역사를 살펴보고자 합니다.

1. 초대교회의 예배

부활의 잔치, 감사와 사랑,
그리고 나눔의 잔치였습니다.

"나를 기념하여 이 예식을 행하라."(루카 22:19)

성찬예배의 시작은 예수님의 최후의 만찬으로부터 시작됩니다. 예수님께서는 과월절에 제자들과 함께 최후의 만찬을 하셨습니다. 예수님은 그 때에 빵을 떼어 제자들에게 주면서 '나의 몸으로', 포도주를 나누어 주면서 '나의 피'라 말씀하셨습니다. 그리고 이것은 "새롭고 영원한 계약"으로서 '너희는 나를 기념하여 이 예식을 행하라'고 당부하셨습니다. 그렇게 하시므로 이 형식을 하나의 성찬, 즉 예수 그리스도의 죽으심과 부활하심의 기념제로 만드셨습니다. 이것이 성찬예배의 본질로서 오늘날까지 변하지 않고 내려오는 것입니다. 물론 시대에 따라서 성찬예배의 외적 형식은 변하여 왔습니다. 하지만 성찬예배를 통하여 우리는 그리스도의 죽으심과 부활하심과 다시 오심을 기념하는 것입니다.

1) 사도시대 교회: 주일에 말씀과 주의 만찬 또는 아가페예식의 예배를 드렸습니다.

우리가 신약성서로부터 배우고 확인할 수 있는 사실은 예루살렘에 있던 처음의 신자들은 지속적으로 함께 모여 예배를 드렸습니다.

사진 9-1. 부활하신 주님께서 엠마오의 제자들과 함께 하시는 만찬.
Rembrandt van Rijn.

신약성서는 지속적으로 '모이다'와 '함께하다'라는 동사를 사용합니다.(마태 18:20; 1코린 11:17, 20, 33-34, 14:23, 26; 사도 4:31, 20:7-8; 히브 10:25; 야고 2:2 등 참조). 신자들은 함께 모여 공동체 예배를 드렸습니다. '한마음이 되어 날마다 열심히 성전에 모였으며 집집마다 돌아가며 같이 빵을 나누고 순순한 마음으로 기쁘게 음식을 함께 먹으며 하느님을 찬양하였습니다'(사도 2:46)는 것은 애찬(Agape) 혹은 공동식사(love feast)의 가능성이 매우 높지만, 이 시대의 주의 만찬이 아직 애찬과 구분되기 이전임을 감안할 때 루카의 이 보도는 예루살렘교회가 매우 자주 주의 만찬예식을 거행하였음을 말해 주는 것입니다. "그들은 다른 유다인과 마찬가지로 성전에 모여 기도하였습니다. 그리고 집집마다 돌아가며 빵을 나누었습니다. 그리스도를 믿는 몇몇 가족들이 각자가 마실 것과 먹을 것을 가지고 어느 집에 모여 저녁식사를 하면서 예수님의 최후의 만찬예식을 기념하였습니다. 그들은 사도들의 가르침을 듣고 서로 도와주며 빵을 나누어 먹고 기도하는 일에 전념하였습니다."(사도

2:42) 주후 30년경 예루살렘교회는 성전의 솔로몬 행각에 모여 말씀 중심의 예배를 드렸고, 가정에 모여 주의 만찬을 행하였습니다(사도 2:46; 5:12, 42; 20:7). 초대 예루살렘교회 신자들은 네 가지 예배요소를 가졌습니다.(사도 2:42, 47; 4:24-31; 12:5 참조).

> 사도들의 가르침을 들었습니다.
> 서로 교제하였습니다.
> 빵을 나누어 먹었습니다.
> 기도하는 일에 전념하였습니다.

이 네 가지 요소가 초대교회 신자들이 함께 모여 예배드릴 때에 했던 내용들입니다.

예루살렘교회는 날마다 모여 애찬 또는 주님의 성찬을 하였습니다. 하지만 이방인교회는 날마다 모인다는 것이 불가능하였습니다. 그래서 그들은 안식일 다음날, 일주일에 한 번씩 모였습니다. 드로아교회는 바울로 일행과 함께 '안식일 다음 날'에 주의 만찬을 나누려고 함께 모임을 가졌습니다.(사도행전 20:6-12) 주님 부활하신 날을 주님의 날로 믿었던 이방인교회가 '안식일 다음 날' 즉 일요일에 모여 주의 만찬 예배를 드렸다는 기록입니다.

코린토교회는 주의 성찬을 나누기 위하여 자주 모였다는 것을 코린토전서 11장에서 확인할 수 있습니다. 사도 바울로는 올바르게 주님의 성찬을 실행할 것을 당부합니다. 그런데 이 주님의 성찬은 언제나 "안식일 다음 날"(사도 20:7) 혹은 "주의 날"(묵시 1:10)에 있었다고 성경은 말하고 있습니다. 또한 바울로는 코린토 교인들에게 헌금에 관해 충고할 때에 "일요일마다"(1코린 16:1-4)란 용어를 사용하고 있습니다. 그들은 주일날 모여서 주의 성찬을 나누었고 헌금하였다는 사실입니다.

사도시대에 사람들이 함께 모여서 나눈 만찬은 사랑의 잔치로서 "아가페예식"이라 합니다. 아가페예식 참례자들은 저녁식사를 할 때처럼 밥상에 둘러앉아 그리스도의 죽음과 부활을 기념하며 신자 상호간에 형제적인 사랑과 그리스도께 대한 감사를 함께 나누었습니다. 초대교회 신자들의 식사가 주님의 만찬으로서의 성찬인지, 아니면 공동의 식사(아가페)인지 분명한 구분을 하는 것은 쉽지 않습니다. 그러나 그들이 '빵을 뗄 때'에 그들은 그리스도께서 하셨던 마지막 만찬을 기념하였습니다. 그래서 이때의 성찬예배를 유카리스트(Eucharist 감사예식)라고도 불렀습니다. 이런 예식들은 저녁에(사도 20:7절 이하, 1코린토 11:23), 어떤 때는 매일(사도 2:46) 그리고 어떤 때는 일주일에 한 번(사도 20:7, 묵시록 1:10) 행하기도 하였습니다.

신약성서에서 발견할 수 있는 사실은 성찬예배는 그리스도교 예배의 필수적인 부분이었다는 사실입니다. 사람들은 '떡을 떼기 위해서'(사도 20:7) 또는 '먹기 위해서'(1코린 11:33) 교회에 갔던 것입니다. 물론 이때의 성만찬은 아직 공동식사와 성찬예배가 확실하게 분리되기 이전의 애찬 형태의 것이었습니다.(사도 20:6-12; 1코린 11:17-22) 여기서 중요한 것은 초대교회가 언제나 말씀의 예배와 성찬예배를 함께 드렸다는 점입니다.3) 그리고 예배의 특징은 어떤 규범적인 것이기 보다는 자유로운 참여와 애찬 그리고 기도 시간에 방언을 하는 등 자유로운 기도 등의 모습이었습니다.4)

---

3) Maxwell, William D., *An Outline Of Christian Worship: Its Development And Forms*,(London: Oxford University Press, 1945), p.5.

2) 2세기 속 사도시대 교회의 성찬예배: 주일날 아침에 말씀과 성찬의 예배를 드렸습니다.

초대교회의 예배는 문자화된 예식서가 없었고 구전(口傳)에 대부분 의지하였습니다. 그러나 초대교회의 구전에 의지한 예배는 놀랄 만한 일관성과 신뢰성을 가지고 있음을 여러 자료들은 보여주고 있습니다. 하지만 주요 그리스도교 공동체 지역에서는 구전으로 내려오는 "사도들의 전승"이 점진적으로 책으로 쓰여지게 되었습니다. 예를 들면 아마도 서시리아 지역의 작업으로 추정되는 디다케(Didache)는 주후 90년에, 로마의 사도전통(Apostolic Tradition)은 주후 200년에, 시리아의 사도들의 헌장(Apostolic Constitution)은 주후 375년경에 기록되었습니다. 이 기록들에는 세례와 성찬기도에 대한 본문과 예식의 모델들이 들어 있습니다. 물론 이때에도 집전자(Celebrant)는 책에 의지하지 않았으며 참례자들은 전통에 비추어 자유롭게 기도하였거나 기억에 의하여 예식을 진행하였습니다.

그들은 성찬감사기도에서 주님께서 행하셨던 최후의 만찬의 성찬제정말씀을 회상하는 것을 포함하였습니다. 주일 성찬예배는 회중들이 모이기에 적당한 방을 갖고 있는 개인 가정의 집에서 새벽에 거행되었습니다. 주교(감독)가 주 집전자가 되었고 주교가 없을 때는 사제(장로)가 주교의 역할을 대신하였습니다.5) 주교들의 임무는 성찬을 집전하는 것이었습니다. 1세기 말엽 로마교회의 주교(감독) 클레멘트(Clement)가 코린토교회에 보낸 서신 40장과 44장에서 그리고 시리아의 이그나시우스 주교(감독)가 107년경 서

---

4) Shepherd, Massey H. Op. Cit., p.72.
5) Shepherd, Massey H. Op. Cit., p.73.

머나교회에 보낸 편지 8장에서 주교의 고유한 임무는 주의 성찬을 집전하는 것이라고 주장하였습니다.6) 그들은 성찬을 나누기 전에 사도들의 가르침과 예언서의 말씀을 나누었고 오늘날 성찬예배처럼 장엄하고 엄숙하기보다는 자유로운 성찬예배, 성령께서 이끄시는 대로 자유롭게 예배를 드렸습니다. 2세기경의 성찬예배는 전례에서 고정된 규정을 가지지 않으면서도 고유한 전례의 형태를 소유하고 있었습니다.

사진 9-2. 성찬의 빵과 기도자세, 3세기 지하무덤.
Saint Calixte Catacomb.

주후 100년경에 기록된 12사도의 교훈집인 『디다케(Didache)』는 두 부분에서 성찬과 교회와의 관계를 보여줍니다. 디다케는 성찬을 받기 위한 준비의 중요성을 언급합니다.

---

6) Clarke, W. K. Lowther,(ed) *Liturgy and Worship*(London: S.P.C.K., 1950), p.89. 그리고 A. 마르샤두 외 지음, Op. Cit., p.153.

"주님의 이름으로 세례를 받지 않은 이들이 아니면,
아무도 성찬을 먹지도, 마시지도 말아야 합니다."(디다케 9,5)
"먼저 여러분의 과실을 회개함으로써 여러분의 봉헌물을 정결케 하십시오.
그리고 주님 날에는 함께 모여서 떡을 떼며 감사하십시오."(디다케 14,1)[7]

우리는 디다케를 통하여 세례를 받은 신자들만이 성찬을 하였다는 사실과 성찬을 받기 위한 준비로서 죄를 고백하고 마음을 깨끗하게 하는 것이 필요하였다는 것을 말합니다. 디다케에는 성찬기도가 포함되어 있는데 유다인들의 감사의 기도의 모형을 따라 먼저 포도주 잔에 대하여 그리고 빵에 대하여 그리고 하느님 나라에 대하여 감사의 기도를 드리고 송영으로 끝이 납니다.[8] 디다케는 초대교회공동체의 생활과 신앙의 중심에 성찬예배가 있었음을 보여줍니다. 초대교회공동체들은 성찬예배가 끊임없이 공동체의 중심부에서 그들의 귀중한 보화로서 공동체를 형성케 하는 요소라는 것을 표명하고 있었습니다.

주후 150년경 로마의 한 교회 교사였던 저스틴(Justine)이 쓴 변론서(Apology)에 보면 주의 성찬을 거행했다는 사실이 더욱 분명해집니다. 저스틴은 에페소에서 그리스도교 신자로 개종하였고 후에 로마로 가서 활동을 하다가 165년경 순교하였습니다. 그의 변론서는 우리에게 초대교회의 성찬의 순서와 모습을 알려주는 귀중한 기록입니다. 저스틴은 그가 쓴 『첫 번째 변론서 The First Apology』 65-67장에서 2세기 중반의 교회들이 주일날 모여서 성경을 읽고 설교를 듣고, 집전자(집례자)가 성찬을 봉헌하는 기도

---

[7] A. 마르샤두 외 지음, Ibid., p.150 참조. 이냐시오의 편지에는 '주교의 주재하에 아니면 책임을 맡게 될 사람의 주재로 이루어지는 성찬예배만이 유일하게 합법적인 것으로 간주되어야 한다'고 말하였습니다.
[8] 디다케에 나와 있는 성찬기도는 Clarke, W. K. Lowther,(ed) Ibid., pp.90-92 참조 그리고 "성찬의 의미"에서 감사 부분 참조.

와 성찬감사기도를 드린 후에 빵과 포도주를 나누었음을 말해줍니다. 성찬예배는 교회공동체의 중심에 자리 잡고 있었습니다.

"주일날 우리는 도시들이나 시골의 일정한 장소에 모입니다. 그곳에서 사도들의 서신과 예언서들을 시간이 허락하는 대로 읽습니다. 읽은 사람이 낭독을 마치면 집전자는 여기에 나오는 선행들을 본받는 내용들에 대하여 설교나 훈례 그리고 권면의 말을 합니다. 그 다음 모든 회중이 일어나 기도를 합니다. 기도를 마치면 곧 우리는 서로 입맞춤으로 인사합니다. 그리고 나면 빵과 포도주 그리고 물을 가져오고 집전자는 그가 할 수 있는 대로 비슷한 방식으로 기도와 감사를 올립니다. 이것을 취하여서 성자와 성령의 이름으로 우주의 아버지께 찬양과 영광을 돌리며 우리가 그로부터 이것들을 받기에 합당하도록 기도드립니다. 그러면 전 회중이 큰 소리로 아멘으로 응답합니다. 참석한 사람들 각자에게 빵과 포도주가 분배되고 예배에 참석하지 못한 사람들을 위하여 부제(집사)가 그것을 가지고 갑니다."9)

집전자들은 자신의 능력에 따라 빵과 포도주에 대한 감사의 기도(성찬기도)를 한 것을 볼 수 있으나 그 기도의 내용은 전통적인 양식을 따랐습니다. 우리들은 대부분의 2세기 초엽부터 전해진 문서들을 통하여 초대교회의 성찬예배는 신약성서와의 지속성 속에 이루어지고 있다는 강한 인상을 받습니다. 그것은 12사도와 사도 바울로 이후 교회가 행했던 동일한 성찬예배를 초대교회가 봉헌하였다는 사실입니다.

저스틴 시대부터 성찬예배는 큰 변화를 겪게 됩니다. 가장 큰 변화는 시간에 있어 저녁에 드려지던 아가페예식은 아침조찬으로 바뀌게 된 것이었습니다. 저스틴 시대에 초대교회 신자들은 유다인들의 첫 날의 시작인 토요일 밤에 모이지 않고 주일날 아침에 여러 도시와 지방에 사는 사람들이 일정한 곳에 모이기 시작하였

---

9) Shepherd, Massey H. Op. Cit., p.74 그리고 Clarke, W. K. Lowther,(ed) p. 93 참조.

습니다. 성찬이 밤에서 아침으로 옮겨지면서 예찬은 간단한 형식으로 변화가 되었습니다.10) 저스틴의 변론서를 통하여 성찬예배가 주일날 아침으로 옮겨졌다는 중요한 사실을 우리는 여기서 확인합니다. 저녁의 예식이 아침으로 변한 이유는 아가페예식은 기쁨의 잔치였고 이 기쁨의 잔치에는 그리스도의 수난과 죽으심보다는 그분의 부활이 더 강조되었기 때문입니다. 그러므로 부활을 기념하는 예식은 저녁시간보다 부활이 이루어진 아침시간으로 옮겨야 한다고 생각하였던 것입니다. 이때 아가페예식은 그 당시 아침에 말씀을 읽고 묵상하는 예식인 말씀의 전례와 합쳐지게 되었습니다. 말씀의 전례에 기도문들, 시편 노래, 구약성서의 낭독 그리고 복음서와 사도들의 행적이 첨가되었습니다. 그래서 각각 독립되어 실천되어 오던 말씀의 전례와 성찬의 전례가 3세기경에는 하나의 예식으로 합쳐지게 되었습니다. 그리고 이때의 성찬예배는 다음과 같은 거의 정형화된 형식의 순서를 갖고 있었습니다.11)

① 성경말씀 낭독(lections 예언서, 복음서)
② 설교와 권면(homily and exhortation)
③ 기도(prayer)
④ 봉헌(offertory): 가난한 이들을 위한 봉헌과 성찬예배를 위한 봉헌물
⑤ 성찬감사기도(Eucharistic prayer)와 아멘
⑥ 성찬분배(communion: 참여한 이들과 불참자들을 위한 분배)

---

10) Price, Charles P and Weil, Louis, Op. Cit., pp.192-193.
11) Clarke, W. K. Lowther,(ed) Op. Cit., p.95.

3) 3~4세기, 전례본문의 출현: 오늘날 전례전형으로서의 성찬예배

사진 9-3. 콘스탄탄 황제의 세례 장면. 콘스탄탄 황제가 그리스도교를 공인하면서 성찬예배는 중요한 변화를 겪게 됩니다.

313년 콘스탄틴 황제가 기독교를 공인하면서 성찬예배는 또 다른 중요한 변화를 경험하는데 그것은 예배장소입니다. 지금까지 개인집이나 피난처에서 성찬예배를 드렸는데 그리스도교가 로마의 국교가 되면서 바실리카(Basilica)라는 어마어마한 교회건물이 들어서고 그곳에서 성찬예배를 하였습니다. 소규모의 가정예식이었던 성찬예배는 공공연한 대중적인 예식으로 변해야 했습니다. 그 전까지는 일정한 양식도 없이 자유롭게 드려지던 기도문과 예식이 고정되고 확립되면서 황제의 궁전에서 사용하던 문구나 요소들이 담긴 엄숙하고 장엄한 예식이 탄생되었습니다. 예를 들면 예배 시작 때에 노래를 부르며 행렬이 나오고 봉헌예절과 영성체 때는 줄을 지어 신자들이 나아가는 예절이 생기게 되었습니다. 하지만 이

때까지 성찬예배는 생동감 있고 감격적인 예식으로서 함께 성찬에 참여하고 특별히 그리스도의 부활이 강조되던 때였습니다.

저스틴 시대로부터 4세기경까지 문서화된 성찬예배문이 출현하게 됩니다. 이때 중요한 예배문으로는 세 가지가 있습니다.12) ① 로마에 있는 교회 지도자 히폴리투스(Hippoytus) 사제가 약 3세기경에 쓴 『사도전승(The Apostolic Tradition)』, ② 4세기 중엽의 문서인 『이집트의 사라피온 성사집(The Sacramentary of Sarapion』 그리고 ③ 4세기 말경 아시아에서 기록된 것으로 추정되는 『사도들의 헌장(Apostolic Constitution)』이 있습니다. 특별히 『사도전승』과 『사도들의 헌장』은 속 사도시대의 교회의 가르침과 실천을 보여주는 전형적인 문서들입니다. 사도전승은 서방 로마교회의 모습을, 사도들의 헌장은 이방인 지역에서 신앙생활을 한 사도들과 초대교회의 장로들이 기록한 문서입니다. 이들 문서들은 교훈적인 내용들과 더불어 전례적인 내용들을 담고 있습니다. 이 문서들을 통하여 우리들은 초대교회들이 예배에서 분명한 패턴과 형식을 가지고 있었다는 것을 확인할 수 있습니다. 그러나 이 문서들은 전례의 모범적인 전형을 보여줄 뿐이지 그것이 표준이 되는 것은 아니었고 자유로운 기도는 허락되었습니다.

히폴리투스 사제가 쓴 『사도전승』에는 성찬예문이 잘 나타나 있습니다. 이 전승에는 다음과 같이 주교와 회중이 대화체로 성찬기도를 시작합니다.13)

---

12) Price, Charles P. and Weil, Louis, Op. Cit., p.69.
13) Hippolytus Apostolic Tradition 4. 3(Easton ed., p.35): Price, Charles P and Weil, Louis, Ibid., p.193에서 재인용. 히폴리투스의 사도 전승에 관한 전례적인 분석을 보려면 Price, Charles P and Weil, Louis, Op. Cit., pp.193-196 그리고 pp.200-207를 참조합니다. 또한 Clarke,

주교: 주께서 여러분들과 함께
회중: 성령께서 여러분과 함께
주교: 마음을 드높이
회중: 주님께 올립니다.
주교: 우리 주 하느님께 감사합시다.
회중: 마땅하고 옳은 일입니다.

히폴리투스의 성찬감사기도는 오늘날 성찬기도의 원형을 보여줍니다. 유다인들이 드리던 과월절 감사기도(차브라 Chaburah)에 있는 창조, 이집트에서의 해방 그리고 율법을 주신 것에 대한 감사의 기도를 그리스도교적인 감사기도로 확장, 변경시킨 것을 확인할 수 있습니다. 그래서 하느님의 창조와 구원 그리고 그리스도를 통하여 이루신 구원사업과 십자가에서의 죽으심과 구원하심을 언급합니다. 사도전승의 성찬예식문에서 중심적인 사상은 감사입니다.14) 이 성찬감사기도문은 모든 감사기도와 모든 물건을 축복하는 기도의 모범적 전형이 되었습니다. 그런데 히폴리투스의 성찬감사기도는 여기에 세 가지 부분을 첨가하였습니다.15) 이 세 가지 첨가된 부분은 성찬제정사, 성찬제정에 대한 설명과 회상(기념 Anamnesis) 그리고 성령의 사역(The Work of Holy Spirit)입니다. 성령임재의 기원 가운데에는 교회의 성인들과의 상통에 대한 간구가 들어가 있습니다. 그래서 히폴리투스의『사도전승』에 나타난 성찬감사기도는 오늘날 우리들이 드리는 성찬기도의 모든 요소들을 다 포함하고 있는데 그 요소와 순서는 다음과 같습니다.16)

W. K. Lowther,(ed) Op. Cit., p.98-105 참조.
14) Clarke, W. K. Lowther,(ed) Ibid., p.103.
15) Price, Charles P and Weil, Louis, Op. Cit., pp.194-195. 그리고 Clarke, W. K. Lowther,(ed) Ibid., pp.97-104 참조.
16) Price, Charles P and Weil, Louis, Op. Cit., p.196.

감사서문경(마음을 드높이 … Sursum Coda)
성찬감사기도(Thanksgiving, Prayer of Blessing)
기념사(Memorial: Anamnesis, Institution and Oblation)
성령임재의 기원(Invocation: Epiclesis)
교회에 대한 간구(Prayer for Church)
송영(Concluding Doxology)

그리고 성찬기도는 성찬기도에서 고백된 내용들을 확인하고 표현하기 위하여 모든 회중이 '아멘'으로 응답하며 끝을 냅니다. 다만 우리들이 익숙한 현대의 성찬기도에서 제외된 분분이 있다면 '거룩하시다'(삼성경: 거룩하시다, 거룩하시다, 거룩하시다 Sanctus) 부분입니다. 히폴리투스 사제가 쓴 『사도전승』의 성찬기도문은 오늘날 성공회, 로마가톨릭교회(천주교회), 루터교회, 감리교회 그리고 장로교회의 성찬예배문의 전형으로서 사용되고 있습니다.17) 사도전승은 성찬기도문을 완전히 소개하는 최초의 교회문헌으로서 중요한 의의를 갖습니다. 사도전승에는 성찬예배문뿐만 아니라 주교축성예식문, 세례예식문, 매일기도문들이 또한 수록되어 있습니다.

『이집트의 사라피온 성사집(The Sacramentary of Sarapion)』은 집전자가 사용하는 전례기도문들의 모음집입니다. 사라피온은 알렉산드리아 지역 안에 있는 투무이스(Thmuis)의 주교였으며 325년 니케아 공의회에서 주요 역할을 감당하였던 아타나시우스와 동시대 사람이며 그와 가까운 사이였습니다. 사라피온 전례의 집전자들이 정기적으로 사용하는 전례적 기도문을 모았습니다.

히폴리투스의 『사도전승(The Apostolic Tradition)』을 바탕으로

---

17) 로렌스 홀 스투키, 『성찬 어떻게 알고 실행할 것인가?』. 김순환 역, (서울: 대한기독교서회, 2002), p.96.

4세기에 안티옥 지방에서 전례18)가 형성되는데 우리는 이 전례를 『사도헌장(Apostolic Constitution)』에서 발견할 수 있습니다. 안티옥 지방의 전례는 비잔틴전례(Byzantine Liturgy)의 두 가지 형태로 발전합니다. 초기에는 성 바실전례로 그리고 후에 성 크리소스톰의 전례로 발전합니다. 또한 안티옥 지방의 전례는 예루살렘의 성 야고보전례(Liturgy of St. James)로 발전하는데 이는 후에 시리아전례로 발전됩니다. 심지어 네스토리안전례(Nestorian Liturgy)도 사실상 안티옥전례에서 발전하였습니다. 이들 안티옥 지방에서 발전한 전례에서 우리들은 사도전승과는 약간 다른 대화체의 성찬기도를 발견할 수 있습니다.

사도전승과 사도들의 헌장 그리고 사라피온의 성사집을 비교해볼 때에 유사한 부분은 별로 없습니다. 그러나 모든 문서에서 성찬기도문을 비교해볼 때에 특별히 성찬제정사의 부분에서는 거의 같은 부분, 같은 순서, 같은 말로써 표현되고 있음을 확인할 수 있습니다. 그러나 동방지역에서 사용한 두 문서는 라틴어가 아닌 그리스어로 기록되어 있고 로마전례의 간결하고 직접적인 표현보다는 정교한 표현으로 그리고 신비스런 방법으로 풍부한 상징적인 요소를 가진 전례로 표현되어 있어 전례의 스타일이 달라지고 있는 것을 확인할 수 있습니다. 여기서부터 동방교회와 서방교회의 전례가 분리되기 시작합니다.

초대교회의 전례를 통하여 확인할 수 있는 것은 다양한 전례의 전통이 서로 다른 언어로 존재하면서도 말씀의 전례와 성찬의 전례를 실천하였고 사도전통으로부터 계속되는 정형화된 전례의 형

---

18) 안디옥 지방의 전례발전에 대하여 Clarke, W. K. Lowther,(ed) Ibid., p.108 그리고 pp.126-127 참조.

식과 내용을 갖게 되었다는 사실입니다.

4) 6~9세기, 지역 전례의 역사적 발전: 지역에 따라 다른 전례가 발전됩니다.

6세기부터 9세기까지 동·서방 교회는 각각 다른 교회의 전례를 발전시켰습니다.[19] 그 당시의 전례들은 오늘날 우리들이 적은 부분의 개정을 거쳐 현재 사용하는 전례들이기도 합니다.

동방교회는 지역에 따라 세 그룹으로 전례가 각기 발전합니다. 이집트의 알렉산드리아 지역에서는 성 마르코복음서의 내용, 곱틱, 성 키릴 그리고 12사도들의 전례문헌을 담보한 알렉산드리아 계통(곱틱정교회)의 전례로 발전합니다. 두 번째는 서시리아 지역, 즉 예루살렘, 안디옥, 키프로스 지역에서는 성 야고보사도의 전례, 그릭, 시리아 전례 문헌을 갖고 있는 서시리아전례로 발전합니다. 세 번째로 동시리아-안디옥 지역에서는 동시리아-안디옥 계통의 전례로 발전합니다. 동시리아 지역의 전례는 후에 네스토리아 계통의 전례로 발전합니다. 동로마제국의 중심이었던 콘스탄티노플 지역은 동시리아 안디옥 계통의 전례를 전수받아 성 요한 크리소스톰의 전례(the Liturgy of St. John Chrysostom)와 성 바실전례(the Liturgy of St. Basil)를 발전시킵니다. 그리고 콘스탄티노플교회의 전례는 후에 선교사들에 의하여 러시아와 발칸 지역으로

---

[19] 이 시기 전례의 발전의 역사는 Price, Charles P and Weil, Louis,Op. Cit., pp.71-73. Shepherd, Massey H. Op. Cit., pp.77-82. Clarke, W. K. Lowther,(ed) Ibid., pp.118-129 참조. Maxwell, William D.,Op. Cit., pp.34-43.

전수하게 됩니다.

6세기에서 7세기경 서방교회에서는 로마를 중심으로 로마의 전례(Roman rite), 프랑스 지방에서는 갈리칸전례(Gallican rite), 스페인 지역에서는 모자라빅전례(Mozarabic rite), 이탈리아 밀란 지역에서는 성 암브로스전례(Saint Ambrosian Rites), 그리고 영국 지역에서는 켈틱전례(Celtic rite)가 각각 발전되었습니다.[20] 하지만 서방교회 전례는 로마전례, 갈리칸전례, 모자라빅전례로 크게 구별할 수 있습니다. 켈틱전례는 칼리칸전례와 비슷하였습니다. 6세기, 그레고리 교황(재임 590-604) 시기에 로마교회의 전례는 그레고리안 전례의식과 그레고리안 성가의 체계를 통하여 폭넓게 그리고 내용에 있어서 풍부하게 발전하면서 표준적인 전례를 만들게 되었습니다.[21] 오늘날 세계성공회의 다양한 전례는 비록 로마전례가 당시 많은 영향을 미쳤지만 지역마다 다양한 전례를 발전시킨 서방교회의 전통을 이어 받은 것이라고 볼 수 있습니다.

2. 중세교회의 성찬예배

공적인 교회를 위한 공적인 전례로서
미사는 연극을 관람하는 것처럼 변했습니다.

지역마다 다른 전례들이 있었지만 중세로 들어오면서 가장 큰 전례의 변화를 가져온 것은 역시 로마의 전례, 로마가톨릭교회의

---

20) 이 시기에 발전된 칼리칸전례와 로마전례에 대해서는 Maxwell, William D., Op. Cit., p.46-71에서 참조할 수 있습니다.
21) Price, Charles P and Weil, Louis, Op. Cit., p.73.

미사를 통한 전례의 통일성입니다. 통일된 로마제국은 제국 안에 같은 신앙고백과 전례를 요구하였습니다. 세기를 내려오면서 공통된 신앙고백들-니케아신경, 콘스탄티노플신경, 에페소공의회, 그리고 켈케돈공의회를 거치면서 신앙적 일치는 전례적 통일성을 가져오게 하였습니다.22)

그리스도교가 로마의 국교로 공인되고 예배를 공공장소에서 많은 사람들이 함께 드리면서 예배는 형식화되어가고 신자들의 능동적인 참여는 자연히 줄어들게 되었습니다. 4세기경 다마소 주교 때 예배 언어를 헬라어에서 라틴어로 바꾸었습니다. 그리고 이단으로부터 전례를 보호한다는 구실로 제2차 바티칸공의회(1962-1965년) 때까지 세계 모든 나라에서 미사가 모국어로 집례되거나 전례집이 번역되는 것을 금하여 왔습니다. 7~9세기경에는 모든 민족들이 로마식 미사전례를 받아들이고 미사에서 라틴어를 사용하였습니다. 라틴어를 사용하였다는 것이 중세기 미사의 가장 큰 특징입니다. 당시 라틴어는 소수의 사제들과 교육받은 몇 사람들만의 언어였습니다. 결국 라틴어의 사용은 전례를 성직자들만의 것으로 만들었고 회중들을 단지 전례의 구경꾼으로 만들었던 것입니다. 라틴어 사용은 성직자들에게 전례에 대한 일종의 독점권을 주게 되었던 것입니다. 그러나 동시에 라틴어의 사용은 교회의 예배에 일체감을 주었고 이것은 동시에 서로 다른 그리스도교 가정들이 공통된 예식으로 결합하는 것을 가능케 하였습니다.23) 미사에서 주기도문을 제외한 공동기도가 사라지고 회중찬송이 불가능하게 되었습니다. 찬송은 훈련된 성가대에 의해서만 이루어졌습니다.

---

22) Price, Charles P and Weil, Louis, Op. Cit., p.72.
23) Shepherd, Massey H. Op. Cit., pp.82-83.

대략 8세기부터 12세기에 이르는 중세기 동안에 미사는 성직자들의 독점에 의해서 이루어졌기 때문에 더욱 정교하고 복잡하게 되고 형식에 치우치게 되었습니다. 그리고 복잡한 예식을 해석하는 이론이 등장하였는데 가장 중요한 해석은 우의적(allegorical) 해석이었습니다.24) 미사를 하나의 연극과 같이 보고 각 장면에 의미를 부여하였습니다. 미사는 그리스도의 일생을 소재로 연출하는 연극으로서 각각의 행동이나 장면 하나하나는 그분의 일생 가운데 어떤 한 사건을 상징하는 것으로 보았습니다. 예를 들면 '자비를 구하는 기도'(기리에 Kyrie)는 그리스도가 오시기 이전의 구약 사람들이 구세주의 오심을 기다리는 상태이고 '영광송'은 그리스도의 탄생을 환영하는 것으로 해석하였습니다. 그래서 사제나 예식자들은 하나의 연극을 연출하는 배우와 같았으며 미사에 참례하는 신자들은 관람객과 같은 사람들이었습니다. 신자들은 단지 사제의 연출을 구경하는 것으로 만족해야 했습니다.

그리고 이때의 미사는 그리스도께서 십자가에서 죽으신 희생이 강조된 제사적인 성격을 지녔습니다.25) 초대교회에서 성찬예배는 부활을 강조하는 축제적 성격이 강하였지만 중세로 들어오면서 성찬예배는 제사적 희생을 강조하게 되었습니다. 이는 어거스틴이 펠라기우스와의 논쟁에서 인간의 죄성(罪性)을 강조하면서 발전된 교리입니다. 중세 로마가톨릭교회는 다음과 같은 교리를 발전시켰습니다. 인간은 죄인입니다. 인간은 죄 가운데 태어났고(원죄) 그리고 살아가면서 죄를 짓습니다(자범죄). 그런데 인간은 세례 이후에 지

---

24) 백 플라치도, 『미사는 빠스카의 잔치이다』,(왜관: 분도출판사, 1986), pp.61-62.
25) 백 플라치도, Ibid., pp.69-70. 그리고 로렌스 홀 스투키, Op. Cit., pp.100-105 참고.

은 죄인 자범죄의 죄값을 지불하여야 하늘나라를 들어갈 수 있습니다. 그래서 인간은 연옥(煉獄 purgatory)을 통하여 세례 이후 지은 죄를 속죄할 장소와 시간을 갖습니다. 이 연옥에 있는 죽은 자들을 위하여, 그들이 연옥에 체류하는 시간을 감축하기 위하여 죄를 속(贖)하는 성찬을 드릴 수 있다고 로마가톨릭 교회는 말하였습니다. 그래서 미사는 속죄의 희생

사진 9-4. 중세기 미사의 모습

제가 되었습니다. 즉 동물이나 곡식을 제물로 바치고 그 대신 하느님으로부터 죄의 용서를 받는 구약적인 제사의 관점에서 미사를 드리게 되었습니다. 미사에서 동물이나 곡식 대신 그리스도가 제물로 바쳐지는 것이 다를 뿐이라고 이해하였습니다. 이 희생적인 개념을 강조한 미사에서 성찬은 예배자를 위해서 바쳐지는 희생제이므로 예배자는 성찬을 받을 필요가 없다고 생각하였습니다. 그 결과 신자들은 성찬을 받는 기회가 적어지게 되었고 사제 혼자서도 희생의 제사를 봉헌할 수 있다는 로마가톨릭교회의 성찬에 관한 신학이 발전하게 되었습니다. 미사의 제사화는 미사의 본 의미에서 벗어난 현상이 되었습니다. 미사는 희생제이기 때문에 점차 엄숙하게 되었고 그리스도의 죽으심이 강조되어 슬픈 감정으로 가득찬 전례가 되었습니다. 성찬에서의 부활의 축제는 사라지게 되었습니다.

이러한 미사에 대한 이해는 성당구조에도 영향을 미쳤습니다. 성당은 마치 연극을 상연하는 극장과도 같은 구조로 되었습니다. 제대는 무대와 같이 보통 자리보다 높은 위치에 있어서 모든 이들이 쉽게 바라볼 수 있게 되었고, 신자들의 자리는 관람객이 앉는 자리와 같았습니다. 그래서 사제는 구약에서 지성소와 같은 제대에서 하느님을 향하여 제사를 드리는 형태의 미사를 봉헌하였습니다. 사제들이 서있는 제단구역과 신자들의 자리를 갈라놓는 난간이 등장하였습니다. 제대는 교회벽에 붙여졌고 사제는 신자들을 등지고 미사를 드리게 되었습니다. 동방교회의 몹수에스트의 주교이며 신학자였던 데오도루스(Theodorus: 428년 사망)의 가르침으로 인해서 시작된 그리스도의 신성의 강조는 제단과 신자석 사이의 벽을 높게 만들었고, 신자는 성찬에 참여하지 못하는 결과를 초래하였습니다.[26]

13~14세기에 이르러서는 신자들이 성체를 바라보는 중에 하느님의 은혜를 받는다고 믿는 성체에 대한 지나친 공경이 생기기 시작하였습니다. 이때부터 성변화(聖變化 transubstantiation)[27]의 순간이 강조되어 사제는 면병과 포도주를 높이 쳐들어 신자들에게 보이고 복사는 종을 울리며 미사의 절정을 알리게 되었습니다. 구경꾼으로 전락한 신자들은 그리스도의 희생제와 결합하거나 성찬의 떡과 포도주를 먹고 마시려는 대신 실체 변화의 기적이 일어난 떡을 보고 경배하고자 하였습니다. 실제로 '물질의 성체화' 신학으로 인해서 11세기에는 떡에 대한 독특한 공경의 풍습이 도입되었

---

26) Burkhard Neunheuser, 『문화사에 따른 전례의 역사』, 김인영 옮김, (왜관: 분도출판사, 1992), pp.110-111. 참조.
27) '축성된 빵과 포도주가 예수 그리스도의 실제적인 살과 피로 변한다'고 믿는 천주교의 교리를 말합니다. 이는 14장 성찬에 대한 신학적 이해에서 좀 더 자세하게 논의할 것입니다.

습니다. 사제는 축성의 때에 종을 사용하거나 면병(빵) 앞에서 절을 하였으며, 면병(빵)을 축성한 이후에는 손가락을 경의의 표시로 계속 맞붙이는 관습도 이 시기에 시작되어 13세기에 그 절정에 도달하였습니다.28) 화체설로 인하여 신자들은 빵만을 받게 되었고 오직 사제만이 빵과 포도주의 성찬을 행하였습니다. 그리고 그리스도의 몸으로 변한 빵을 신자들이 떨어뜨리면 되지 않기 때문에 사제가 빵을 직접 신자들의 입에 갖다 주는 관습이 생겨났고 복사들은 쟁반을 성찬을 받는 사람들의 턱밑에 갖다 대어 그리스도의 몸인 빵을 떨어뜨리지 않도록 하였습니다. 그리고 성찬을 받은 사람들은 불경건하게 씹지 않고 녹여서 먹도록 하였습니다.

중세시대에 일반신자들이 성찬을 제대로 받지 않던 풍습은 또한 고해(고백)성사와 밀접한 관계를 갖습니다. 고해성사에 대한 이해가 종부성사(終傅聖事)와 연결되었습니다. 9세기경까지는 일생에 오직 한 번만 죄사함을 받을 수 있었기 때문에 신자들은 죄의 고백을 임종의 순간에나 하고자 하였습니다. 또 죄를 짓고 나서 고해성사 없이 성찬을 받는 것은 또 다른 큰 죄를 범하는 것이라고 생각했던 신자들은 자연히 성찬을 멀리하게 되었던 것입니다. 그리고 성찬을 받지 못하는 대신 미사 중에 축성과 함께 그리스도의 몸과 피로 변하는 떡과 포도주를 바라다보는 것으로 만족하게 되었습니다. 그래서 로마가톨릭교회에서 '미사를 본다'는 말을 하게 되었고 이는 축성된 성체를 바라본다는 신앙행위에서 나온 말입니다.

중세말기에는 전례가 지나치게 복잡하였습니다.29) 영국성공회의

---

28) Burkhard Neunheuser, Op. Cit., p.112.
29) Charles Weatly, *A Rational Illustration of Book of Common Prayer*

1549년 공동기도서의 서언에서는 다음과 같이 전례의 복잡함을 말하고 있습니다. "예식서의 많음, 기도지침서(Pie)의 어려움, 예배의 다양한 변화 등은 얽히고 뒤엉켜서 읽는 일보다 읽어야 할 곳을 찾는데 더 많은 수고를 하여야 한다."30) 또한 한 주간에 시편을 모두 암송하도록 되어 있었으며 성무일과의 사용지침도 복잡하였습니다. 성인들에 대한 숭배가 지나쳐 예배의 중심을 차지하였으며 성인들에 대한 혼란한 설명이 많이 있었습니다.

이런 여러 가지 이유로 인하여 중세기에 신자들은 매주일 성찬을 받는 것에서 주일미사에 참석하면서도 성찬을 받지 않는 경우가 늘게 되었고 일 년에 몇 번만 하게 되었습니다. 라틴어 미사, 희생적 제사의 강조, 미사의 미신적 요소의 도입, 미사 전 고행성사의 필요 등으로 인하여 신자들은 미사에 능동적으로 참여하기보다는 구경꾼으로 전락하고 말았습니다.

3. 종교개혁시대의 성찬예배

성찬예배에서 하느님의 말씀이 회복되고
평신도들의 예배의 참여가 강조되었습니다.

16세기에 이르러 서구 그리스도교는 종교개혁을 맞이하는데 이때 가장 중요한 문제는 성서의 권위에 대한 것이었습니다. 왜냐하면 중세의 교회가 성서의 권위보다는 교회성직의 권위를 앞세웠고

---

of the Church of England,(London: Bell and Dailly, 1867). P.22.
30) Ernest Rhys, (ed). *First & Second Prayer Books of Edward VI: with an Introduction by the Bishop of Gloucester*,(London: J.M.Dent & Sons, 1910), P.Vii.

미사에서도 성서에 대한 강조보다는 성체에 대하여 지나치게 강조하였기 때문입니다. 그래서 성공회를 비롯하여 모든 개혁자들은 성찬예배에서 하느님의 말씀을 회복하고 강조하였습니다. 지금 우리가 드리고 있는 말씀의 전례와 성찬의 전례는 바로 종교개혁 때에 확립한 것이며 이는 초대교회의 예배전통을 회복한 것입니다. 성찬예배에서 그리스도의 십자가상에서의 희생보다는 부활이 강조되었고 제대는 제사상(altar)이란 이해보다 주님의 식탁(communion table)으로 이해하게 되었습니다. 그래서 미사에서 빵과 포도주를 축성하는 것이나 봉헌보다도 서로 상통하는(communion) 주님의 성찬으로 회복하게 되었습니다. 성공회에서는 이때부터 성찬예배를 '거룩한 상통'이란 뜻의 'Holy Communion'이란 말을 쓰게 되었습니다. 성찬예배가 희생제사가 아니라 거룩한 상통의 개념으로 변하면서 사제들이 신자들을 등지고 미사를 드리던 데서 신자들과 마주하며 예배를 드리는 형태로 변하게 되었습니다. 모든 개혁자들은 예배가 신자들이 이해할 수 있는 것이어야 한다고 주장하여 자국어를 사용하도록 하였습니다. 중세기에는 전문성가대만이 찬송을 하였는데 루터, 캘빈 그리고 성공회에서는 회중들이 함께 찬송할 수 있도록 찬송을 작곡하고 윤율적인 시편을 제창하였습니다. 그래서 회중들이 능동적으로 예배에 참여하도록 하였습니다.

1) 루터의 예배개혁 31)

루터는 예배에 있어서 로마가톨릭교회의 미사로부터 급격한 변화를 원하지 않았습니다. 그래서 가장 온건한 입장에서 개혁을 이루었습니다. 그가 최고로 관심을 둔 것은 예배는 온 회중들이 이해할 수 있는 것이어야 한다는 것이었습니다. 중세 예배는 라틴어로 진행되었고 그 결과 성직자 외에는 알아듣지 못하는 언어로 진행되었는데 예배에서 회중은 방관자가 될 수밖에 없었습니다. 성경은 성직자만이 읽을 수 있는 책이었습니다. 그는 온 회중이 이해할 수 있는 그리고 참여할 수 있는 독일어를 사용하여야 한다고 주장하였습니다. 그래서 그는 처음 개정한 라틴어 예식서(1523년)에서는 비성서적인 부분만을 제외하고 로마가톨릭교회의 미사의 요약판과 같았지만 3년 뒤에는 독일어 예식서(1526년)를 발간하였습니다. 그는 독일어 찬송가(1523년)를 쓰고 작곡하였으며 독일어로 성경(신약 1522년, 구약 1534년)을 번역하였습니다.

루터는 세례를 통하여 평신도들도 성직에 있는 사람들과 마찬가지로 사제의 직분을 부여받았다고 이해하였습니다. 그 결과 평신도들은 수동적인 자세로 예배에 참여하는 것이 아니라 능동적으로 예배에 참여하도록 이끌었습니다. 평신도들이 능동적으로 예배에

---

31) 루터의 예배개혁에 관해서는 다음을 참조할 수 있습니다.
Justo L. Gonzalez, *A History Of Christian Thought, Vol III.*(Nashvill: Abingdon. 1975), p.56-60 참조, Clarke, W. K. Lowther,(ed) Op. Cit., pp139-141, 로렌스 홀 스투키, Op. Cit., pp.110-113 참조.
Abba, Raymond. *Principles of Christian Worship*, 허경삼 역,『기독교 예배 원리와 실제』(서울: 대한기독교서회, 1988), pp.36-37 참조. 주승중, "성경과 전통을 소중히 여긴 루터 계열의 예배" http://www.theologia.pe.kr/ 참조, Maxwell, William D., Op. Cit., pp.73-80 참조.

참여하도록 하기 위하여 그는 독일어 찬송을 사용하였고 보편적인 회중찬송을 작사, 작곡하는 열의를 보였습니다. 그는 직접 37편의 찬송을 작사했고 또한 작곡까지 한 것도 있습니다. 교회음악은 루터가 교회의 예배개혁에 크게 공헌한 부분이며 그 이후 영속적인 유익을 가져온 부분입니다. 중세기에는 성직자와 성가대가 거의 예배 전부를 주관하였습니다. 회중이 자국어로 찬송하고 응답하는 부분은 적었습니다. 루터는 이 부분을 변화시킨 것입니다.

그는 예배에서 말씀의 전례를 강조하였습니다. 그는 하느님의 말씀을 회중들이 듣도록 그리고 알게 하도록 힘썼습니다. 그는 해석된 하느님의 말씀을 듣는 것이 중요하다고 생각하여서 설교를 강조하였습니다. 그는 말씀과 설교를 중요시하였지만 동시에 성찬을 예배의 중요한 부분으로 생각하였습니다. 그래서 성찬예배를 매일 드려야 한다고 설교하였습니다. 그 후 그는 매주일의 중심예배로 성찬예배를 매주일 시행할 것을 강조하였습니다. 그리고 중세기 로마가톨릭교회가 평신도에게는 오직 빵만을 준 것을 비판하고 빵과 포도주를 평신도에게 배찬하였습니다. 그는 로마가톨릭교회의 화체설을 반대하고 예수 그리스도의 실재적 현존을 주장하였습니다. 성찬에 대한 그의 신학적 견해는 후에 자세하게 다시 살펴볼 것입니다. 루터는 '… 하지 말라'는 성경말씀을 제외한 부분, 다시 말하여 성경이 명확하게 금지한 것이 아닌 부분을 예배에서 그대로 인정하고 변경하지 않았습니다. 그래서 그는 예배를 위한 복장과 성물들을 그대로 사용하였습니다. 즉 성직자의 복장, 촛불 사용, 제대, 성상, 십자가, 종 등을 계속 사용하였습니다.

루터의 예배는 온건한 변화였지만 성직자 중심에서 온 회중이 예배자로 참여하는 예배로, 전례중심의 예배로부터 '말씀'과 '성찬'이 함께 하는 초대교회의 예배로, 라틴어 예배에서 독일어 예배로, 회중찬송의 예배로 변화를 가져왔습니다. 루터는 루터교 안에서 전례의 통일성을 의도하지 않았고 지역에 따라 특히 독일 밖의 루터교회에서는 다양한 전례의 변화를 이루었습니다.32)

2) 요한 캘빈의 예배개혁 33)

루터와 쯔빙글리의 중간에 서있는 개혁자가 요한 캘빈(John Calvin)이라고 말할 수 있습니다. 전례의 개혁에서도 그는 루터와 쯔빙글리 사이에 서있습니다. 캘빈의 예배에 대한 개혁은 그 자신의 창안이 아니라 특히 마틴 부처(Martin Bucer)의 스트라스부르(Strasbourg) 예식서에서 큰 영향을 받았습니다. 이 예식서는 그래도 로마가톨릭교회의 미사전문(典文)의 주요 줄거리는 그대로 지켰는데 요한에게 있어서 중세기의 미사는 사탄에 의하여 만들어진 최상의 증오물과 같았습니다. 그의 기준은 성서와 초대교회의 관습이었습니다. 그래서 그는 장식과 의식의 상징은 하느님의 영광을 깎아 내리는 인간이 고안한 비성서적인 것이라 생각하여 폐지하였습니다. 그리고 가장 단순한 형태의 예배를 만들었습니다. 그가 원했던 것은 중세 예배전례에 포함되어 있는 많은 예식주의(Ceremonialism)를 배격하는데 있었습니다. 그는 부처가 예배의

---

32) Maxwell, William D., Op. Cit., p.80.
33) 캘빈의 예배개혁에 관해서는 다음을 참조할 수 있습니다.
　Justo L. Gonzalez, Op. Cit., p.149-156 참조.
　Clarke, W. K. Lowther,(ed) Op. Cit., p.144,
　로렌스 홀 스투키, Op. Cit., pp.115-116. Abba, Raymond. Op. Cit., pp.39-40 참조. Maxwell, William D., Op. Cit., pp.112-119.

용어를 바꾼 것을 사용하였습니다. 예를 들면 '미사' 대신에 '주님의 만찬', 그리고 '사제(司祭 priest)' 대신에 '교역자(pastor)'라는 용어를 사용하였고, '제단(Altar)' 대신에 '상(床 table)'이란 용어를 제시하였습니다. 요한 캘빈은 성찬예배를 중요하게 생각하였습니다. 그래서 성찬예배가 매주일 드려지고 회중들이 성찬예배에 참여하기를 원하였습니다. 캘빈은 그가 쓴 『기독교 강요』에서 성찬예배는 최소한 일주일에 한 번씩 자주 기념되어져야 한다고 주장하였습니다. 1537년 제네바의회에 낸 『교회와 조직에 관한 안내』에서도 매주일 성찬예배의 거행을 주장하였습니다. 그러나 이러한 그의 주장은 쯔빙글리에 강한 영향을 받은 행정관들에 의해서 받아들여지지 않았습니다. 시의회는 캘빈의 건의를 무시하고 성찬예배를 연 4회로 제한하고 말았습니다. 이런 캘빈의 노력은 1555년에 베른 시의 행정관들에게 보낸 그의 서신에서도 계속되지만 이도 역시 실패로 끝나고 말았습니다. 그 결과 개혁교회에서는 성찬예배가 1년에 네 번 정도 드려지게 되었습니다. 캘빈은 회중의 시편 찬송이 교회 공중예배의 일부가 되어져야 한다고 생각하여 찬송의 훈련에 상당한 관심을 가지고 있었습니다.

캘빈은 루터보다 더 철저히 중세 로마가톨릭교회의 예배의식을 개혁하여 중세교회의 함정인 예식주의를 극복했습니다. 그러면서도 캘빈은 급진개혁을 추구하는 이들과는 달리 예배의 질서를 보존했습니다. 캘빈의 제네바예배의식(Genevan Service Book)은 다수의 개혁교회의 모범적인 모델로서 역할을 하였습니다. 캘빈의 영향은 프랑스, 독일, 네덜란드, 덴마크, 스위스, 스코틀랜드, 영국 그리고 후대에는 미국장로교에까지 확대되었습니다.

3) 쯔빙글리의 예배개혁 34)

쯔빙글리(Zwingli)는 성서적인 보장이 없는 한 중세의 관습은 지킬수가 없다고 생각하였습니다. 그것은 그가 '오직 성서로만'을 주장하였기 때문입니다. 따라서 성서에 없는 내용은 그에게 용납할 수 없는 것이었습니다. 쯔빙글리는 성찬을 성사(성례전)로 인정하지 않고 하나의 기념예배로 인식하였습니다. 따라서 성찬을 그리스도교 예배의 정기적인 예배로 인정하지 않았고 단지 일 년에 4번(부활절, 성령강림절, 가을, 성탄절)의 성찬만을 하도록 권하였습니다. 그 결과 성찬예배가 정기적인 주일예배에서 분리되어 비정기적인 예배행사가 되었고 이것은 그 이후 교회전례의 역사에 가장 비극적 영향을 주었습니다. 쯔빙글리는 중세 연옥교리를 배격하고 미사에서 변화를 시도하였습니다. 우선 그는 교회에서는 오직 하느님의 말씀만이 들려져야 한다고 생각하여서 성서낭독과 설교중심의 예배를 만들었고 자국어로 선포되는 성서낭독과 설교말씀을 하였습

사진 9-5. 설교하는 쯔빙글리. Zwingli on the bronze doors by Otto Münch (1935). 쯔빙글리는 성찬예배를 약화시키고 오직 말씀 중심의 예배를 강조하였습니다.

---

34) Justo L.Gonzalez, Op. Cit., pp.73-76 참조, 주승중, "예배의 전통을 단절시킨 쯔빙글리 계열의 예배" in http://www.theologia.pe.kr/ 참조, Williston Walker, A History Of The Christian Church,(3rd ed) (New York: Charles Scribner's Sons, 1970), pp.312-313, 320-325 참조. Maxwell, William D., Op. Cit., pp.81-87.

니다. 쯔빙글리는 예배에서 말씀을 회복하고자 하였으나 성찬예배를 거의 전적으로 무시하여 초대교회의 전통적인 예배인 말씀과 성찬의 균형잡힌 예배를 파괴하여 비전례적 예배(informal liturgy)를 만들었습니다. 하느님의 말씀에 대한 강조는 설교말씀에 초점을 맞추게 하여 인간이 하느님께 드리는 예배보다는 단지 하느님의 말씀을 듣는 예배로 전락시켰습니다. 그리고 예배에서의 상징, 성물, 찬송 등을 배격하여 단지 언어적 수단에 의한 이성과 합리적인 예배가 되도록 하여 예배의 신비적 경험을 약화시켰습니다. 그는 무반주의 회중찬송과 파이프 오르간을 없앴고 오직 남녀 간의 시편교독을 대신 선택하였습니다. 그는 교회 안의 성상을 배격하고 성구들을 소멸시켰습니다.

쯔빙글리의 예배는 종교개혁과정에서 성찬기도의 생략, 중보기도의 생략 등으로 가장 간략한 형태의 예배가 되었습니다.[35] 예배학자들은 가장 미흡한 개혁교회의 예배내용을 담았다고 평가하고 가장 부정적 영향을 후대에 남겼다고 평가합니다. 그런데 쯔빙글리의 예배개혁보다 더 급진적으로 나아간 사람들이 있는데 그들은 재세례파들(Anabaptist)입니다. 이들은 예배에서의 자유를 강조하였고 일정한 예배형식을 갖지 않았습니다. 이들은 성서말씀을 낭독하고 그 말씀을 해석하고 자유로운 기도와 찬송의 예배를 가졌습니다.

4) 영국성공회의 전례개혁

---

35) Maxwell, William D., Op. Cit., p.87.

영국성공회는 1549년 제1공동기도서(公同祈禱書 Book of Common Prayer)를 만들어 성공회 성찬예배를 발전시켰습니다. 1549년 영국 의회의 통일령에 의하여 영어로 쓰인 공동기도서는 종교개혁 당시에 새로운 형태의 예식서였습니다.

윈저에 모인 전례위원회는 전례를 개혁하면서 다음과 같은 개혁의 원리를 가지고 공동기도서(Book of Common Prayer)를 제정하였습니다.36)

첫째로 성서적 기초와 초대교회의 관례(Scripture and Primitive Usage)로 개정하였습니다. 옛 예식서에서 발견되어지는 어떤 것은 참이 아니고 어떤 것은 불확실하고 "어떤 것은 무익하고 어떤 것은 미신적인 것"을 제거시켰고 공동기도서의 교리는 성서적인 가르침의 형태를 띠었습니다.37) 그래서 1549년 공동기도서의 서문에는 "순수한 하느님의 말씀인 성서 또는 성서에 근거한 것 이외에는 어떠한 것도 읽혀질 수 없다."고 하였습니다.38) 또한 성서낭독의 양을 확대하였습니다. 조·만도(朝·晩禱)에 성서낭독 정과표를 만들어 구약성서는 1년에 한 번, 신약성서는 1년에 두 번을 읽을 수 있도록 하였습니다. 그리고 주일미사에는 교회절기에 따라 서신과 복음으로 나누어 정과를 만들어 사용할 수 있게 하였습니다. 1549년 공동기도서의 개혁의 원리 중에서 이 "성서적 기초와 초대교회의

---

36) 1549년 공동기도서의 전례개혁의 원리에 대하여 참고할 수 있는 책은 다음과 같습니다.
 Wand, J.W.C., *Anglicanisim in History and Today*,(London: Weidenfield and Nicolson, 1961), pp.85-86. Massey H. Shepherd. Op. Cit.,pp.87-88. M.W.Pafterson, *A History of the Church of England*,(Lodon: Longmans, Green and Co, 1920), pp.256-258. Raymand Abba,Op. Cit., pp.40-42
37) Rhys Ernest,(ed). Op. Cit., p.6.
38) Ibid. p.6.

관례"는 중요한 의미를 지닙니다. 중세기를 거치면서 교회전례의 성서적 기반은 이상하게 되었습니다. 복음주의적 교리는 그림자처럼 희미하게 되었고, 성서낭독은 이상스러운 전설적 이야기로 자리 잡게 되었습니다. 성서의 뜻을 회중에게 사실대로 알려주게 된 것은 1549년 공동기도서의 중요한 성과 중의 하나입니다. "새로운 기도서의 종교는 성서의 종교"가 된 것입니다.39)

둘째로는 단순화(simplication)입니다. 복잡한 많은 요소들을 제거하고 단순화시켰습니다. 길이에 있어서도 내용을 짧게 하였습니다. 가장 큰 변화를 가져온 것은 성무일과로서 하루 8회의 예배를 2회의 예배로 단순화시켰습니다.

셋째로는 영어의 사용(Use of English Tongue)입니다. 바울로는 교회에서 말하는 사람은 다른 이가 이해하고 유익하게 되게 하라고 가르쳤습니다.(1코린 14:9,19) 초대교회에는 그릭어, 라틴어, 시리아어, 곱틱어로 쓰여진 전례서가 있었습니다. 이는 각 지방의 사람들이 사용하는 언어로 예배드렸음을 말해줍니다. 그러나 중세에 라틴어를 사용하게 되었습니다. 1549년 공동기도서는 회중들이 이해할 수 없는 라틴어를 사용하지 않고 자국어인 영어를 사용함으로써 회중들이 예배에 참여하여 진정한 예배를 드릴 수 있게 하였습니다.

넷째는 통일성(uniformity)입니다. 당시 여러 권으로 흩어진 기도서를 1549년 공동기도서 안에 하나로 묶었습니다. 이 공동기도서 안에서 미사예식서(Missal), 성무일과서(Breviay), 사목적 예식서(Mannual), 순행예식서(Processional)가 포함되어 있었습니다. 또한 서로 다른 다양한 예식서를 하나의 예배양식으로 통일시킨 것입니다. 그래서 '공중예배에서는 이 공동기도서와 성서이외는

---

39) Powel Mills Dawley, *Chapters in Church History*. 김성수 옮김. 『교회의 역사』.(서울: 한국양서, 1985), p.183.

어떠한 다른 책도 필요없다.'고 규정지었습니다.40) 예식서가 한 권의 책으로 만들어짐에 따라 회중은 가지고 다니기에 편하고 쉽게 이해할 수 있게 되었습니다. 이상과 같은 원칙을 정하고 전례개혁위원회는 1549년 공동기도서를 만들었습니다. 그러나 개인적으로는 한 가지 원리를 더 말하고 싶습니다. 그것은 공동기도서의 개혁의 원리 중에 회중적(congregational) 원리가 있음을 볼 수 있습니다.41) 1549년 공동기도서는 회중적으로 만들어졌습니다. 중세기 때에는 금지되었던 영성체가 일반회중에게 허락되었으며 또한 1년에 최소한 3회의 영성체를 하도록 하였습니다. 또한 회중의 언어인 영어의 사용은 복잡한 전례를 단순화시켰고 예배양식을 통일함으로써 회중은 보다 쉽게 전례에 참여하고 이해하며 감동받을 수 있게 되었습니다. 그러므로 우리는 1549년 공동기도서에서 회중의 참여를 넓게 한 것을 발견할 수 있습니다.

사진 9-6. 토마스 크랜머 대주교.
그는 영국성공회 공도문의 저자이고 영국성공회 종교개혁의 설계사입니다.

---

40) Ernest Rhys, (ed). Op.Cit. p.4.
41) J.H.Maude, *The History of the Book of Common Prayer* (London: Rivingstons, 1899), p.7.
　Masssey H. Shepherd, Op.Cit. pp.87-88. M.W. Pafterson, Op. Cit., p.257

이러한 원리를 가지고 토마스 크랜머(Thomas Cranmer) 대주교는 그의 지도 아래 불후의 저작으로 그리고 오늘날까지 계속 세계 성공회에서 사용하는 공동기도서를 만들어냈습니다.

종교개혁시기의 성공회의 성찬예배는 사룸미사(Sarum Missal) 예식서의 순서와 내용을 따랐기 때문에 그 구조에 있어서는 중세 미사와 거의 같습니다. 하지만 평신도들에게 빵과 포도주의 두 가지의 방법으로의 성찬이 베풀어졌습니다. 성찬예배에서 성서와 설교가 강조되어 성서를 교회절기에 따라 서신과 복음으로 나누어 성서정과를 사용할 수 있도록 하였고 신경 뒤에 설교를 하도록 하였습니다. 이로써 초대교회의 전례적 형태, 곧 말씀의 전례와 성찬의 전례의 균형을 이루게 되었습니다. 성찬예배에서 가장 많은 변화를 가져온 것은 축성기도(Canon)입니다. 초대교회의 예배의 식에서 볼 수 있고 또한 동방교회의 예식 속에 있는 성령임재의 기원이 첨부되었습니다. 성찬기도에서 희생의 개념(Eucharistic Sacrifice)과 연관된 요소들이 제거되고 생략되었습니다.[42] 그리고 중세의 화체설(Transubstantiation)이 거부되었습니다.

1549년 공동기도서가 나온 이후로 종교개혁적인 요소가 덜 반영되었다고 반대하는 사람들이 생겼습니다. 그래서 1552년 공동기도서는 개신교적인 경향으로 개정을 하였는데 1549년 공동기도서보다 더 간단하게 되었고 프로테스탄트적인 성격을 가지게 되었습니다. 그 결과 초대교회의 전통으로부터 이탈하게 되었습니다. 그래서 다시 1559년에는 개신교적인 요소와 1549년의 로마가톨릭교회적인 요소를 통합하여 가장 포용적인 내용으로 개정을 하게 되

---

42) Leighton Pullan, *The History of the Book of Commonn Prayer*. (London: Longmans and Green, 1905), p.107.

었습니다. 그래서 이 공동기도서를 통하여 프로테스탄트적이면서 동시에 로마가톨릭적인 요소를 동시에 담는 그릇으로서의 예배가 완성되었습니다. 이 공동기도서를 바탕으로 1662년 공동기도서가 개정되었는데 1662년 공동기도서는 더 개신교적인 내용으로 개정하고자한 청교도들과 초대교회의 전례를 회복하고자 한 가톨릭주의자들 사이에서 양자를 포용하는 방법으로 만들어졌습니다. 중요한 변화에는 빵과 포도주를 제대에 봉헌하는 것이 전례지침으로 제시되었고 당시 현대영어를 사용하였습니다. 서신과 복음성서는 흠정역성서(King James Version)를 사용하였으나 시편은 운율상의 고려를 위하여 대영성서를 사용하였습니다. 1662년 공동기도서는 2000년까지 영국성공회의 공식기도서였고 대부분 세계성공회의 공동기도서의 모태가 되었습니다.

한편 종교개혁의 결과로 로마가톨릭교회에서도 자체 내 개혁을 강행하여 전례에서 잘못된 것, 미사의 뜻을 올바로 전해 주지 못하는 것을 없애는 노력을 기울였습니다. 불행하게도 개신교에서는 역사를 내려오면서 하느님의 말씀과 설교에 대한 지나친 강조를 한 결과 성찬의 전례가 모호하게 되거나 쇠퇴하게 되었습니다.

종교개혁 이후 서방교회에서 개신교회는 종교개혁자들의 가르침을 왜곡하고 경건주의, 이성주의, 개인주의 등의 영향으로 성찬예배를 왜곡하여 왔습니다.[43] 독일루터교회는 경건주의자들의 영향으로 성찬을 경건한 사람들만을 위한 것으로 여겨 성찬예배의 빈

---

43) 로렌스 홀 스투키, Op. Cit., pp.119-124 참조. 종교개혁 이후 각 개신교단의 예배에 관한 발전과 내용을 보기를 원한다면 White, James F., *Protestant Worship: Tradition in Transition*,(Louisvill, KY: Westminster/John Knox Press, 1989)를 참조할 수 있습니다.

도수를 줄여 나갔습니다. 캘빈주의자들은 캘빈의 예정론의 영향과 성찬에서의 영적인 임재의 왜곡된 해석을 통하여 성찬을 지키는 일을 점점 더 어렵게 만들었고 결국 성찬예배의 빈도수를 줄여 나갔습니다. 17세기에 영국성공회에서도 청교도의 영향, 계몽주의의 영향 등으로 성찬예배가 약화되었다가 18세기 요한 웨슬레를 비롯한 복음주의운동의 영향으로 매주일의 정기적인 성찬예배로 회복되었고 19세기 옥스퍼드운동의 영향으로 고대전례의식이 회복, 매주일의 성찬예배가 회복되었습니다.

4. 오늘날의 성찬예배

함께 참여하고
나가서 복음을 전하는 것이 강조되었습니다.

20세기 전반기 동안 성서신학, 교부학 그리고 교회일치 운동에 새로운 관심이 일기 시작했습니다. 이를 통하여 성서와 초대, 중세, 그리고 종교개혁의 교회의 역사에 대하여 새로운 발견을 하게 되었고 현대교회의 전례운동(liturgical movement)으로 발전하게 되었습니다. 현대전례운동의 가장 중요한 목적은 교회전례에 신자들의 적극적 참여였습니다.

이 전례운동은 여러 가지 요인을 통하여 이루어졌습니다.[44]

---

44) Wikipedia, "Liturgical Movement" in
http://en.wikipedia.org/wiki/Liturgical_Movement
스투키는 다음과 같은 복합적인 요인들을 통하여 현대의 전례운동이 발전하였다고 그의 책 로렌스 홀 스투키, Op. Cit., pp.125-127에서 분석합니다. - ① 성서적 연구결과를 통하여 신약성서의 성찬예배의 새로운 발견입니다. ② 고고학의 발전으로 초대, 중세교회의 전례에 관한 새로운 이해입니다. ③ 종

① 이상적 예배의 형태로서 중세기 예배를 재발견하였습니다. ② 예배의 역사, 특별히 초대교회의 전례본문의 발견을 통하여 초대교회의 전례의 역사를 새롭게 이해하게 되었습니다. ③ 인간의 행위로서의 전례에 대한 광범위한 이해가 시도되었습니다. ④ 전례에 참여하는 사람들이 능동적으로 참여할 수 있도록 전례를 개혁하고 전례가 신앙교육과 선교를 위한 도구로 이해되었습니다. ⑤ 전례운동을 통하여 개신교들과 동방정교회와의 교회일치를 위한 운동이 전개되었습니다.

사진 9-7. 현대 천주교 미사의 모습

교개혁과 그 이후의 역사에 대한 새로운 이해와 재평가작업을 통하여 로마가톨릭과 개신교 양 교회의 오류와 왜곡을 발견하였습니다. ④ 조직신학의 발전으로 교회와 신앙에 대한 새로운 이해, 특히 역사 속에서 일하시는 창조의 하느님에 대한 이해와 그리스도인의 삶의 경험에 대한 새로운 관심이 일어났습니다. ⑤ 에큐메니칼운동의 영향으로 동·서방 교회간에 상호교류를 통한 공동의 신앙에 대한 이해입니다. ⑥ 서방교회가 선교를 통하여 예배에 관련된 사고와 행위에서 새로운 패턴을 이해하였습니다. 예를 들면 서방교회의 개인주의적 문화에서 아프리카 교회를 통하여 교회가 서로 교류하는 모습을 발견하였습니다. ⑦ 비교문화인류학적인 연구를 통하여 다양한 전례에 대한 이해와 수용입니다. ⑧ 합리주의, 경험주의적 사고의 퇴조와 신앙의 신비에 대한 새로운 이해입니다.

로마가톨릭교회 안에서 전례운동45)은 19세기말 프랑스의 베네딕도 수도회를 중심으로 시작되어 벨기에와 독일에서 일어나 영국, 프랑스, 이탈리아, 스페인 등 유럽 각국으로 확산되었습니다. 그리고 1909년부터는 독일 로마가톨릭 학생들을 중심으로 전개되었습니다. 그리하여 평신도들도 성무일도의 중요한 부분인 아침 기도와 저녁 기도를 바칠 수 있도록 권장하고, '미사의 방관자'가 아니라 '적극적 참여자'로서, 하느님 백성의 자격으로 하느님께 드리는 제사에 참여하도록 하였습니다. 교황 비오 12세도 회칙 하느님의 중개자(Mediator Dei 1947)를 통해 전례의 중요성과 평신도들의 전례 참여의 필요성을 강조하였습니다. 전례의 실제적인 개혁은 1951, 1955년에 수난주간을 개정한데서부터 시작되었습니다. 교황 비오 12세가 회칙에서 강조한 전례정신은 제2차 바티칸공의회(1962~65)에서 이 운동의 목적을 승인하고 로마가톨릭교회들이 전례에 적극적으로 참여하도록 권장했습니다. 그 결정판이 바로 공의회 문헌인 『거룩한 전례에 관한 헌장(Sacrosanctum Concilium)』입니다. 전례헌장은 지금까지 전통적이고 공식적인 용어인 라틴어를 고수하지 않고 모국어를 사용하는 일, 성사예식서들의 현대적 개정 작업, 전례 예식의 토착화 그리고 시대와 장소에 따른 문화적 적응의 원칙들이 적용되도록 하였고 그 결과 1969년 새로운 성구집과 교회력에 관한 『미사 통상문(Ordo Missae)』이 출간되었고, 1970년 확정된 『로마 미사경본(Roman Missal)』이 출판되었습니다. 미국 로마가톨릭에서 2003년도에 『거룩한 전례집(Book of Divine Worship)』

---

45) 김웅태, 가톨릭교리마당, "현대의 가톨릭 교회" in http://www.cateforum.com/history/H-024.html 그리고 Haquin, Andre, "The Liturgical Movement and Catholic Ritual Revision" in *The Oxford History of Christian Worship*, edited by Wainwright, Geoffrey and Tucker, Karen,(New York: Oxford University, 2006), pp.696-720 참조.

을 발간하는데 이는 1928년 영국성공회 공동기도서에서, 1979년 미국성공회 공동기도서에서 그리고 로마 미사경본에서 자료들을 취하여 만들었습니다.46)

사진 9-8. 19세기 성공회 옥스퍼드운동은 교회의 전례를 강조하면서 초대교회의 사도적 전례 전통을 회복하였습니다.

성공회 안에서 현대의 전례운동은 19세기 초반의 옥스퍼드운동(Oxford Movement)으로부터 시작됩니다. 그 후 영국성공회는 1927년, 1928년에 1662년의 공동기도서를 개정하였습니다. 영국성공회는 이 개정안을 승인하였지만 의회는 이 개정안을 거부하였습니다. 하지만 1928년 개정안은 후에 영국성공회는 물론 전 세계의 성공회, 로마가톨릭교회에 지대한 영향을 미치게 됩니다. 1958년 세계성공회 주교회의인 람베스회의에서는 성공회 안에서 전례개혁의 자율성과 전례 토착화의 필요성을 공식 언급하였습니다. 그래서 세계성공회는 당시 전례운동에 서로 영향을 주고받으면서 각국 성공회는 기도서 개정과 전례 개혁을 시도하였습니다. 세계성공회는

---

46) Wikipedia, "Book of Common_Prayer" in
http://en.wikipedia.org/wiki/Book_of_Common_Prayer#1662_Prayer_Book

1958년 람베스회의 이후로 공동기도서를 개정하는데 개정의 원칙은 1549년 첫 공동기도서의 개정원칙 준수였습니다. 전례개혁 중에 세계성공회는 로마가톨릭교회 전례, 동방정교회의 초대교회의 전례 그리고 다른 개신교 전통의 교회들과 깊은 교류를 하게 됩니다. 영국성공회는 1980년에 대안예식서(Alternative Service Book)와 2000년 공동예배서(2000 Common Worship)를 통하여 전례를 현대적으로 개혁하였습니다.

미국성공회[47]는 미국 독립과 더불어 1764년 스코틀랜드 성공회 공동기도서를 차용하여 1789년에 첫 공동기도서(Book of Common Prayer)를 발간합니다. 1789년 공동기도서의 성찬기도문은 중요한 전례적 변화를 담고 있습니다. 성찬제정 기념사인 아남네시스(Anamnesis: 그릭어로 '기념함'이라는 뜻)와 성령임재의 기원(epiclesis)이 초대교회의 전례를 따라 회복한 것입니다.[48] 미국성공회는 1892년에 공동기도서를 다시 개정하였는데 두 가지 원칙-

---

[47] 미국성공회의 공동기도서의 개정에 관해서는 Price, Charles P and Weil, Louis, Op. Cit., pp.87-94 그리고 Hatchett, Marion J., "The Anglican liturgical Tradition" in *The Anglican Tradition*, Holloway, Richard(ed), Wilton,(CT: Morehouse-Barlow Co, 1984), pp.64-77 참조. Meade, William, *The Prayer Book in the Church*,(Forward Movement Publications, 1997), pp.12-17 참조.

[48] 이 공동기도서의 성찬기도문은 1549년 영국성공회 성찬기도문 형태에 가깝고 고대 동방정교회의 성찬기도문의 형태를 따른 것이며 이는 1979년 미국성공회 공동기도서의 성찬기도 1양식과 동일한 것입니다. 최근에 논의된 가장 바람직한 에큐메니칼 성찬기도의 형태는 그릭어 전례의 긴 예식을 유지하는 것입니다. 사실상 제2차 바티칸공의회 이후에 대안적으로 제시된 로마가톨릭교회의 성찬기도문들은 이 그릭어 전례의 형태를 띠었고, 1982년 페루의 리마에 모인 세계교회협의회(WCC)는 회원교단들인 정교회와 성공회 그리고 개신교회에 이 그릭어 전례를 사용할 것을 추천하였습니다.
(Baptism, Eucharist, and Ministry, World Council of Churches, 1982, p16) 우리는 여기서 스코틀랜드성공회의 전례와 미국성공회의 전례(1789)는 리마전례서의 성찬기도문보다 200년이 앞섰다는 사실을 발견합니다.

시대의 적응을 위한 변화(flexibility)와 풍부한 전례 자료의 제공(enrichment)의 원칙을 가지고 개정하였고 이 원칙은 그 이후 전례개혁에 계속 적용되었습니다. 1928년에 공동기도서를 개정하였습니다. 그리고 1979년에 1892년 공동기도서의 두 원칙과 현대전례운동과 에큐메니칼운동의 영향을 반영하여 공동기도서를 개정하였습니다. 1979년 공동기도서의 특징으로는 ① 국제적인 영어본문(특히, 주기도문과 신조들 그리고 여러 개의 찬가들)의 사용, ② 주일예배에서 3년 주기의 성서정과를 사용, ③ 에큐메니칼 성찬기도문을 사용하였습니다. 교회일치를 위한 국제전례학자들은 성 바실의 고대 그릭어 동방정교회의 성찬기도문을 연구하여 성찬기도문을 만들었는데 그것이 1979년 공동기도서의 성찬기도문 D양식입니다. 이 성찬기도문은 로마가톨릭교회가 약간의 수정을 거쳐 사용하도록 인준을 하였고 많은 개신교회가 인준하였습니다. ④ 1979년 공동기도서는 현대적인 언어와 동시에 엘리자베스 여왕 시대의 언어로도 예배할 수 있도록 배려하였습니다. ⑤ 주일 성찬예배를 주일의 중심예배로 확정지어 많은 교회들이 아침기도에서 성찬예배로 전환하였고, ⑥ 전례지침(rubric)을 포괄적으로 융통성 있게 적용하도록 하여 많은 교회가 사용할 수 있도록 하였습니다.

개신교 교회49)도 본문을 개정하고 초교파적 연구의 이점을 살려 전례의식의 고문체(古文體) 표현을 현대적으로 바꾸었습니다. 로마가톨릭교회의 전례운동은 특별히 핀란드의 루터교회에 심대한 영향을 미쳤고, 미국 루터교회는 전례에서 개인적인 선택의 기회

---

49) 개신교회의 현대 전례개혁에 관해서는 Wikipedia, "Liturgical Movement" in http://en.wikipedia.org/wiki/Liturgical_Movement 그리고 http://100.nate.com/dicsearch/pentry.html?s=B&i=183967&v=44 참조.

를 보다 많이 제공하고, 음악을 다양한 형식으로 확대시킨 개정판 『루터교 예배서(Lutheran Book of Worship)』를 1978년에 출판했습니다. 그리고 영국의 감리교회, 미국의 연합감리교회 등도 이 영향으로 전례를 개혁하였고 심지어 연합장로교회는 회중이 사용할 수 있는 전례서인 『예배서(Worship book)』를 1970년에 출판했습니다.

현대전례운동의 꽃은 리마전례서(Lima Liturgy)[50]라고 말할 수 있습니다. 1982년 세계교회협의회는 남미 페루의 수도 리마에 모였고 '신앙과 직제위원회'는 '세례, 성찬, 사목'(Baptism, Eucharist, and Ministry) 문서를 채택하였고 공동성찬전례서를 만들었습니다. 이 전례서를 리마전례서라고 합니다. 성찬예배에서 교회간 논쟁의 주재는 기념, 그리스도의 현존 그리고 희생제사의 문제였습니다. 그런데 리마문서는 이 부분들에 대하여 상호이해와 어느 정도의 일치를 이루었고 그것을 예식서로 표현하였습니다. 이 예식서는 그 이후 세계 모든 교회에서 보편적으로 인정되고 수용되는 예식서가 되었습니다.

이러한 현대전례운동을 통하여 현대교회에서는 성찬예배에 신자들의 참여와 성찬예배의 공동체성을 강조합니다. 그리스도의 십자가상에서의 희생보다는 초대교회의 성찬예배의 의미를 회복하여 부활을 강조하게 되었습니다. 또한 선교 지향적인 개념들을 적극적으로 도입하였습니다. 그리고 시대와 문화에 적응하는, 끊임없

---

50) Wainwright, Geoffrey, "Ecumenical Convergences", in *The Oxford History of Christian Worship*, edited by Wainwright, Geoffrey and Tucker, Karen,(New York: Oxford University, 2006), pp.743-747. 한국개신교에서는 이를 '리마예식서'라고 부릅니다. 박근원 편저, 『리마예식서』, (서울: 한국기독교교회협의회, 1987)

이 변화하는 전례의 변화를 가능하게 하였습니다. 우리가 오늘날 봉헌하는 성찬예배문에는 이미 이러한 현대적인 성찬예배의 강조점들이 들어가 있습니다.

성찬예배는 역사를 통하여 변화, 발전하여 왔습니다. 그리고 성찬예배는 앞으로 시대와 역사에 따라 성찬예배의 전통을 유지하면서 계속 변화할 것입니다.

제4부 의미를 찾아서: 성찬예배와 그 의미

성찬예배의 여러 이름은 서로 다른 의미를 표현합니다.
성찬예배를 통하여 우리는 많은 은총을 받습니다.
성찬예배의 내적인 은총과
성찬예배 순서의 의미를 알아봅니다.

최후의 만찬 벽화. The rock church in the monastery of Kalishta in Republic of Macedonia. Frescos from 14. and 15. century.

> **제10장 성찬예배의 이름**
>
> **제11장 성찬예배의 의미**
>   1) 감사
>   2) 기념
>   3) 희생제사
>
> **제12장 성찬예배의 은총**
>   1) 죄의 용서
>   2) 예수 그리스도와 하나됨
>   3) 형제자매와 하나됨
>   4) 하늘나라의 잔치에 미리 참여함
>
> **제13장 성찬예배의 구조**
>
> **제14장 말씀의 전례**
>
> **제15장 성찬의 전례**

제10장

❋ 성찬예배의 이름[1]

그리스도교 예배의 중심인 성찬예배는 여러 이름으로 불려져 왔습니다. 사도 바울로는 주님의 만찬(The Lord's Super, 1코린 11:20)이라고 했습니다. 주님의 만찬은 그리스도께서 수난하시기 전날 밤에 빵과 포도주를 제자들에게 주신 최후의 만찬을 기념하기 위한 것입니다. 주님의 만찬은 우리를 초대하신 분 역시 그리스도이시고 그 만찬의 주인으로서 주재하시는 분도 그리스도이시고, 이 영적인 제사의 대사제도 그리스도라는 것을 상기시키고자 하는데 있습니다. 그것은 우리들이 참여하는 "주님의 식탁"이라고도 부릅니다. '주님의 만찬'의 이름은 초대 4~5세기 동서 교회의 교부들의 기록에서 발견됩니다. 사도행전에서는 빵을 나눔이라고 했습니다. 빵을 나눈다는 것은 그리스도의 몸이 십자가상에서 못박히고 찢겨진 그 희생의 죽음을 상기시키고자 하는데 있습니다.

또한 그리스도교인들은 그들의 일반적인 의식을 유카리스트

---

[1] 이 부분은 Clarke, W. K. Lowther,(ed) *Liturgy and Worship*,(London: S.P.C.K., 1950), pp.304-305 그리고 Shepherd, Massey H. *The Worship Of The Church*, Greenwich,(CT: The Seabury Press, 1952), pp.141-142 를 참조하여 정리하였습니다.

(Eucharist ευ'χαριστιο)라고 불렀습니다. 신약성서에서 유카리스트는 '감사한다, 축사한다, 축복한다'는 의미의 그리스어 동사로서, '그리스도께서 빵을 들어 감사하시고 나서 이것을 떼어 …'와 같은 말씀에서 어원적으로 사용되고 있습니다.(마르 14:23, 마태 26:27, 1코린 11:24) 이 유카리스트라는 이름은 2세기 이후의 초대교회에서, 동서방 교회에서 공통적으로 사용되어졌습니다. 초대교회에서 이 말을 사용할 때에는 주님의 모든 은혜에 대하여, 창조에 대하여(빵과 포도주는 하느님의 창조물의 한 상징임), 그리스도의 구속사업에 대하여(그리스도의 몸과 피) 하느님께 감사한다고 하는 점들이 강조되었습니다. 우리가 드리는 성체성사는 하느님의 창조와 구원의 역사 그리고 이 역사를 완성해 가시는 모든 행위에 대한 찬양과 감사입니다. 이 찬양과 감사의 제사는 오직 그리스도를 통하여, 그리스도와 함께 그리고 그리스도 안에서만 가능합니다. 대한성공회는 "성공회 기도서 2004"를 펴내면서 성찬례를 표현하는 대표적인 용어로 세계성공회 전통 속에서는 유카리스트라는 용어를 사용하기 때문에 그 전통에 따라 유카리스트를 채택하였고, 이를 "감사성찬례"로 번역하여 공식 용어로 사용한다고 설명합니다.[2]

고대교회 때에 불려진 또 다른 이름은 거룩한 신비였습니다. 동방교회에서는 최종적으로 전례(Liturgy)라는 용어를 사용하기로 했습니다. 동방교회의 중심예배를 '신적인 전례'(the Divine Liturgy)라고 부릅니다. 전례(Liturgy)는 그리스어에서 백성들(laos)과 일(ergon)이 합쳐진 말입니다. 구약에서는 유다인 성전에서 하는 하느님 백성들의 일, 예배를 지칭한 말이었고 신약에서는 그리스도인들의 예배행위를

---

[2] 대한성공회 공도문 개정전문위원회,『대한성공회 기도서』, 2004,(서울: 대한성공회 출판부, 2004).p.21.

일컫는 말이었습니다. 오늘날은 그리스도를 예배하기 위하여 하느님의 백성들이 모여서 하는 일을 Liturgy라고 부르는 것이 합당하다고 봅니다.

서방의 로마가톨릭교회는 4세기부터 라틴어인 미사(Missa)를 처음에는 전례의 제한된 의미로 사용하였다가 점차적으로 일반적인 용어로 사용하였습니다. 미사라는 말은 문학적으로 의식의 끝부분인 '파견'을 말합니다. 라틴어로 '미사가 끝났으니 평안히 가십시오'(Ite, missa est)에서 나왔습니다. 이런 이유 때문에 '파견(missio)'을 말하는 것이 '의식 전부'를 의미하는 것으로 일반화됐습니다. 라틴교회는 또한 성찬예배를 축성된 성사, 거룩한 희생이라는 이름으로 부르기도 하였습니다. 이 미사라는 단어는 천주교회에서 그리고 덴마크와 노르웨의의 루터교에서 사용합니다. 스웨덴 교회에서는 성찬예배를 행하든 행하지 않든 간에 주일예배를 대미사(High Mass)라고 부릅니다.

성공회에서는 종교개혁 이후부터 거룩한 상통(Holy Communion: 보통 성체성사라고 번역합니다)라는 용어를 일반적으로 사용하고 있습니다. 1549년 첫 공동기도서에는 '일반적으로 미사라고 불리는 주님의 만찬과 거룩한 상통(The Supper of The Lord, and the Holy Communion, commonly called the Mass)'이라고 표제를 달았습니다. 거룩한 상통은 사도 바울로가 코린토전서 10장 16-17에서 언급한 내용을 바탕으로 주님의 식탁에서 함께 하는 '만남의 식사'이며, 하나의 빵으로부터 그리스도와 하나가 되고 또한 형제자매들과 하나가 되는 공동체성과 일치를 표현하는 것입니다. 이 말은 초대와 중세 때의 의식에서 공동체 자체의 교제행위를 언급할 때 사용되었습니다. 그래서 이 성체성사 또는 거룩한 상통이라는 용어는 예배의 어느 한 부분을 말할 때 사용하기도 하고 의식전체를 언급할 때 사용하기도 합니다. 또 다른 이름은 대봉헌(The Great Offering)이라고 하는데 이는 그리스도께서 자기 자신을 봉헌한 것을 기념하는 예식이라는 의미에서 불려 집니다.

이와 같은 모든 역사적인 제목들은 성찬예배의 의미와 중요한 면들을 강조하는 것으로서 그것 나름대로 가치가 있습니다. 그러나 그 어느 것도 성찬예배의 완전한 의미를 표현하지는 못합니다.

제 11 장

❂ 성찬예배의 의미

성찬예배의 의미 또는 은총에 대해서 많은 것을 이야기할 수 있습니다. 특별히 오늘날 세계교회의 일치의 산물은 리마문서에서 성찬의 의미를 다섯 가지 영역으로 나누어서 설명하기도 합니다. 감사, 기념, 성령임재의 기원, 형제적 일치, 그리고 하느님 나라의 잔치에의 선참(先參) 등이 그것입니다. 필자는 여기서 성공회의 신앙의 개요(교리문답)에 언급된 성찬예배에 대하여 성찬예배의 의미와 성찬예배의 은총의 두 부분으로 나누어서 설명하고자 합니다.

1. 감사(thanksgiving)

성찬예배는 감사의 의미이며 감사의 예배입니다. 그래서 성찬예배의 이름 유카리스트(Eucharist ευ'χαριστιο)는 감사에서 나왔습니다. 신약성서에서 유카리스트는 '감사(感謝)한다, 축사(祝謝)한다,

축복(祝福)한다'는 의미의 그리스어 동사로서 '그리스도께서 빵을 들어 감사하시고 나서 이것을 떼어 …'와 같은 말씀에서 어원적으로 사용되었습니다.(마르 14:23, 마태 26:27, 1코린 11:24) 그런데 에블린 언더힐은 유카리스트는 인간이 받은 모든 혜택에 대한 의무적 의미의 단어처럼 보이는 감사(thanksgiving)가 아니라 하느님의 우주적 영광과 인간을 향한 하느님의 자비로운 구속을 인식하는 가운데 드리는 전적인 경배(total adoring)이며, 경건한 유다인들과 초대교회 신자들이 하느님을 향한 기쁨의 행위와 하느님께 향한 거룩한 예배 행위를 언급할 때 사용하였다고 말합니다.3) 그러면서 그는 이 유카리스트의 의미는 주기도문의 시작부분을 지배하는 내용이며, 초대교회의 성찬예배문의 근원적인 자료를 제공한 하늘나라에서의 경배의 의미임을 밝힙니다.

'주님이신 우리 하느님, 하느님은 영광과 영예와 권능을 누리실 만한 분이십니다. 주님께서는 모든 것을 창조하셨고 만물이 주님의 뜻에 의해서 생겨났고 또 존재합니다'하고 찬양했습니다.(요한묵시록 4:11)

초대교회의 성찬기도의 문헌을 볼 수 있는 디다케에는 다음과 같은 감사기도가 있습니다.

"당신들은 이렇게 감사드리십시오."
1. 먼저 잔에 대해서
   우리의 아버지여, 우리가 당신께 감사드리는 것은 당신의 종, 다윗의 거룩한 포도가지인 예수 그리스도를 우리들에게 알려주시기 때문입니다. 세세무궁토록 당신께 영광이 있기를 빕니다.
2. 빵에 대해서
   우리의 아버지여, 우리가 당신께 감사드리는 것은 당신의 종, 예수 그리스도를 통해서 생명과 지식을 우리에게 알려주시기 때문입니다.

---

3) Underhill, Evelyn. *Worship*, (New York: Harper & Row, 1936), p.141.

세세무궁토록 당신께 영광이 있기를 빕니다.
3. 쪼개진 빵에 대해서
여기 쪼개진 빵처럼 당신의 백성들은 여기저기에 흩어져 있다가 모여서 하나가 되나이다. 당신의 교회는 이 땅 끝에서부터 당신의 나라를 향하여 모이나이다. 예수 그리스도를 통하여 영광과 권세가 영원히 당신의 것이 옵니다.4)

사진 11-1. 빵과 포도주는 하느님이 베풀어 주시는 은총의 상징이며 우리를 위한 그리스도의 구원 역사의 감사의 상징입니다. photo by 이성훈

디다케의 각 부분은 송영으로 끝납니다. 초대교회 신자들은 성찬예배에서 예수 그리스도의 구원과 교회공동체에 대하여 감사드렸습니다.

성공회 신앙의 개요는 성찬예배는 '교회가 드리는 찬미와 감사의 제사'라고 정의를 합니다. 성공회 성찬기도문에서는 이를 '찬미와 감사의 제물'(sacrifice of praise and thanksgiving)로 표현합니다.

---

4) Dix, Dom Gregory, *The Shape Of The Liturgy*, (London: Dacre Press, 1975), p.90.

유다인들은 음식을 포함하여 모든 물건에 대하여 하느님께 감사드렸습니다. 왜냐하면 하느님께서 만물을 창조하셨고 그것들을 선물로 인간에게 주셨다고 믿기 때문입니다. 성찬예배에서 먼저 빵과 포도주에 대하여 감사드립니다. 빵과 포도주는 하느님의 창조세계의 선물이며 동시에 땅과 인간노동의 결실이며 우리들 자신을 상징하기도 합니다.

성찬예배에서 우리들은 하느님의 구원의 행위를 감사합니다. 곧 하느님의 창조하심과 인간의 타락, 타락한 인간을 구원하기 위해 성육신하신 예수님을 통하여 인간을 구원하심을 감사드립니다. 신자들은 구원의 전 드라마, 곧 구세주의 탄생으로부터 시작하여 그의 승천과 재림에 이르기까지의 모든 것을 감사드립니다. 감사의 내용은 예수 그리스도께서 이루신 십자가상에서의 희생의 구원사건을 기억하고 다가올 하느님 나라에서 이루어질 구원에 대한 감사를 포함합니다. 성찬기도의 각 양식이 내용상 약간의 차이를 보이나 그 핵심은 하느님의 구원하심에 대한 감사의 기도입니다.

> 우리들은 성찬의 전례를 시작하면서 먼저 감사송을 합니다. 그리고 여기서 하느님께 감사드리는 것이 '참으로 마땅하고 옳은 일이며 즐거운 일'임을 확인하고 천사들과 더불어 찬미하여야 함을 상기시켜 줍니다. 이는 인간의 감사의 행위를 통하여 인간은 하느님의 하늘나라의 전망을 함께 나누는 존재로 격상되는 것이고 '단지 먼지에 불과한 인간이 하느님의 영광을 묵상하고 찬양하는 가운데 행복한 존재가 되는' 것임을 분명히 인식하도록 하는 것입니다.5)

성찬기도 중에 그리스도께서 이루신 구원의 역사에 대한 감사기도를 드립니다. 그리고 성체 후 감사기도에서 다시 감사의 내용을

---

5) 이 부분의 인용구는 시리아의 성 야곱의 전례에 있는 기도문의 일부이며, Underhill, Evelyn. Op. Cit., p142에서 재인용.

요약합니다. 여기서 감사는 구원의 신비에 대한 감사뿐만 아니라 하느님 나라의 약속에 대한 감사의 고백이 포함되어 있습니다. 성찬예배의 마지막 단어는 '하느님께 감사합니다'입니다. 그러므로 감사는 우리가 드리는 성찬예배의 중심임을 확인할 수 있습니다. 초대교회 신자들이 드린 성찬예배는 감사로 가득차 있었습니다. 1995년 더블린에 모인 세계성공회 전례협의회는 성공회 성찬예배에서 가장 근본적인 핵심요소로 감사를 강조하고 있으며 그리스도에 대한 기념과 성령임재의 기원도 감사의 범주 안에서 이루어져야 함을 말하였습니다.[6]

우리는 성찬에 참여하면서 먼저 주님의 감사를 배워야 합니다. 하느님의 우주적 창조와 하느님께서 이루신 구원의 역사를 인식하고 전적인 경배가운데 감사드려야 합니다. 그리고 우리들의 삶 속에 감사를 실천하여야 합니다. 사도 바울로는 다음과 같이 권고합니다.

'말로 다 할 수 없는 선물을 주시는 하느님께 감사합니다.'(2코린 9:15)
'어떤 처지에서든지 감사하십시오. 이것이 그리스도 예수를 통해서 여러분에게 보여주신 하느님의 뜻입니다.'(1데살 5:18)

2. 기념(Ananmesis)

성공회 신앙의 개요(교리문답)는 다음과 같이 성체성사(성찬예

---

[6] Crockett, William, "Holy Communion" in *The Study of Anglicanism* edited by Stephen Sykes, John Botty, Jonathan Knight, Minneapolis, MN: Fortress Press, 1988, p.319.

배)를 정의합니다.

> 그리스도께서 명하신 성사로서, 그리스도의 생애와 죽음과 부활을 끊임없이 기념하며, 그리스도께서 다시 오실 때까지 지키라고 하신 성사입니다.[7]

성찬예배는 그리스도의 생애, 죽음 그리고 부활을 기념하는 것입니다. 사도 바울로가 남긴 성찬예배에 관한 최초의 기록에 의하면 예수님께서는 당신을 기념하여 성찬예배를 행하라고 하셨습니다. 예수님은 빵을 드시고 그것을 자신의 몸이라고 말씀하시고 '나를 기억(기념)하여 이 예를 행하라'고 하셨고 또 잔을 드시고 '이것은 내 피로 맺는 새로운 계약의 잔'이라고 하시고 '마실 때마다 나를 기억(기념)하여 이 예를 행하여라'하고 말씀하셨습니다.(1코린 11:24, 루카 22:19) '나를 기념하여(for the anamnesis of Me)'는 초대교회의 모든 기도문 속에 있는 전통적인 기도문임을 분명하게 확인할 수 있습니다.[8] 히폴리투스의 사도전승에는 다음과 같은 기념사가 있습니다.

> 그의 죽으심과 부활하심을 기념하며, 이 빵과 포도주를 봉헌하나이다. 우리를 당신 앞에 설 수 있는 가치있는 자로 여겨주셔서 이것을 드리나이다.[9]

그런데 여기서 기념이라는 단어는 그리스어로 아남네시스로 표현됩니다. 그레고리 딕스는 기념을 표현한 아남네시스는 다음 두 가지

---

[7] 미국성공회 아시아 선교부, 『미국성공회 공도문 1979』 한영대조, 뉴욕: 미국성공회본부, 1986, p.702 그리고 대한성공회 전국의회, 대한성공회 공도문 1966, 서울: 대한성공회 서적편집위원회, 1966, p.785.
[8] Dix, Dom Gregory, Op. Cit., pp.243-244. 그레고리 딕스는 초대교회의 전례 본문들: Addai and Mari, Saparion, Hippolytus, Chrysostom 등 속에 있는 기념의 표현을 살피며 모든 전통적인 기도문 속에 들어있다고 말합니다.
[9] Price, Charles P. and Weil, Louis. *Liturgy for Living*. San Francisco: Harper & Row Publishers, 1979. p.195.

를 포함한다고 설명합니다.10) 첫째로 그리스어로 말한 기념, '아남네시스'는 어떤 것을 다시 회상하는 것(re-calling) 또는 다시 재현하는 것(re-presenting)을 말하는데 이는 어떤 것이 실행되던 그 방식대로 현재적으로 실행되는 것을 말하는 것이며 단지 그 사건을 허상(being absent)으로서 정신적으로만 기억하는 것이 아닙니다. 두 번째로 오늘 기념하는 행위는 기념하는 그 행위와 같은 하나의 행위(a single action)가 됩니다. 우리가 빵과 포도주를 축성할 때에 어떤 의미에서 빵과 포도주는 그리스도께서 드린 당신의 몸과 피가 되고, 교회가 성찬예배에서 봉헌하는 것은 그리스도께서 봉헌하셨던 것과 같은 것이 됩니다. 초대교회는 성찬예배를 행위(action)로서 이해하고, 교회가 성찬예배에서 하는 행위는 그리스도께서 하신 행위이며, 교회가 봉헌하는 것은 그리스도께서 봉헌하신 것으로 이해하였습니다. 그러므로 성찬예배에서의 행위는 그리스도께서 당신 자신을 봉헌하셨던 행위와 동일한 행위가 되는 것입니다. 성찬예배에서 집전자는 예수님께서 최후의 만찬에 하셨던 행동을 그대로 하고, 그분의 말씀을 다시 그대로 반복합니다. 그것은 성찬예배에 참여하는 회중들이 그분이 행하신 것을 눈으로 보고, 그분이 하신 말씀을 귀로 듣게 하여, 사도들이 그리스도와 함께 보고 듣고 행했던 것을 지금 여기서 반복해서 실행하는 것입니다.

대한성공회 1965년 공도문의 성찬기도문에는 다음과 같이 표현하였습니다. 이 성찬기도문은 1662년 영국성공회의 성찬기도문이기도 합니다.

---

10) Dix, Dom Gregory, op. cit., pp.245-246.

사진 11-2. 처음과 마지막이신 그리스도, 지하무덤 벽화, 2세기, 로마.
성찬예배 중에 우리는 그리스도의 죽으심과 부활하심 그리고 다시 오심을 기억합니다.

이러므로 비천한 종들이 천주성자의 공로로 이 수난하심과 보배로이 죽으심과 대능으로 부활하심과 영화로이 승천하심을 기념하여, 주의 지으신 성물을 가져서, 성자의 정하신 기념제를 주의 세우신 성례대로 봉행하며, 영생의 면병과 포도주를 엄위하신 천부께 드리나이다.11)

대한성공회 기도서 2004의 성찬기도문의 모든 양식에는 바로 이 기념사가 포함되어 있습니다.

그러므로 우리는 예수 그리스도의 수난과 죽으심, 부활과 승천하심을 기억하며, 그리스도께서 다시 오실 때까지 이 빵과 포도주를 감사와 찬양의 제물로 드리나이다.12) (성찬기도 1양식)

---

11) 대한성공회 전국의회, 『대한성공회 공도문 1966』, (서울: 대한성공회서적 편집위원회, 1966), p.355.
12) 대한성공회 공도문 개정전문위원회, Op. Cit., p.248.

우리들이 예수님을 기념하여 성찬예배를 드릴 때 예수님은 단순히 과거의 인물로, 과거의 인물에 대한 회상으로 남아 있지 않습니다. 예수님을 기념하는 것은 기억하거나 추모하는 것이 아닌 우리의 삶 가운데서 예수님을 현재화하는 것입니다.13) 과거의 사건이지만 '현재와 관계된, 다시 재현하는 것(re-presentation) 또는 다시 실현하는 것(re-enactment)의 의미에서의 기념'입니다.14) 이런 의미에서 종교개혁 이후 개신교에서 성찬예배를 단순한 기념으로 이해하였던 것은 지극히 관념적이며 성찬예배의 본질을 이해하지 못한 것으로 보아야 합니다. 그리고 우리가 기념하는 성찬예배는 그리스도가 다시 오실 때까지 그의 죽으심과 부활하심과 승천하심 그리고 다시 오심을 선포하는 것으로서 과거를 현재화하는 것뿐만 아니라 미래의 하느님 나라를 바라보며 선포하는 것입니다.15) 그래서 우리들은 성찬예배에서 그리스도의 구원사건을 기념하면서 과거의 사건을 현재화하여 감사드리며, '우리 자신의 몸과 영혼을 드리어 합당한 산 제물'이 되기를 기도하며, 동시에 그리스도께서 다시 오실 때까지 미래의 하느님 나라를 바라보며 성찬예배를 기념하는 것입니다. 리마문서의 성찬에 관한 7조항은 다음과 같이 이 기념을 설명합니다.

> "그리스도의 교회가 기쁨으로 드리는 성찬예배의 기념을 통하여 그리스도께서는 다시 현재화(representation)하시고 앞당겨 미래에 참여(anticipation)하신다. 기념한다는 것은 과거와 과거의 의미를 정신적으로 회상하는 것이 아

---

13) Price, Charles P. and Weil, Louis. Op. Cit., p.190.
14) Westerhoff III, John. and Willimon, William. *Liturgy And Learning Through The Life Cycle.*(Minneapolis, MN: The Seabury Press), 1980. p.34.
15) 이에 대하여 Dix, Dom Gregory, op. cit., pp.242와 Ratzinger Joseph, "Is The Eucharist a sacrifice?" in *The Sacraments: An Ecumenical Dilemma,*(ed by) Hans Kung, New York: Paulist Press, 1967, p.76. 참조.

니다. 기념한다는 것은 교회가 하느님의 전능하신 구원의 행위와 약속을 효율적으로 선포하는 것이다."16)

3. 희생제사(sacrifice)

구약시대의 유다인들은 동물로서 하느님께 희생제사를 드렸습니다. 그리고 동물의 피를 제단 위에 뿌린 후 그것을 사람들에게 뿌려줌으로써 그들을 하나로 결합시켜 주고, 그들의 생애를 하느님과 결합시키고, 더 나아가 죄를 용서받을 수 있다고 믿었습니다. (출애 24:6-8) 그러나 예수 그리스도께서는 구약의 희생제사로서 이룰 수 없는 것을 십자가에서 이루시기 위하여 당신 자신을 희생제물로 바치셨습니다. 그리스도께서는 이 세상의 죄를 위하여, 단 한 번에 완전한 희생의 제물로서 당신 자신을 십자가에 바치시고 우리를 하느님과 화해시키셨으며, 우리의 죄를 용서하여 주셨습니다. 그래서 우리들이 예수 그리스도를 믿고 성찬을 받을 때에 그리스도의 완전한 희생을 통하여 새로운 계약 안으로 들어 갈 수 있다고 그리스도께서 가르치셨습니다.(요한 3:16, 6:54, 12:32) 그러므로 그리스도는 당신 자신을 희생제물로서 십자가에서 바치신 것입니다.

초대교회는 그리스도의 죽음을 구속과 희생제사로서 해석하였지만 그리스도의 인격과 직무에서 메시아적 의미로 해석하는 경향이

---

16) The Commission on Faith and Order in W.C.C., "Baptism, Eucharist and Ministry-Faith and Order Paper No. 111" in http://www.oikoumene.org/en/resources/documents/wcc-commissions/faith-and-order-commission/i-unity-the-church-and-its-mission/baptism-eucharist-and-ministry-faith-and-order-paper-no-111-the-lima-text/baptism-eucharist-and-ministry.html#c10499.

강하였고, 성찬예배를 단순히 그리스도의 죽음의 희생제사로 기념하기보다는 성찬에서의 기념(아남네시스), 즉 당신 자신을 봉헌하시고, 구원활동과 삶 그리고 죽음, 다가올 나라에서 아버지께 영원히 받아들인 구원자로서 그리스도를 기념하였습니다.[17]

그리스도는 당신 자신을 십자가에서 희생제물로 바치셨습니다. 그런데 우리가 오늘 드리는 성찬예배는 희생의 제사인가? 아닌가? 하는 질문이 있습니다. 로마가톨릭의 전통적인 대답은 '그것이 하느님께 드려진 그리스도의 제사라서 그렇다'고 이해를 합니다. 제3차 트리엔트공의회(1562-1563)에서는 다음과 같이 미사가 희생제사라고 선언하였습니다.

"미사에 있어서는 십자가 위에서 단번에 드려진 희생이 피흘림없이 상징적으로 반복된다는 것이다. 그러므로 미사에 있어서 희생의 대상은 십자가에 바쳐진 그리스도의 몸이다. 그와 동시에 희생을 제정한 주체자(主體者)는 그리스도이다. 왜냐하면 그는 영원토록 제사장이기를 원하시기 때문이다. 한편 교회나 제사장은 어떤 점에서 희생을 드리는 자로 간주되기도 해야 한다. 그러나 본질적인 것은 언제나 역사적 십자가의 희생이며 그 계속적인 존재와 능력은 미사의 희생으로 표현되어야 한다."[18]

하지만 로마가톨릭교회가 이해하는 희생제사와 성공회가 이해하는 희생제사는 다릅니다. 성공회 신앙의 개요(교리문답)는 성찬예배는 '그리스도께서 자신을 희생제물로 바치신 사건을 현재적으로 드러내주고, 그것을 통해서 우리를 주님의 단 한 번의 희생제사와 결합'시켜 주기 때문에 희생제사(sacrifice)라고 합니다.[19]

---

17) Dix, Dom Gregory, Op. Cit., pp.242-243.
18) Neve, J. L., 『기독교교리사』.(서울: 대한기독교서회, 1985), 서남동 역, p.501에서 재인용.
19) 미국성공회 아시아 선교부, op. cit., p.702 그리고 대한성공회 공도문 개정전문위원회, op. cit., pp.785-786.

성공회는 트리엔트공의회가 이해하는 희생제사로서의 미사의 개념을 종교개혁을 하면서 거부하였습니다. 그래서 제1공동기도서(1549)의 성찬기도에서는 갈보리의 그리스도의 희생에 관하여 한 번에 영원히 완성했다고 명백히 말합니다. "한 번 자기를 드리사 충만하고 완전(Once and for all cmplete)하며 충분한 희생으로 세상 모든 죄를 위하여 만족한 봉헌이 되셨나이다."[20] 다른 종교개혁자 역시 희생제사로서의 성찬예배를 거부하고 성서로 돌아가기를 주장하였습니다. 이는 로마가톨릭교회의 미사의 희생제사 개념은 그리스도께서 십자가에서 이루신 유일하고 완전한 속죄의 제사를 손상시키는 행위로 보았기 때문이며, 그래서 제대(altar)라는 표현을 일체 금하고 대신 성찬대(The Holy Table) 또는 주님의 식탁(The Lord's Table) 등으로 표현하였던 것입니다. 최근 로마가톨릭교회는 트리엔트공회의 선언을 공식적으로 무효화하지는 않지만 성찬의 희생제사의 교리를 개신교의 개념과 대립하지 않으려고 재진술하고자 시도합니다. 교황 바울로 6세는 그의 회칙 "신앙의 신비"(Mysterium Fidei 1965)에서 성찬예배에서 그리스도를 희생제물로 바치는 것이 아니라 예수님의 십자가상의 희생이 재현(representaur)되고 그 효력이 분배된다고 설명합니다.[21] 다시 말하여 그리스도는 성찬에서 반복적으로 희생의 제사를 드리는 것이 아니고 교회는 자기 자신을 제물로 바치며, 교회가 그리스도께 순종하면서 나아간다고 이해합니다. 오늘날 많은 로마가톨릭교회의 신학자들은 성찬을 십자가의 희생제물의 반복으로 이해하지 않습니다. 그럼에도 불구하고 성공회는 로마가톨릭교회의 희생제사

---

20) Ernest Rhys(ed). *First and Second Prayer Book of Edward VI*, London: J. M.Dent and Sons, 1910. p.222.
21) 서강대학교 신학연구소 외, 『하나인 믿음』, (왜관: 분도출판사), 1979, pp.556-557.

로서의 성찬의 개념에 동조하지 않습니다. '그리스도의 죽음은 전 세계의 죄를 위한 유일하고 완전하며 충분한 희생제사였다고 고백하며 따라서 그리스도에 의한 단번에 완성된 그 희생제사의 반복 내지 추가적인 행위란 있을 수 없다'는 사실을 분명하게 밝힙니다.22) 우리가 그리스도의 희생제사에 참여하는 것은 그 구원의 은총을 공유하는 의미이지, 희생제사에 동참하는 것은 아닙니다. 그래서 성공회에서 성찬예배는 그리스도의 희생을 기념하여 드리는 감사와 찬미의 제사(Church's sacrifice of praise and thanksgiving)이지 그리스도를 반복해서 희생의 제물로 드리는 것은 아님을 분명히 합니다. 이런 성공회와 로마가톨릭교회의 일치를 위한 대화와 성공회의 신학적 입장은 1982년 페루 리마에서 있었던 세계교회협의회가 협의한 문서인 BEM(Batism, Eucharist and Ministry)의 성찬에 대한 선언을 이끌어 내는 매개체 역할을 하였습니다.23) 리마문서24)는 성찬에 대해서 다음과 같이 선언합니다. '성찬은 영원히 살아계셔서 우리를 위하여 중보기도를 드리는 그리스도의 유일무이한 희생의 성사'이며, '하느님께서 그리스도 안에서 이루신 구원의 행위를 기념'하는 것이지 '그의 희생을 반복하는 것은 아님'을 선언합니다.(성찬 8조항) 그리고 '우리들은 성찬예배에서 우리들 스스로 이 세계에서 화해의 종으로서 살아있는 거룩한 희생으로 바치기 때문입니다.(성찬 10조항)

---

22) Anglican-Roman Catholic Joint Preparatory Commission, "Agreed Statement on Eucharistic Doctrine 1971" in
htttp://www.anglicancommunion.org/ministry/ecumenical/dialogues/catholic/arcic/docs/eucharistic_doctrine1971.cfm
23) Crockett, William, Op. Cit., p.317.
24) The Commission on Faith and Order in W.C.C., Op. Cit.

사진 11-3. 십자가에 달린 그리스도.
Meister Theoderich von Prag, 1360. 그리스도는 우리를 위한 희생제사로 십자가에 달리셨습니다.

그러면 그리스도의 희생제사와 우리는 무슨 관계가 있을까요?[25] 성찬예배에서 희생의 개념은 복합적입니다. 우리는 경배 가운데 감사드림으로써 그분의 희생을 기념합니다. 그리고 믿음으로써 성찬예배를 통한 구원의 은총에 참여합니다. 그리고 성찬예배를 통한 신자들 간의 사랑과 친교의 교제를 서로 누립니다. 무엇보다도 우리들은 하느님의 구원의 역사에 대한 응답의 행위로서 우리 자신을 드립니다. 그러나 우리들의 헌신은 그리스도께서 몸소 행하신 희생제사에 공동으로 참여할 수도 없으며 또한 그렇게 할 수도 없는 것입니다. 왜냐하면 예수 그리스도의 죽음은 인간의 죄를 용서하기 위한 하느님의 행위이지 인간의 행위가 아니며, 우리가 그리스도의 희생제사를 드릴 수 없기 때문이고 우리는 다만 그리스도의 희생제사에 대하여 찬미와 감사의 제사를 드릴 뿐입니다.

---

25) 이 부분에 대해서는 Stott, John. *Christian Basics*.(Grand Rapids, MI: Baker Book House, 2003), pp.105-106 참조.

제 12 장

◉ 성찬예배의 은총

 우리가 성찬예배를 드릴 때마다 하느님께서 우리에게 주시는 은총은 이루 말할 수가 없습니다. 성찬예배를 통하여 받은 은총은 각자의 믿음의 정도에 따라 다를 수 있습니다. '주여, 주를 내 안에 모시기를 감당치 못하오니, 한 말씀만 하소서, 내 영혼이 곧 나으리이다'(마태 8:8)는 백인대장의 고백으로 성찬을 받는 사람과 형식적으로 받는 사람의 은총은 분명히 다를 것입니다. 그러나 우리가 성체성사를 통하여 받는 은총을 요약해서 정리한 성공회 교리문답을 소개하면 다음과 같습니다. 이 교리문답은 성서적이며, 역사적이며, 그리고 실제적인 은총의 고백으로 이해될 수 있습니다.

문: 주님의 성만찬에서 우리가 받는 유익(이익)은 무엇입니까?
답: 우리의 죄를 용서받고, 그리스도와 그리고 우리 서로의 일치가 강화되고, 영생의 양식인 하늘나라의 잔치를 미리 맛보는 것입니다.[1]

---

1) 미국성공회 아시아 선교부, 『미국성공회 공도문 1979』 한영대조,(뉴욕: 미국성공회본부, 1986), pp.702-703.

성체성사를 통한 은총은 죄의 용서, 그리스도와 하나됨, 형제자매와 하나됨 그리고 하늘나라의 잔치에 미리 참여하는 것 등으로 정리할 수 있습니다.

1. 죄의 용서(Forgiveness of Sin)

하느님은 죄를 심판하십니다. 하느님께서 우리의 죄를 심판하시면 우리 모두는 죽을 수밖에 없습니다. 그래서 하느님은 우리의 죄를 속죄할 희생제사를 마련하여 주셨습니다. 구약시대 유다인들은 그들이 범죄한 것을 속죄하기 위하여 양이나 염소로 제물을 드렸습니다. 속죄의 방편으로 동물을 잡아 제사를 지냈습니다.(출애굽 24:6-8) 예수님께서는 속죄의 어린양으로서 당신 자신을 바쳐 희생되셨습니다.(2코린 5:21) 최후의 만찬에서 예수님께서는 식사 중에 빵을 들어 감사의 기도를 드리신 다음 이것을 떼어서 제자들에게 주시면서 말씀하셨습니다. "이것은 너희를 위하여 내어주는 내 몸이다. 나를 기념하여 이 예식을 행하여라." 또 식사 후에 잔을 들어 감사의 기도를 드리신 다음 그들에게 주시며 말씀하셨습니다. "너희는 모두 이 잔을 받아 마시라. 이것은 죄를 용서하여 주려고 너희들과 많은 사람들을 위하여 내가 흘리는 새로운 계약의 피니, 마실 때마다 나를 기억하여 이 예를 행하라." 예수님께서 말씀하신 '살과 피'는 죽음에 바쳐진 존재전체(全存在)를 의미합니다. 예수 그리스도는 흠없는(출애 12:5), 다시 말하여 죄없는(1베드 1::19, 요한 8:46, 1요한 3:5, 히브 9:14) 과월절의 어린양(1베드 1:19, 요한 1:29, 묵시 5:6)으로서 인류의 죄를 속죄하기 위한 희생이 되셨습니다.(1베드 1:18-19, 묵시 5:9-10, 히브 9:12 -15)

예수님께서는 지고(至高)의 순교자로서, 희생제물로서 피를 흘리심으로써 인간과 하느님과의 관계를 새롭게 설정하셨습니다.(히브 8:6, 9:15,20, 12:24, 1디모 2:5)[2] 그것은 예수 그리스도를 통하여 죄의 용서를 받고 우리들은 하느님의 자녀로서 새로운 신분을 회복하는, 하느님과 화해를 이루는 새로운 관계입니다. 그것은 예수 그리스도께서 십자가에서 우리의 죄를 용서하시고 우리는 하느님과 새로운 계약을 맺는 백성이 되었다는 사실입니다. 예수님께서 말씀하신 '이것은 나의 피다. 많은 사람을 위하여 내가 흘리는 계약의 피다'(마르코 14:24)는 모세가 이스라엘 백성들을 이집트에서 해방시킨 후에 맺는 계약(출애 24:8)을 연상시킵니다. 그래서 그리스도의 죽음을 통하여 우리들은 축복의 잔을 마시는 것이고 새로운 이스라엘이 되고 하느님과 새로운 계약을 맺게 됩니다.(1코린 10:16, 11:26)

우리들이 드리는 성찬예배는 바로 예수님께서 화해의 희생제물, 속죄의 희생제물이 되신 것을 기념하는 것이고 새로운 계약의 표지입니다.

성공회 39개 신앙신조의 제28조는 다음과 같이 주님의 성찬은 그리스도의 죽음을 통한 구원의 성사임을 말합니다.

"주님의 만찬은 … 그리스도의 죽음을 통한 우리 구원의 성사(a Sacrament of our Redemption)이다."[3]

---

2) A. 마르샤두 외 지음,『성서에 나타난 성체성사』, 서울: 가톨릭출판사, 1988. p.77 참조.
3) Bicknell, E.J. *A Theological Introduction To The Thirty-Nine Articles Of The Church Of England.* GK, Glasgow: Longmans, 1963. p.382 그리고 388.

미국성공회 성찬기도문 A양식은 이를 다음과 같이 표현합니다.

"거룩하시고 은혜로우신 하느님 아버지, 당신의 한없는 사랑으로 우리를 지으셨으며, 우리가 죄에 빠져 악과 죽음에 지배되었을 때에도 주의 자비하심으로 영원한 독생자 예수 그리스도를 이 땅에 보내사 인간의 본성을 취하게 하시고, 인간처럼 살고 죽게 하심으로써 만유의 아버지 하느님과 우리를 화해케 하셨나이다."4)

사진 12-1. 세상의 죄를 지고 가는 하느님의 어린양이신 그리스도

"모든 영광을 받으실 전능하신 하느님, 지극한 사랑으로 외아들 예수 그리스도를 이 세상에 보내셨으며, 그리스도께서는 우리의 구원을 위하여 십자가에 달리시고 세상의 죄를 없애기 위하여 자신의 몸을 단 한 번 온전한 희생제물로 드리셨나이다. 또한 그 고귀한 죽음을 기념하도록 성찬의 제사를 세우시고 다시 오실 때까지 이를 행하라 하셨나이다."5)

대한성공회 기도서 2004의 성찬의 초대는 다음과 같이 말합니다.

"세상의 죄를 없애시는 하느님의 어린양이 여기 계시니, 이 성찬에 초대받은 이는 복되도다."6)

우리가 그리스도의 살과 피를 먹고 마실 때마다 우리의 죄가 용서받았음을 확증합니다. 우리가 성찬에 나올 때마다 예수님께서

---

4) 미국성공회 아시아 선교부, Op. Cit., p.231.
5) 대한성공회 공도문 개정전문위원회, 『대한성공회 기도서 2004』, 서울: 대한성공회 출판부, 2004, Op. Cit., pp.247-248
6) 대한성공회 공도문 개정전문위원회, Op. Cit., p.259.

내 죄를 용서하여 주신 감격과 은혜를 경험합니다. 그래서 사도 바울로는 이 사실을 이렇게 증언합니다. "우리는 그리스도의 죽음으로 말미암아 죄를 용서받고 죄에서 구출되었습니다."(에페 1:7) 이것이 그리스도인들이 서있는 은총의 자리입니다. 하느님은 그리스도를 통하여 '동(東)에서 서(西)가 먼 것처럼 우리의 죄를 멀리 치우시고'(시편 103:12) 하느님과 화해하게 하셨습니다.

물론 이것은 우리가 다시 죄를 짓지 않음을 의미하지 않습니다. 우리들은 인간적인 연약성으로 인하여 다시 죄 가운데 살아갑니다. 그러나 우리의 구원이 상실되는 것은 아니고 하느님과 나 사이의 관계는 영원한 것입니다. 죄를 자백하면 언제든지 교제는 회복될 수 있는 것입니다.

이제 그리스도의 몸과 피를 나누어 먹고 마시는 우리에게는 새로운 과제가 있습니다. 우리들은 다시 죄의 세계 속에 살지 않도록 해야 합니다. 예수님께서는 '나도 너의 죄를 묻지 않겠다. 어서 돌아가거라. 그리고 이제부터 다시는 죄짓지 말라' 말씀하셨습니다.(요한 8:11) 죄를 용서받은 우리들은 세상에 나가서 그리스도의 화해의 대사가 되어야 합니다. 용서와 화해의 삶을 살도록 노력하여야 합니다. 예수님께서는 말씀하셨습니다. "네가 무엇이든지 땅에서 매면 하늘에서도 매여 있을 것이며 땅에서 풀면 하늘에도 풀려 있을 것이다."(마태 16:19) "너희가 진심으로 형제를 용서하지 않으면 하늘에 계신 내 아버지께서도 너희에게 이와 같이 하실 것이다."(마태 18:35) 우리가 죄를 용서받은 자로서 다른 사람들을 용서하도록, 그래서 분열되고 쪼개어진 이 세상에서 화해와 조화의 삶을 이루도록 그리스도께서는 요청하고 계십니다.

2. 예수 그리스도와 하나됨(Union with Christ)

우리가 성찬예배에 참여하여 빵과 포도주를 먹고 마시는 것은 예수님과 하나가 되는 것입니다. 예수님께서는 이렇게 말씀하셨습니다.

"나는 하늘에서 내려온 살아 있는 빵이다. 이 빵을 먹는 사람은 누구든지 영원히 살 것이다. 내가 줄 빵은 곧 나의 살이다. 세상은 그것으로 생명을 얻게 될 것이다 … 내 살을 먹고 내 피를 마시는 사람은 내 안에서 살고 나도 그 안에서 산다."(요한 6:51,56)

사도 바울로는 예수님의 이 말씀을 성찬예배에서 강조합니다.

"우리가 감사를 드리면서 그 축복의 잔을 마시는 것은 우리가 그리스도의 피를 나누어 마시는 것이 아니겠습니까? 또 우리가 그 빵을 떼는 것은 그리스도의 몸을 나누어 먹는 것이 아니겠습니까?"(1코린 10:16)

요한묵시록은 예수 그리스도께서 우리와 함께 먹고 마심을 강조해서 말합니다.

"누구든지 내 음성을 듣고 문을 열면 나는 그 집에 들어가서 그와 함께 먹고, 그도 나와 함께 먹게 될 것이다."(묵시 3:20)

우리가 진정한 마음으로 빵을 먹고 포도주를 마실 때에 그 빵과 포도주는 외적으로 우리들의 몸에 영양을 주는 것에서 내적으로 우리들에게 영적인 생명을 주게 됩니다.[7] 그러므로 성찬을 통하여 우리들은 그리스도의 생명을 받게 되고, 그 생명으로 우리들의 삶을 살게 됩니다. 그리스도인들은 성찬을 통하여 외적이고 가시

---

7) Bicknell, E.J, Op. Cit., pp.389-390.

적인 빵과 포도주를 신앙으로 받으므로 내적이고 영적인 그리스도의 몸을 완전하게 받게 되는 것입니다.

예수님은 그가 죽으신 후에 성령으로 우리와 함께 하시겠다고, 특히 크리스천들이 모인 곳이면 어디든지 함께 하시겠다고 약속하셨습니다. "두세 사람이 내 이름으로 모이는 자리에는 내가 그들과 함께 있겠다."(마태 18:20) 그러므로 성찬을 받으면서 우리는 예수님을 바라봅니다. 예수님과 하나가 됩니다. 예수님과 친교를 나눕니다. 예수님의 생명을 나눕니다.

사진 12-2. 생명나무이신 그리스도.
그분 안에서 우리들은 생명으로 자라나 그리스도와 하나가 됩니다.

예수님의 자기희생을 나누고 죽음을 이긴 사랑의 승리를 나누므로 예수님과 하나가 되는 것입니다. 살과 피를 먹고 마실 때마다 생명을 간직하기 때문입니다.(요한 6:53) 그리고 그분은 은총과 성령의 능력으로 우리에게 오셔서 우리의 모든 삶 속에 권위를 행하시며, 예수님을 닮도록 하시고 하느님께 가까이 나아가도록 인도합니다. 그래서 우리는 성찬기도에서 다음과 같이 기도합니다.

"또한 우리를 성령으로 거룩하게 하시어 그리스도를 통하여 주께서 받으시기에 합당한 자가 되게 하시고 성자 그리스도와 하나가 되게 하소서."(미국성공회 성찬기도 B양식)8)

또한 예수님의 살과 피를 나눈 뒤에 이렇게 기도합니다.

"전능하신 하느님, 아버지께서는 그리스도의 성체와 보혈을 신령한 양식으로써 우리에게 먹이심으로써 그리스도의 몸과 하나가 되게 하셨으니 감사하나이다."(성체 후 기도)9)

"영원하신 하느님, 하늘의 성부여, 당신의 아들 예수 그리스도의 살아 있는 지체로서 우리를 받아 주시고, 그리스도의 성체와 보혈을 신령한 양식으로 우리에게 먹이셨나이다."(미국성공회 성체 후 기도문)10)

사도 바울로는 '하느님은 진실하십니다. 그분은 우리를 부르시면서 당신의 아들, 우리 주 예수 그리스도와 친교를 맺게 해 주셨습니다'(1코린 1:9)고 말씀하셨습니다. 우리는 그리스도와 친교를 누림으로써, 성령의 친교(2코린 13:3)로써 하느님의 자녀가 됩니다. 예수님과 하나가 되는 그 때에 우리들은 새로운 생명을 경험하며 치유, 평화 등 예수님의 임재를 강하게 만나게 됩니다.

그러면 예수 그리스도와 하나가 된다는 것, 그리스도의 살과 피를 나눈다는 것은 어떤 것을 말하는 것일까요? 포도나무의 비유에서처럼(요한 15장) 주님과 일치된 삶을 사는 것입니다. 주님의 뜻을 따르는 것입니다. 하느님의 뜻을 따르는 것입니다. 예수님은 말씀하셨습니다. "나는 내 뜻을 이루려고 하늘에서 내려온 것이 아니라 나를 보내신 분의 뜻을 이루려고 왔다."(요한 6:38) "나를

---

8) 미국성공회 아시아 선교부, Op. Cit., p.238.
9) 대한성공회 공도문 개정전문위원회, Op. Cit., p.260.
10) 미국성공회 아시아 선교부, Op. Cit., p.234.

보내신 분의 뜻을 이루고 그분의 일을 완성하는 것이 내 양식이다."(요한4:35) 예수님은 자기의 뜻을 행하려 이 세상에 온 것이 아니라 자기를 보내신 아버지의 뜻을 행하러 오셨다고 밝히셨습니다.(요한 4:34-35, 5:30, 6:38, 8:29, 17:4) 주님의 뜻, 하느님의 뜻을 따르기 위하여 우리들은 세상의 논리나 욕심을 버리고 말씀 안에서 살기로 결단하는 것입니다. 그래서 사도 바울로는 이 사실을 분명하게 언급하고 있습니다. "나는 여러분들이 마귀들과 상종하는 자들이 되지 않기를 바랍니다. 주님의 잔을 마시는 여러분들이 마귀들의 잔을 마실 수는 없습니다. 또 주님의 식탁에 참여하는 여러분들이 마귀의 식탁에 참여할 수는 없습니다."(1코린 10:21) 사실상 성공회 신자들은 이미 세례성사를 받을 때에 '마귀와 악령의 일', '하느님이 지으신 만물을 타락하게 하며 파괴하는 이 세상의 악한 세력', 그리고 '하느님의 사랑으로부터 떼어놓는 모든 죄스러운 욕망'을 거절하기로 약속하였습니다.11) 사도 바울로는 다시 다음과 같은 말로 표현합니다. "무엇을 먹든지 마시든지 그리고 무슨 일을 하든지 모든 일을 오직 하느님의 영광을 위해서 하십시오."(1코린 10:31) 우리는 이러한 결단을 하며 매 성찬 예배시간을 통하여 예수 그리스도와 하나가 되고 그와 더불어 이 세상에 다시 태어납니다.

3. 형제자매와 하나됨(Union with One another)

아무리 세상이 달라지고 생활의 형태가 변해도 예나 지금이나 변함없는 것 가운데 하나는 함께 모여 식사하는 즐거움과 거기서

---

11) 미국성공회 아시아 선교부, Op. Cit., p.203

얻는 하나됨입니다. 예수님께서도 함께 식사하는 것을 즐기셨습니다. 예수님께서는 신분의 고하를 막론하고 특별히 그 사회에서 도외시되었던 사람들(죄인, 세리, 창녀, 병자)과 자주 식사하셨습니다. 그리고 물고기 두 마리와 빵 다섯 개로 오천 명이 넘는 군중을 배불리 먹이셨습니다. 주님은 사람들과 함께 식사하는 것을 통하여 그들과 친교를 나누고 화해의 삶을 사셨습니다.

예수님께서는 과월절 축제에 제자들과 최후의 만찬을 나누셨습니다. 과월절은 이스라엘을 이집트의 종살이에서 해방시킨 것을 기념하는 절기였습니다. 예수님 당시에 로마의 학정 속에서 지내는 이스라엘 사람들은 예수님을 이스라엘을 해방시켜 주실 정치적인 메시아로 믿었습니다. 그러나 예수님께서는 최후의 만찬에서 제자들에게 다음과 같이 말씀하셨습니다.

"이 세상의 왕들은 강제로 백성을 다스린다. 그리고 백성들에게 권력을 휘두르는 사람들은 백성의 은인으로 생각한다. 그러나 너희는 그래서는 안된다. 오히려 너희 중에서 제일 높은 사람은 제일 낮은 사람처럼 처신해야 하고, 지배하는 사람은 섬기는 사람처럼 처신해야 한다."(루카 22:25-26)

예수님은 우리들이 서로 섬기기를 원하셨습니다. 예수님께서는 최후의 만찬을 드신 뒤에 제자들의 발을 씻기셨습니다. 그래서 사람들 안에서 완전한 친교와 사랑과 섬김이 이루어지게 하셨습니다. 사도 바울로는 '빵은 하나이고 우리 모두가 그 한 덩어리의 빵을 나누어 먹는 사람들이니 비록 우리가 여럿이지만 모두 한 몸인 것입니다'(1코린 10:17)라고 말하였습니다. 신약성서는 성찬과 관련되어서 '함께 모이고', '같이 먹고 마셨다'는 사실을 지속적으로 강조합니다.(마태 18:20, 1코린 11:17,20,26, 33-34, 14:23,26, 사도 4:31, 20:7-8, 히브 10:25, 야고 2:2 등 참조). 그래서 신약성서에서 성찬은 공동체가 함께 하는 공동체의 행위였습니다. 한 덩

어리의 빵을 먹고 한 잔의 포도주를 마시는 것은 우리가 그리스도 안에서 하나됨을 상징하고 서로 사랑함을 상징합니다.

초대교회 신자들이 했던 공동의 식사를 아가페(Agape)라고 한 것은 주님의 계명으로부터 유래된 것으로 볼 수 있습니다.

사진 12-3. 세족례. Duccio di Buoninsegna(1260-1318).
성찬예배 안에서 형제자매로 사랑의 친교를 나눕니다.

"나는 너희에게 새 계명을 주겠다. 서로 사랑하여라. 내가 너희를 사랑한 것처럼 너희도 서로 사랑하여라. 너희가 서로 사랑하면 세상 사람들이 그것을 보고 너희가 내 제자라는 것을 알게 될 것이다."(요한 13:34-35)

"내가 너희를 사랑한 것처럼 너희도 서로 사랑하여라. 이것이 나의 계명이다."(요한 15:12)

우리들은 성찬예배에 참여하면서 예수님께서 한 사람 한 사람의 형제자매들을 위하여 돌아가셨음을 주변을 돌아보면서 보게 됩니다. 예수님께서는 '하느님의 뜻을 행하는 사람이 곧, 내 형제요, 자매요, 어머니이다'(마르 3:35)라고 말씀하셨습니다. 예수님께서는 신앙의 가족을 세우기 위한 표지와 도구로써 지상에서의 마지막 만찬을 그의 가족과 함께 나누었던 것입니다. 성체성사를 통하여 나와 너 사이에 친교와 섬김, 일치의 상통을 이루게 하셨습니다. 그래서 주님의 성찬은 거룩한 친교(Holy Communion)라고도 부르는 것입니다.

속 사도시대의 디다케(Didache)에 있는 아름다운 기도문(9)은 성찬에서의 형제자매들과의 일치와 사랑을 다음과 같이 표현합니다.

"여기 쪼개진 빵처럼 당신의 백성들은 여기저기에 흩어져 있다가 모여서 하나가 되나이다. 당신의 교회는 이 땅 끝에서부터 당신의 나라를 향하여 모이나이다. 예수 그리스도를 통하여 영광과 권세가 영원히 당신의 것이옵니다."12)

성공회 39개 신앙신조의 제28조는 다음과 같이 주님의 성찬은 신자들 간의 사랑과 교제의 상징임을 말합니다.

"주님의 만찬은 그리스도인들이 서로 다른 사람들을 사랑해야만 하는 사랑의 표지(a sign of love)이다."13)

성찬기도문은 다음과 같이 이를 표현합니다.

---

12) Dix, Dom Gregory, *The Shape Of The Liturgy*, (London: Dacre Press, 1975), p.90.
13) Bicknell, E.J, Op. Cit., p.382 그리고 p.387.

또한 우리를 거룩케 하사 이 거룩한 성사를 신앙으로 받게 하시고, 모두가 하나되어 신실하고 평화 가운데 하느님을 섬기며.(미국성공회 1979 성찬기도 A양식)14)

비오니, 이 빵과 잔을 나누는 모든 이가 한마음 한 몸을 이루고 그리스도 안에서 산제물이 되어 주의 이름을 찬양케 하소서.(미국성공회 1979 성찬기도 D양식15))

주여, 당신의 선하심과 자비하심으로 우리와 이 예물 위에 성령을 내리시고 거룩하게 하시어, 주님의 백성을 위한 예수 그리스도의 몸과 피이며, 생명의 빵과 구원의 잔이 되게 하시고, 이 거룩한 선물을 나누는 모든 이들이 한마음, 한 몸을 이루게 하시어 그리스도 안에서 거룩한 산제물이 되게 하소서. (대한성공회 기도서, 성찬기도 4양식)

성찬에서의 형제자매들과의 하나됨은 현대교회에와서는 제대의 위치와 교회건축의 공간 재구성을 통해서도 반영합니다. 현대에는 제대가 주님의 백성 가운데 위치하는 건축구조를 많이 보게 됩니다. 그래서 어떤 교회는 회중석 정중앙에 제대를 놓고 신자들은 제대를 중심으로 원형을 이루어 성찬예배를 드립니다. 이것은 그리스도 안에서 모든 형제자매들이 차별없이 하나됨을 상징적으로 보여주고 또한 경험토록 하기 위한 것입니다.

성공회에서는 성찬의 공동체성의 의미를 강조하여 로마가톨릭교회에서 행해지는 사제들의 개인미사(solitary mass, private mass)를 거부합니다.16) 다시 말하여 사제혼자서 성찬예배를 봉헌할 수 없습니다. 왜냐하면 성찬예배는 공동체의 행위이기 때문입니다.

---

14) 미국성공회 아시아 선교부, Op. Cit., p.232.
15) 미국성공회 아시아 선교부, Op. Cit., p.244.
16) John Macquarrie, *Principles of Christian Theology*(2nd Ed), (New York: Charles Scribner's Sons, 1977), p.472-473에서 성찬예배의 공동체성과 로마가톨릭교회의 사제의 개인미사의 문제점을 언급합니다.

우리가 성찬 안에서 형제적 일치와 친교를 나누는 것은 비단 그 시간, 그 현장에 함께 하는 형제적 일치만을 의미하지 않습니다. 우리들은 성찬의 전례를 행하는 가운데 모든 그리스도교 신자들과 역사적으로 공간적으로 하나가 됩니다. 예수님의 최후의 만찬으로부터 성찬의 전례를 계속해온 역사 속의 성도들과 우리들은 교통하며 하나가 됩니다. 뿐만 아니라 앞으로도 계속될 성찬의 전례를 통하여 미래의 세대들과 우리들은 하나가 됩니다. 공간적으로 성찬의 전례를 나누는 신자들, 그들이 어디에 있든지간에 한 주님을 모시고 한 성찬을 나누는 그리스도교 신자들과 우리는 하나가 됩니다. 그러므로 우리가 참여하는 이 성찬의 전례는 우주적이고 전 인류적인 사건에 참여하며 형제자매의 일치와 친교를 나누는 것입니다.

그리스도의 몸을 이루고 있는 모든 지체들은 성체성사 안에서 서로의 생명과 사랑을 주고받습니다. 그러므로 우리들은 교회공동체 안에서 나눔과 섬김의 삶을 사는 것과 동시에 세상을 위한 나눔과 섬김의 교회공동체를 만들어 가야 합니다. 그리스도인은 이 세상에서 그리스도의 떡과 포도주를 나누기 위하여 나눔과 섬김의 삶, 사랑의 삶을 살아야 합니다. 그래서 야고보 사도는 이렇게 말합니다.

"어떤 형제나 자매가 헐벗고 그 날 먹을 양식조차 떨어졌는데 여러분 가운데 누가 그들의 몸에 필요한 것은 아무것도 주지 않으면서 '평안히 가서 몸을 따뜻하게 녹이고 배부르게 먹어라'고 말만 한다면 무슨 소용이 있겠습니까?"(야고보 2;15-16)

4. 하늘나라의 잔치에 미리 참여함
(Foretaste of the heavenly banquet)

우리는 복음서를 통하여 예수님을 따랐던 사람들의 모습을 볼 수 있습니다. 인생살이에 찌들고 낙심한 사람들, 죽어 가는 자식을 살리고자 몸부림치며 예수님 앞으로 달려오는 부모들, 병자들, 배고픈 자들, 출세를 꿈꾸는 자들 … 그들 모두가 예수님을 통해서 무엇인가 인생에 도움을 얻고자 하였습니다. 그 도움은 육신을 위한 떡으로 표현할 수가 있습니다.(요한 6:26) 예수님은 육신을 배부르게 해주는 떡을 요구하는 사람들에게 고난의 십자가를 이야기하자 떠나는 무리들을 보면서 제자들에게 묻습니다. "너희까지도 떠나가려는 것은 아니겠지?"(요한 6:68) 그때 베드로가 "주님 우리가 누구에게 가겠습니까? 당신은 영원한 생명의 말씀을 가지고 계시지 않습니까?"(요한 6:68)라고 고백하였습니다. 베드로가 다른 사람과 다른 것은 모두가 떡 때문에 왔다가 떡 때문에 떠나갈 때에 그는 주님에게 영원한 생명이 있음을 보았던 것입니다. 그래서 주님에게 영원한 생명의 말씀이 있는데 "우리가 누구에게로 가겠습니까?"라고 고백하였던 것입니다.

우리는 예수 그리스도에게 영원한 생명이 있음을 믿고 그 믿음으로 성찬예배에 참여합니다. 예수님은 약속하셨습니다. "나는 하늘에서 내려온 살아 있는 빵이다. 이 빵을 먹는 사람은 누구든지 영원히 살 것이다. 내가 줄 빵은 곧 나의 살이다. 세상은 그것으로 생명을 얻게 될 것이다."(요한 6:51) 우리는 하늘나라에서도 이 성찬을 행할 것을 믿습니다. 주님께서는 마지막 만찬에서 제자들에게 빵을 떼시고 잔을 나누며 "아버지의 나라에서도 이것을 행할 것입니다"라고 말씀하셨습니다. 우리는 여기서 그리스도께서 언급한 하느님 나라에 관한 역사 이해를 살펴볼 필요가 있습니다. 그리스의 철학, 특별히 스토아학파의 역사 이해는 순환적인 역사 이해(cyclic view of history)였습니다. 하지만 유대교의 역사 이해 그리고 그리스도의 역사 이해는 하느님 나라를 향하여 나아가는 역사였습니다.

하느님은 이 세상을 창조하셨습니다. 주님의 날(Day of the Lord)은 이 세상을 심판하시고 구원하시는 종말이 있는 역사입니다. 그래서 주님의 날은 믿는 자들에게는 구원의 날이요 믿지 않는 자들에게는 심판의 날인 것입니다. 바로 예수님은 그 종말의 날, 주님의 날에 하늘나라에서의 구원받은 자들의 잔치를 약속하셨습니다.

예수님께서는 혼인잔치와 하느님 나라의 비유를 들어서 하느님 나라에서 함께 먹고 마실 것을 약속하셨습니다. "당신들은 내 나라에서 내 식탁에 앉아 먹고 마실 것입니다."(루카 22:30) '사람들이 동서남북 사방에서 와서'(루카 13:29) 그 식탁에 앉을 것입니다. 하늘나라에서 우리는 예수 그리스도의 '혼인잔치'를 영원히 축하하게 될 것입니다.(묵시 19:9) 그런데 우리는 지금 여기서 빵과 포도주를 나누면서 동시에 하늘나라의 영원한 잔치를 바라보며 그 잔치에 미리 참여하는 것입니다.(루카 22:16, 1코린 11:26) 사도 바울로는 '그러므로 여러분은 이 빵을 먹고 이 잔을 마실 때마다 주님의 죽으심을 선포하고, 이것을 주님께서 다시 오실 때까지 하십시오.'(1코린 11:26)라고 말하면서 성찬예배의 종말론적 지평을 열어 놓습니다. 이렇게 지금 행하는 성찬은 과거의 그리스도께서 제자들과 나눈 성찬을 기념하며 또한 종말에 있을 하느님 나라의 잔치에 미리 참여케 하는 것입니다. 우리들의 성찬예배는 그리스도의 고난과 죽음을 기념, 기억하는, 과거를 회상하는 '기념의 만찬'일 뿐만 아니라 온 우주의 왕으로서, 생명의 주로서 다시 오실 그리스도를 기다리는 '희망과 기다림의 만찬', '하늘나라의 잔치'의 만찬을 지금 미리 맛보는 것입니다. 우리가 주님의 성찬을 행할 때마다 예수님께서는 십자가에서 수난당하셨던 것뿐만이 아니라 그의 부활과 영광스런 승천하심도 함께 기념하는 것입니다. 따라서 비극적인 그림자가 드리워졌던 마지막 만찬은 메시아적 잔치로 변화된 것입니다. 신약성서는 여러 곳에서 부활하신 주님께서 빵을 떼어 드시는 가운데 제자들에게 나타나셨음을 보여줍니다.(루카 24:30이하, 요한 21:12-24, 사도 10:41) 성령강림 이후 제자들은 그들 자신이 하느님 나라를 위해 일할 동역자의 시대가 됐음을 알았고, '하늘의 선물이 주는 기쁨을 맛보았습니다.'(히브 6:4-5) 그들은 빵을 나눌 때 사도행전 2장 46절에서처럼 '기쁘게 음식을 먹으며 하느님을 찬양'하였으며 이를 유카리스트(Eucharist), 곧 '감사'라고 불렀습니다. 그것은 '낮고 천한 자를 높이고 주린 자를 좋은 것으로 배불리는' 하늘나라의 잔치였던 것입니다. 성찬예배에서의 하느님 나라를 바라보는 종말론적인 성격은 초대교회의 성찬의 예문에서 폭넓게 강조되어 나타나며 이는 동시에 다른 이방종교의 신비나 그리스 철학의 영향을 강하게 배제시키는 요소였습니다.[17]

성찬의 빵과 포도주, 땅을 가꾸어 얻은 빵과 포도를 가꾸어 얻은 포도주는 상징적으로 인간 노동의 결실이며 온 우주와 인류의

---

[17] Dix, Dom Gregory, Op. Cit., p.263. Dix는 그의 책 pp.256-267에서 성찬예배의 종말론적 성격에 대하여, 그리스도교 사상과 유대교 사상의 역사관의 비교와 초대교회의 전례문헌의 고찰을 통하여 강조하여 언급합니다.

역사 전체를 간직하고 있습니다. 그런데 그것이 주님의 몸과 피가 됨으로써 온 세계가 부활하신 주님과 결속되어 장차 누릴 하느님 나라의 잔치를 지금 여기에서 행하고 있는 것입니다. 주님의 성찬은 하느님 나라의 축제를 미리 맛보는 것입니다. 그러므로 우리는 성찬예배를 드리면서 이렇게 고백하고 있는 것입니다.

"그리스도는 죽으셨고, 부활하셨고, 다시 오실 것입니다."(성찬기도의 신앙고백, A양식)

"우리는 주님의 죽음을 기억하고, 주님의 부활을 선포하며, 주님이 영광 중에 다시 오심을 기다립니다."(성찬기도의 신앙고백, B양식, C양식)[18]

사진 12-3. 알파(처음)와 오메가(마지막)이신 그리스도를 상징하는 문양. 성찬예배를 통해 우리는 하늘나라의 잔치에 미리 참여합니다.

그리고 성찬기도에서 하늘나라의 희망과 기다림을 말합니다.

"정하신 때가 되면 만물을 그리스도께 복종케 하시고, 우리를 (성   와) 모든 성도들이 있는 하늘나라로 인도하시어, 당신의 아들, 딸로서 영원한 상속자가 되게 하소서."(미국성공회 성찬기도 B양식)[19]

그러므로 성부여, 우리도 우리 구원을 기념하여 지금 이 예식을 거행하며, 그리스도의 죽으심과 죽은자 가운데로 내려가심을 생각하고, 부활하시어 성부 오른편에 오르셨음을 선포하며, 또한 영광 중에 다시 오실 것을 기다리며, 주께서 주신 선물 가운데 이 빵과 이 잔을 봉헌하면서 당신을 찬송하며 찬양하나이다.(미국성공회, 성찬기도 D양식)[20]

---

18) 미국성공회 아시아 선교부, Op. Cit., p.237, 240.
19) 미국성공회 아시아 선교부, Op. Cit., p.238.
20) 미국성공회 아시아 선교부, Op. Cit., p.243.

주여, 우리로 하여금 복되신 동정녀 마리아와 믿음의 선조들과 예언자들과, 사도들과, 순교자들,(＿＿＿＿)와 (과) 또 지난날 당신의 사랑을 입은 모든 성인들과 함께 천상 상속을 받게 하시며 우리는 그들과 합하여 당신을 찬양하며, 당신의 아들 우리 주 예수 그리스도를 통하여 당신께 영광을 드리게 하소서.(미국성공회 성찬기도 D양식)21)

"또한 영광 속에 다시 오실 것을 기다리며, 우리의 구원을 기념하여 이 빵과 포도주를 주님께 봉헌하나이다."(대한성공회 성찬기도 4양식)22)

오늘 우리가 성찬에 참여하여 하늘나라의 잔치를 미리 맛본다고 하는 것은 오늘 우리들의 삶이 이 세상에, 물질의 세계에 얽매여 살아가는 것이 아니라 영원한 생명, 영원한 하늘나라를 추구하며 살아간다는 고백입니다. 그러므로 우리는 하늘나라의 소망 가운데 오늘을 넘어 살아갑니다. 오늘의 고난과 좌절을 넘어 하늘나라를 바라보며 살아갑니다.

---

21) 미국성공회 아시아 선교부, Op. Cit., p.244.
22) 대한성공회 공도문 개정전문위원회, Op. Cit., p.257.

제 13장

❄ 성찬예배의 구조

성찬예배는 본래 독립된 두 부분의 전례였습니다. 이미 성찬예배의 역사에서 살펴보았던 것처럼 독립된 두 전례가 하나의 전례로 통합된 것은 약 2세기부터입니다. 각기 떨어져 있던 전례가 하나의 전례로 구성된 것입니다. 첫째 부분은 말씀의 전례이고 둘째 부분은 성찬의 전례입니다. 성찬예배의 두 부분은 초대교회의 예배전통에 따른 것입니다. 사도행전 2장 42절에 보면 신도들은 사도들의 가르침을 듣고 서로 도와주며 빵을 나누어 먹고 기도하는 일에 전념하였습니다. 곧 그들의 예배는 우리들이 드리는 성찬예배의 두 부분처럼 말씀을 듣는 것과 빵을 나누어 먹는 것으로 이루어진 것입니다. 그런데 초대교회의 예배전통에서 말씀을 가르치고 듣는 것(말씀의 전례)은 유다교의 회당예배에 기원을 두며 빵을 나누는 것(성찬의 전례)은 예수님께서 행하신 주의 만찬에 기원을 둡니다.

말씀의 전례는 하느님의 말씀을 읽고 선포하는 것이 중심을 이룹니다. 말씀의 전례의 정점은 복음낭독입니다. 역사적으로 볼 때

이 말씀의 전례는 그리스도 안에서 이룩하신 하느님의 구원의 신비를 알리기 위한 교육적이고 선교적인 목적을 가지고 있었습니다. 성찬의 전례와 연결되는 말씀의 전례는 성찬의 전례를 준비하는 것으로서 사용되었습니다. 그래서 말씀의 전례를 예비 신자들의 성찬예배라고도 하였습니다. 그러나 다른 측면에서 성찬의 전례는 말씀의 전례에서 선포한 복음에 대한 교회의 응답이라고도 할 수 있습니다. 성찬의 전례는 주님의 만찬을 나누는 것입니다. 성찬의 전례에서 우리는 예수님께서 마지막 만찬 때에 하셨던 네 가지 행위를 재현합니다. 떡을 '가지사', '감사의 기도를 드리시고', '떡을 떼어', 제자들에게 '주셨다'. 이것을 우리는 성찬의 전례에서 봉헌(떡을 가지사)과 성찬기도(감사의 기도를 드리시고-성찬기도는 감사서문경과 축성경 부분으로 나뉩니다) 그리고 빵을 떼는 노래(떡을 떼어)와 성체배령(제자들에게 주셨다)으로 표현합니다. 성찬의 전례가 어떤 양식이든 이 네 가지 행위가 포함됩니다. 어쨌든 두 부분은 상호보완적입니다. 우리는 두 전례 안에서 말씀으로 오시는 하느님, 그리고 성찬으로 오시는 하느님께 감사와 찬미를 드리며, 그에 응답합니다.

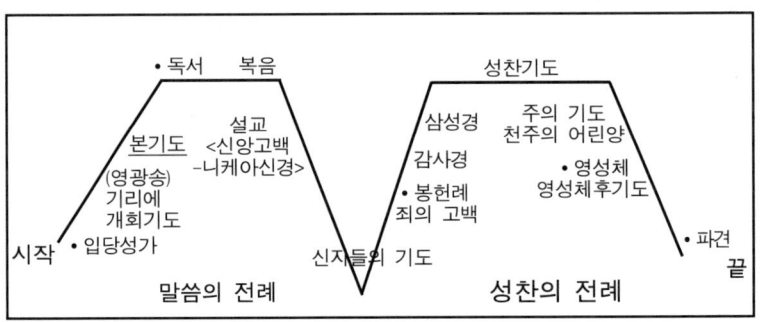

그림 13-1. 미사의 구조

제 14장

❖ 말씀의 전례 (The Liturgy of Word)[1]

성찬예배의 전반부는 말씀의 전례입니다. 이 말씀의 전례에서 하느님은 말씀으로 우리에게 오시며 우리는 그에 응답합니다. 우리는 성서낭독을 통하여 하느님께서 당신 백성에게 말씀해 주시는 구원의 신비를 들으며, 하느님의 계시에 새로이 접하게 되고 신앙생활의 양식을 얻습니다. 하느님의 말씀을 듣고 난 신자들은 말씀에 대하여 응답합니다. 말씀에 대한 응답이 니케아신경, 신자들의

---

1) 성찬예배의 각 부분의 해설은 다음의 책들을 참고로 하여 정리하였음을 밝힙니다. 하지만 주로 Shepherd Jr, Massey H. *The Worship of the Church*, (Greenwich, CT: The Seabury Press, 1952), pp.150-165에서 많은 내용을 취하였으며 이 부분은 필자가 선교교육원에서 일할 때(1989-1990)에 각주를 달지 않고 정리한 내용들입니다.

Abba, Raymond. *Principles of Christian Worship*, 허경삼 역, 『기독교 예배 원리와 실제』, (서울: 대한기독교서회, 1988), pp.189-229.

John Baycroft, *The Eucharistic Way*, (Toronto, Anglican Book Centre), 1981.

성서와 함께 편집부, 『성서로 시작하는 믿음의 길-미사(1-12)』, 성서와 함께, 1990년 1월-12월호.

성서와 함께 편집부, 『나를 위한 미사라구?, 1-13』, 성서와 함께, 1987-1988.

이기명, 『알기 쉬운 미사해설』, 가톨릭출판사, 1974.

카잔스키, 『주 앞에 모여』, 최윤환 옮김, (왜관: 분도출판사, 1982).

최윤환, 『간추린 미사해설』, (서울: 가톨릭출판사, 1982).

기도, 십계명, 죄의 고백입니다. 이렇게 말씀의 전례는 말씀으로 오시는 하느님을 받아 모시고 우리는 신앙으로 응답하여 하느님의 백성으로 새로워지는 것입니다.

말씀의 전례는 다음과 같이 구성되어 있습니다.

　　〈입당성가 또는 총도문〉
　　　개회기도(마음을 깨끗이 예비하는 기도)
　　　기리에(주여! 우리를 불쌍히 여기소서)
　　〈영광송〉
　　　인사와 본기도
　　　구약·서신성경
　　〈층계: 성시 또는 성가〉
　　　복음성경
　　　설교
　　　니케아신경
　　　신자들의 기도
　　　십계명 또는 죄의 고백
　　　평화의 인사

이제부터는 말씀의 전례 각 부분에 대하여 살펴보고자 합니다.

입당성가(Entrance Hymn)

성찬예배를 집전하는 사식자(사식자)들이 성당 제단 안으로 입당할 때 그 막간을 찬미부름으로 진행하는 것입니다. 집전사제, 기타 교역자, 성가대, 복사들이 성당문 밖에서 성당 안 가운데 통로로 제단을 향해 질서 있게 행렬을 지어 입당하고 사식자들이 그리스도의 표징인 제대에 인사하고 축일에는 유향으로 존경을 드립니다. 따라서 입당성가는 그리스도를 향하여 나감과 그리스도를 중심으로 모인 공동체의 일치의 분위기를 조성하는 것입니다. 그러므로 '오! 그리스도여 이제 당신 앞으로 나아갑니다'라는 마음으로 입당성가를 하면 좋을 것입니다.

노래없는 소성찬예배 때에는 입당성가를 생략할 수 있으며 이때에는 조용히 묵상으로 마음을 예비합니다. 사순절의 처음 다섯 주일에는 입당성가 대신 총도문을 외우기도 합니다.

개회기도(Opening Prayer)

이 기도는 마음을 깨끗이 예비하는 기도입니다. 그래서 옛 표현은 정심기도(淨心祈禱)라고 하였습니다. 기도의 내용은 시편 51편 2절에 있는 '허물을 말끔히 씻어주시고 잘못을 깨끗이 없애주소서'라는 내용을 기본으로 한 것입니다. 이 기도는 우리를 삼위일체 하느님과의 관계로 인도하여 깨끗함과 성실함이 참되게 예배할 수 있는 조건임을 상기시켜 주고 참 예배의 목적이 하느님을 사랑하며 주의 거룩하신 이름을 찬송케 하는 것을 가리켜 줍니다. 이 기도는 모든 예배의 개회에 어울리는 것으로 하느님의 계명에 의하여 우리의 양심을 성찰하게 하며 하느님과의 만남을 준비합니다.

기리에(Kyrie)

'기리에 엘레이손'은 그리스어 발음이고 그 뜻은 '주여, 우리를 불쌍히 여기소서'입니다. 이 말은 동방에서 황제에게 드리는 환영의 말이었습니다. 하지만 그리스도교에서는 '하느님께서는 십자가에 못 박혀 죽은 예수님을 부활시킴으로써 우리의 주님이 되게 하셨고, 그리스도가 되게 하셨다.'(사도 2:36)는 베드로의 오순절 설교에 근거하여 사용되었습니다. 이 기도는 하느님에게 자비를 구하는 청원기도이지만 그것은 우리와 함께 하기 위하여 오시는 그리스도에게 환영과 존경의 인사로 드리는 것입니다. 따라서 이 기리에는 승리자이시요, 왕이시며 죄악과 죽음을 쳐 이기신 분이시며 우리의 가련함을 불쌍히 여기시는 그리스도에 대한 찬미인 것입니다. 그러므로 참회의 분위기가 아니라 그리스도를 향한 기쁘고 열광적인 환성으로, 밝고 명랑하게 그리고 존경의 표시로 기도드려야 합니다. 이 외침은 맹인 바르티매오가 예수님을 만났을 때의 그 외침, 그 환호성과 같지 않을까 합니다.(마르 10:46-52)

영광송(Gloria)

사진 14-1. Choir of Angel_Paolo Veneziano_1333

앞선 '기리에'가 그리스도의 오심을 환영하는 것이라면 영광송은 이미 나타나신 그리스도의 위엄과 영광을 좀 더 구체적인 말로 칭송하는 인사입니다. 노래의 내용을 보면 그리스도께서 탄생하시던 날 밤에 천사들의 군대가 부르던 찬양의 노래(루카 2:14)로 시작해서 하느님께 감사와 찬양을 드리고 하느님의 아들이시며 세상의 죄를 없애시는 그리스도께 대한 찬미 그리고 마지막으로 삼위일체로 계시는 그리스도의 영광을 찬미하는 것입니다. 이 영광송은 성탄찬미가 아니라 부활찬미입니다. 고대인들이 황제를 숭배하고 기타 다른 신들이 거룩하다고 하였는데 그리스도인들은 그리스도만이 홀로 거룩하시고 홀로 주님이시고 홀로 높으심을 칭송하는 것입니다. 영광송은 대림절과 사순절 외의 모든 주일과 첨례에 노래하거나 외웁니다.

인사와 본 기도(The Collect of the Day)

사람들이 만나면 서로 인사하듯이 그리스도 교인들도 성찬예배를 드리기 위해 모였을 때에 서로 인사를 나눕니다. 집전자가 '주께서 여러분과 함께'하면 신자들은 '또한 사제와 함께 하소서'하고 응답합니다. 이것은 예로부터 그리스도 교인들이 흔히 사용하던 전통적인 인사로 집전자와 신자 사이에 일치를 이루며 지금 여기 모여 있는 회중 가운데 계신 그리스도와 그분의 구원사업에 대한 신앙의 표시이기도 합니다.

인사가 끝나면 집전자는 성찬예배의 의향이나 축일의 의미를 짧은 말로 소개하고 본기도를 합니다. 집전자는 교우들에게 '기도합시다'라고 권고합니다. 이제 비로소 신자들은 아버지 하느님께 말을 건네며 기도하게 됩니다. 여기서 각 신자는 내가 무엇을 하느님에게 특별히 청할까 하고 생각해야 합니다. 왜냐하면 개인적인 청원도 하느님 백성의 축제에서 잊어버려서는 안되기 때문입니다. 집전자는 모든 이의 청원을 종합하여 전체 회중의 이름으로 바치는 본기도를 합니다. 그래서 모은 기도(Collecta)라고도 부릅니다. 본기도는 대한성공회 개정예식서 안에서는 '주제기도'라고 이름 붙였습니다. 기도의 대부분은 하느님에게 우리의 기도를 들어달라는 청원기도입니다. 즉 하느님께서 청원자들의 의향을 들어달라는 보편적인 간청입니다. 특별한 축일에는 그 날의 기도의향(意向) 내지 주제를 기도의 내용으로 할 수 있습니다. 본기도는 성령의 힘으로 그리스도를 통하여 아버지께 청하는 내용으로 끝납니다. '이는 성부와 성령과 한 분 천주이신 우리 주 예수 그리스도의 이름으로 기도하나이다.' 신자들은 이 본기도에 대해서 '아멘'으로 응답함으로써 이에 동의하고 또 하느님의 구원계획을 승인합니다. 입당성가에서부터 여기까지가 성찬예배의 개회예배라고 합니다. 개회예배는 시작의 성격을 지니고 안내와 준비의 역할을 합니다. 이런 예식의 목적은 자리에 모인 신자들이 일치를 이루고 하느님의 말씀을 바로 듣고 합당하게 성찬의 전례를 거행할 수 있도록 준비시키는데 있습니다.

성서낭독(The Lessons)

성찬예배의 전례가 하느님이 자신을 우리에게 계시해 주는 것이라고 할 때 말씀의 전례에서 성서낭독은 그 중심을 이룹니다. 성서낭독 곧 구약과 시편 그리고 서신과 복음의 말씀을 통하여 하느님은 자기를 계시하시며 우리에게 찾아오십니다. 신자들은 성서말씀을 들음으로써 새로이 하느님의 계시에 접하게 되며 이 계시에 신자들은 '천주께 감사합니다'로 응답함으로써 성찬예배는 신령하고 참된 예배가 됩니다.

사진 14-2. Lindau Gospels.
(Circa 875).
9세기 초.중엽에 제본된 린다우 복음서는 말씀에 대한 공경과 영감을 주기 위한 것으로서 보석 등으로 장식되었습니다.

초대교회의 예배에서는 신구약성서로부터 선택한 많은 성서일과가 있었으나 4세기말에 이르러 그것들은 셋으로, 구약에서 하나 신약에서 둘로 줄었습니다. 5세기 중에는 성찬예배에서 서신과 복음서만 남고 구약성서는 서방교회로부터 자취를 감추었습니다. 성공회에서는 구약성서를 성찬예배에서 낭독하도록 하였습니다. 그래서 이제는 매주일 3개의 성서를 낭독합니다. 이렇게 성서정과표(聖書正科標 lectionary)에 의한 성서낭독을 통하여 성서를 전체적으로 듣고 읽게 되며 그리스도 중심의 성서를 읽게 되는 것입니다. 이렇게 성서를 읽고 듣는 일은 원래 히브리 사람들이 안식일에 회당에 모여 율법서나 예언의 말씀을 낭독하고 해설하는데서 유래되었습니다. 느헤미야서는(느헤 8:1-12) 이스라엘인들이 바벨론 유배생활에서 돌아온 후에 예루살렘에서 하느님 말씀의 공동체가 생성되었음을 보여줍니다.

구약성경과 서신성경 낭독은 일반적으로 평신도가 낭독합니다.

층계성가 또는 성시(Gradual Psalm)

구약성경 또는 신약성경을 낭독한 후에 성가나 성시를 하는데 이를 층계송이라고 합니다. 이것은 서신낭독과 복음 사이에 잠시 묵상할 시간을 갖기 위해서이고 복음낭독을 준비하기 위해서입니다. 이를 층계송이라 한 것은 8세기경 성가대가 층계(層階 계단)에서 노래한데서 유래되었습니다.

복음낭독

복음낭독은 말씀의 전례의 핵심 부분입니다. 복음낭독은 단순히 신자들에게 교훈을 주기 위한 것으로 읽기보다는 예수 그리스도께서 우리에게 직접 오셔서 말씀하시는 것으로 읽고 들어야 합니다. 그리스도는 당신 말씀 안에 현존하십니다. 우리가 그리스도의 말씀을 들을 때에 비록 모든 것을 다 알아듣지 못하고 이해하지 못한다 할지라도 매주일 듣는 말씀을 통하여 우리는 그리스도와 가까워지고 그를 만나며 그의 말씀에 참여하는 사람이 될 것입니다. 그래서 우리는 복음말씀에 특별한 존경을 표하고 성사적인 방법을 동원합니다.

사진 14-3. 서울대성당 제단 모자이크화.
lux mundi는 '나는 세상의 빛이다' 라는 뜻입니다.
photo by 김웅배, 이만홍

　복음은 어느 성찬예배에나 제대 우편에서 봉독하거나 북쪽에 있는 복음독경대에서 읽습니다. 복음을 제대 우편에 옮겨서 봉독하는 것은 우편이 좌편보다 더 존경스러운 편으로 인식되어 왔기 때문입니다. 그리고 고대에는 성당을 동쪽을 향해서 짓던 풍속에서 이 우편이 북쪽이 되므로 암흑을 상징하는 북쪽을 향해서, 암흑의 그늘 속에서 살아가는 백성에게 복음을 전한다는 의미에서였습니다. 오늘날에는 복음독경대가 없어서 보통 차부제가 봉독할 동안 성경책을 잡습니다. 복음을 낭독하는 자는 사제나 부제이어야 하고 양쪽에 촛대복사를 세우며 듣는 신자들은 자리에서 일어나고 가능하면 십자가나 유향을 동원합니다. 그리고 복음낭독 전에 책에 친구(親口 입맞춤)를 합니다. 책에 친구를 하는 것은 그 안에 실려있는 말씀을 사랑한다는 것은 물론, 이 책으로 회상되는 예수 그리스도의 은혜를 감사하기 위한 것입니다. 복음낭독 전에 사제는 엄지손가락으로 복음서와 그리고 자기 이마와 입과 가슴에 작은 십자성호를 긋는데 이것은 이마에는 복음을 부끄러워하지 않는

다는 뜻이고, 입술의 십자가는 필요하다면 죽음을 무릅쓰고라도 신앙을 고백할 결심이 있다는 표이며, 가슴에는 우리 생활을 복음과 일치하고자 한다는 뜻으로 십자성호를 긋습니다. 중세에는 복음을 낭독할 때 성당 안에 있는 사람은 다 섰고 그 다음에 복음을 낭독하기 시작할 때 이곳에 있는 신자들은 다 친구하였습니다. 그런데 오늘날에는 사제만이 친구하고 책에 십자성호를 긋습니다. 그러나 신자들은 사제의 행동을 통하여 함께 참례합니다. 즉 복음말씀을 존경으로 받들며 우리의 삶 속에서 복음과 일치하고자 하는 것입니다.

설교(The Sermon)

복음낭독 후에는 설교하게 되는데 설교는 하느님의 말씀, 곧 하느님의 계시를 설명하는 것이며 우리 인류를 위한 하느님의 능력과 은혜를 밝혀주며 하느님의 백성으로서 살아가야 할 신앙생활의 양식을 제공해 줍니다. 설교는 윤리적 교훈이나 철학적인 가르침이 아닙니다. 설교는 현재 설교자의 입을 통하여 말씀하시는 하느님의 말씀인 것입니다. 따라서 설교는 성서말씀을 시대와 상황에 따라 새로이 적응하고 이해되도록 하여 생생한 하느님의 말씀을 선포하는 것입니다. 그러므로 설교는 듣는 자뿐만 아니라 선포자에게 새로운 과제가 되는 것입니다. 그리고 설교는 당일 낭독한 성서본문을 중심으로 하는 것이 원칙입니다.

니케아신경(The Nicene Creed)

니케아신경은 하느님의 말씀의 선포에 대한 응답으로 하는 신앙고백입니다. 니케아신경은 그리스도교의 신앙의 진리를 요약한 것으로서 하느님의 창조로부터 예수 그리스도의 강생과 수난 그리고 부활 승천과 성령강림으로 이룩된 구원의 역사와 그것을 계승하는 교회의 성사, 영원한 생명에 대한 신앙고백입니다. 성서를 낭독하고 설교 후에 신경을 외우는 것은 낭독에서 부분적으로 선포된 복음을 전체적으로 천명하는 것입니다. 따라서 니케아신경은 하느님의 말씀을 믿음으로 받아들인다는 것을 재확인하는 것입니다.

사도신경은 '나는 믿나이다'로 시작한다면 니케아신경은 '우리는 믿나이다'로 시작하는 공동의 신앙고백입니다.

신자들의 기도(The Prayers of the People)

신자들의 기도는 하느님의 말씀을 듣고 감명 받은 신자들이 교회와 세계에 필요한 것을 청하는 것입니다. 하느님의 백성으로서 살아가기 위하여 그리고 이 세계가 하느님의 세계로 변화되기 위하여 기도합니다. 신앙은 세상에서 도피하는 것이 아니라 세상 안으로 보내어지는 것입니다.(요한 17:18) 이는 예수 그리스도에 속한 자들은 누구나 이 세상에 대한 책임을 지며 이 세상에서 봉사할 책임을 진 백성들이라는 것입니다. 그래서 신자들의 기도는 세상의 모든 교회를 위하여, 세상의 정의와 평화를 위하여, 가난하고 병들고 고통 중에 있는 이들을 위하여 그리고 지역교회의 문제와 공동체의 관심사, 별세자에 이르기까지 다양한 의향이나 제목을 포함하고 있습니다. 그러므로 신자들의 기도는 의무적으로 책을 읽는 것과 같은 형식적인 기도가 되어서는 안됩니다. 우리들의 생각과 태도를 기도와 일치시키고자 노력하여야 합니다. 신자들의 기도를 인도하는 사람은 충분히 묵상하고 기도 의향을 교회공동체와 사회현실에 맞게 준비하여 말하고 기도하여야 합니다. 신자들의 기도는 여러 가지 양식이 있는데 내용은 대동소이합니다.

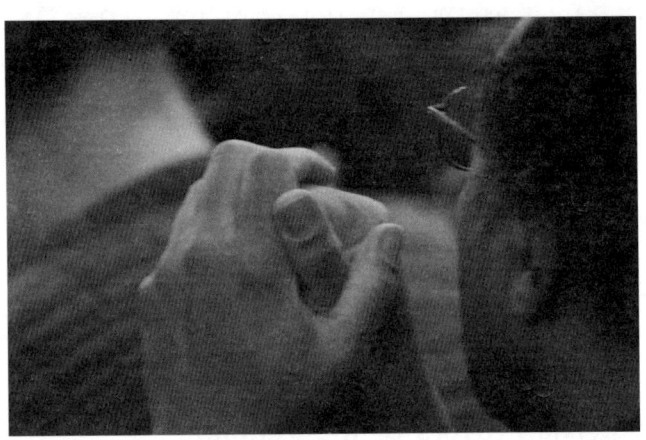

사진 14-4. 신자들의 기도를 통하여 개인의 필요는 물론 교회와 이 세계의 필요를 위하여 하느님께 청합니다. photo by David Skidmore

십계명과 죄의 고백
(Ten Commandment, Confession of Sin)

십계명과 죄의 고백은 우리가 하느님의 말씀을 듣고 나서 그 말씀에 비추어 우리의 양심을 성찰하고 생활을 반성하며 우리의 죄를 고백하는 것입니다. 십계명은 원래 로마교회 미사 전통에는 없는 것으로 십계명을 성찬예배에 놓은 것은 성공회 전례의 특징적인 면입니다. 대체로 세계성공회는 성찬예배 전례의 시작에 양심 성찰로 외우게 합니다. 한국성공회는 죄의 고백 순서 앞에 넣었는데 십계명의 내용이 양심성찰에 도움이 되기 때문입니다.

십계명을 외우면 죄의 고백은 생략할 수 있습니다. 또한 십계명을 생략하고 죄의 고백만을 하여도 됩니다. 죄의 고백에서 우리는 우리의 생각과 말과 행실로 지은 죄 그리고 우리의 소홀한 의무를 고백하고 용서를 구하며 그리스도 안에서 새로워지기를 탄원합니다. 이런 죄의 고백은 모든 그리스도교 예배순서의 필수 요소입니다. 그 이유는 죄의 고백을 미리하여 참회하고 엄숙한 성찬의 전례를 준비하기 위한 것입니다.

평화의 인사(The Peace)

평화의 인사는 말씀의 전례와 성찬의 전례를 연결해 주는 역할을 하는데 그것은 하느님의 말씀을 듣고 우리의 죄를 고백하고 나서 체험하는 화해의 정신을 표현하는 경축입니다. 성사적이고 희생적 의미를 드러내는 성찬의 전례를 기대하고 바라보게 합니다. 예수님께서는 예물을 제단에 바치기 전에 먼저 형제와 화해하라고 하셨습니다.(마태 5:23) 이는 하느님 백성으로서 한 몸을 이루라는 것입니다. 옛날에는 성찬예배를 시낙시스(Synaxis 공동집회)라고 했습니다. 이는 성찬예배는 개별적으로 드리는 것이 아니라 공동체가 드리는 예배이며 우리들 각 사람은 한 몸을 이룬다는 것입니다. "혼자만의 그리스도인은 참 그리스도인이 아닙니다."(Unus Christianus Nullus Christitianus) 그리스도인은 서로 평화의 인사를 나누며 공동체를 이룹니다. 이는 하느님과 인간과의 관계에서의 평화에의 추구이며 또한 인간과 인간 서로 간의 평화의 추구입니다. 우리는 이 평화를 이루기 위하여 우리 안에 사랑과 용서의 불을 태워 그리스도와 함께 그리스도 안에서 서로 한 몸을 이루어야 합니다.

사진 14-3. 평화의 인사를 통하여 신자들은 하나가 됩니다.

우리는 성찬예배 중에 평화의 인사를 할 때 사랑과 용서의 표현으로 한 몸된 기쁨으로 행하여야 합니다. 그러나 우리의 평화의 인사는 어딘지 모르게 어색한 듯한 느낌을 갖습니다. 왜 그렇습니까? 우리가 행하는 평화의 인사의 의미를 작게 생각하고 또 체면 때문입니다. 그러나 이제 평화의 인사의 의미를 알게 되었으니 사랑과 용서의 공동체로서 좀 더 실제적이고 적극적인 표현으로 평화의 인사를 나누어야겠습니다. 그리하여 평화의 인사를 통하여 하느님과 평화를 이루고 형제들과 평화를 이루어 한 몸, 한 백성임을 체험하도록 합시다.

말씀의 전례는 간단한 전례지만 넓은 영역을 가졌습니다. 그것은 구원의 드라마의 전부를 요약한 것입니다. 말씀의 전례는 시내산에서 이스라엘 백성에게 하느님께서 율법을 주는 것에서부터 시작하여, 하느님의 아들 예수 그리스도께서 복음을 계시하신 것이며, 모든 역사적인 교회의 시대를 통하여 계속되고 현재에까지 이릅니다. 그러나 말씀의 전례의 핵심은 복음낭독입니다. 이 복음에 대한 응답은 이제 성찬의 전례행위 안에서도 펼쳐진다고 하겠습니다. 왜냐하면 성찬의 전례에서 교회는 우리 주 예수 그리스도께서 승리하고 이루신 구원의 사건에 함께 참여하고 있다는 것을 인식하기 때문입니다.

제 15장

◈ 성찬의 전례(The Liturgy of Sacrament)[1]

성찬예배의 후반부는 성찬의 전례입니다. 성찬의 전례는 예수 그리스도의 마지막 만찬을 기념하고 재연하는 것입니다. 그것이 곧 성찬례(성체성사)이고 이 성체성사를 통하여 예수님께서는 성체로서 우리에게 오십니다. 성체로 오시는 예수 그리스도를 맞이하고 신앙으로 응답하는 것이 성찬의 전례입니다. 성찬의 전례에서 중요한 것은 예수님께서 빵과 포도주를 제자들에게 주셨으며

---

[1] 성찬예배의 각 부분의 해설은 다음의 책들을 참고로 하여 정리하였음을 밝힙니다. 하지만 주로 Shepherd Jr, Massey H. *The Worship of the Church*,(Greenwich, CT: The Seabury Press, 1952), pp.150-165 에서 많은 내용을 취하였으며 이 부분은 필자가 선교교육원에서 일할 때 (1989-1990)에 각주를 달지 않고 정리한 내용들입니다.

　Abba, Raymond. *Principles of Christian Worship*, 허경삼 역, 『기독교 예배원리와 실제』,(서울: 대한기독교서회, 1988), pp.189-229.

John Baycroft, The Eucharistic Way,(Toronto, Anglican Book Centre, 1981)

성서와 함께 편집부,『성서로 시작하는 믿음의 길-미사(1-12)』, 성서와 함께, 1990년 1월-12월호.

성서와 함께 편집부,『나를 위한 미사라구?, 1-13』, 성서와 함께, 1987-1988.

이기명,『알기 쉬운 미사해설』, 가톨릭출판사, 1974.

카잔스키,『주 앞에 모여』, 최윤환 옮김,(왜관; 분도출판사, 1982).

최윤환,『간추린 미사해설』,(서울: 가톨릭출판사, 1982).

제자들은 이를 받았다는 것입니다. 예수님께서 마지막 만찬 때에 하셨던 4가지 행위를 재현합니다. 떡을 '가지사', '감사의 기도를 드리시고', '떡을 떼어', 제자들에게 '주셨다'. 이것을 우리는 성찬의 전례에서 봉헌(떡을 가지사)과 성찬기도(감사의 기도를 드리시고-성찬기도는 감사서문경과 축성경 부분으로 나눕니다) 그리고 빵을 떼는 노래(떡을 떼어)와 성체배령(제자들에게 주셨다)으로 표현합니다.

봉헌례(The Offertory)

봉헌례는 우리들 자신을 산 제물로 드리는 것입니다.(로마 12:1) 우리들의 수고와 하느님 축복의 상징인 땅의 소산을 우리는 봉헌 예물로 드리는 것입니다. 성찬예배에서의 빵과 포도주는 우리가 드리는 봉헌예물을 상징적으로 표현한 것입니다. 빵과 포도주는 땅과 인간노동의 결실이며 우리 자신을 감사함으로 드리는 것입니다.

봉헌에서 핵심되는 행위는 우리의 예물인 빵과 포도주를 제대에 놓는 일입니다. 초대교회 때에 모든 신자들은 각자의 예물을 가져와서 봉헌시간에 거룩한 주님의 식탁인 제대에 올려놓았습니다. 그러나 중세기에 신자들이 자주 친교의 시간을 갖지 않자 예물을 직접 제대에 가져오지 않았습니다. 이런 이유 때문에 사제나 조력자(복사)가 예물들을 드리게 됐습니다. 최근에는 봉헌 때에 회중의 대표가 이 일을 하기도 합니다. 오늘날 많은 교회에서는 옛날의 중요한 관습을 되살려 회중의 대표가 집전사제에게 교우들의 봉헌과 함께 성물상에서 빵과 포도주를 갖다 놓기도 합니다.

봉헌이 어떻게 준비되어지고 나타내지는가 하는 것은 문제가 되지 않습니다. 봉헌은 주님께서 우리에게 오시는 상징 못지 않게 우리 자신을 밖으로 드러내는 상징행위입니다. 봉헌예물은 우리가 하느님의 창조세계에서 노동한 결실이기 때문에 우리들 자신은 봉헌과 밀접한 관계가 있습니다. 그것은 하느님께서 우리에게 주신 모든 부의 선물에 대하여 청지기 직분을 상징하는 것입니다. 그러나 우리는 밀과 포도의 형태로 하느님에게 예물을 드리지 않습니다. 우리는 밀과 포도를 빵과 포도주로 만듭니다. 이로 인해서 우리는 하느님 앞에서 하느님께서 우리에게 부여해 주신 땅의 유산을 사용하고 또 다른 사람의 복지를 위해서 노동하였음을 증명하는 것입니다. 그러므로 봉헌은 일상생활의 모든 관계에서 일상생활 전체를 위한 증언이기도 합니다. 여기에서 우리의 그리스도교는 우리의 정치적, 경제적, 사회적 그리고 문화적 행동으로부터 벗어날 수 없음을 가장 분명하게 보여줍니다.

모든 가정의 식사는 수많은 사람들의 노동과 봉사에서 비롯되었음을 비유로 나타내어줍니다. 농부, 운송업자, 제조업자, 상인, 광부, 은세공자와 직조공 등 우리가 제아무리 가장 간단한 음식을 먹는다손 치더라도 그것을 만드는데 일한 사람의 목록을 작성해 보면 끝이 없어 지구 건너편에까지 이를 것입니다. 교회의 음식인 유카리스트(성찬)도 다를 바가 없습니다. 밀을 심고 가꾼 사람 그리고 밀을 밀가루로 만들고 빵으로 만든 사람, 빵을 운송하고 판매하는 사람 그리고 우리의 손으로 옮겨져 하느님의 제대에 갖다놓는 모든 사람을 당신은 알고 있습니까? 또한 포도를 따서 으깨고 포도주로 만드는데 필요한 작업조건들에 관해서도 알고 있습니까? 이러한 것들에 대해서 우리는 어떠한 배려를 하고 있습니까? 그리스도께서는 '형제에게 한 것이 곧 나에게 행한 것이다'라고 하셨는데 '지극히 작은 자'에게 우리들은 어떤 관심을 가지고 있습니까? 하느님은 단지 우리들의 봉헌예물만을 반기시지 않습니다. 하느님은 카인과 카인의 예물은 반기시지 않고 아벨과 아벨이 바친 예물은 반기셨습니다. 다시 말하여 주님은 예물과 예물을 바치는 우리들 자신을 받으시는 것입니다. 우리는 봉헌례 시간에 단순히 헌금, 물질만을 바치는 것이 아니라 나의 가치관, 인생관 그리고 나의 삶이 과연 예수 그리스도의 사랑과 온전히 부합하는가를 반성하고 우리 자신의 삶을 바치는 것입니다.

'이 세상에서 부자로 사는 사람들에게 명령하십시오. 교만해지지 말며 믿을 수 없는 부귀에 희망을 두지 말고 오히려 하느님께 희망을 두라고 이르십시오. 하느님은 우리에게 모든 것을 풍성히 주셔서 즐기게 해 주시는 분이십니다. 또 착한 일을 하며 선행을 풍부히 쌓고 있는 것을 남에게 아낌없이 베풀고 기꺼이 나누어 주라고 하십시오. 그렇게 해서 자신들의 미래를 위하여 든든한 기초를 쌓아 참된 양식을 얻을 수 있게 하라고 이르십시오.' (1디모데 6:17-19)

사진 15-1. 오병이어.
봉헌시간은 우리들의 삶 전부를 하느님께 봉헌하는 시간입니다.

성찬기도(The Great Thanksgiving)

성찬기도는 하느님의 은총, 특별히 초자연적인 은총인 그리스도를 통한 구원에 대하여 드리는 감사의 찬송입니다. 성찬기도는 크게 감사경과 축성경으로 나눌 수 있습니다. 성찬기도의 구성은 다음과 같습니다.

　감사경
　　(1) 마음을 드높이
　　(2) 감사서문경(축일, 절기의 특송 포함)
　　(3) 삼성경(거룩하시다)
　축성경
　　(1) 감사기도
　　(2) 성찬 제성사
　　(3) 기념사
　　(4) 청원기도
　　(5) 성령임재의 기도
　　(6) 송영

성찬기도의 형식은 예수님께서 마지막 만찬에서 행하신 식사 감사기도에서 유래합니다. 유다인들은 음식을 포함하여 모든 물건들에 대해 하느님께 감사한 마음을 지니고 있었습니다. 그들은 하느님께서 만물을 창조하셨고 그것들을 선물로 인간에게 주셨다고 믿었기 때문입니다. 유다인들에게서 식사 감사의 기도는 하느님께서 그들을 구원하심을 기억하고 다가오는 하느님 나라에 대한 청원으로 드려졌습니다. 그러므로 성찬의 기도는 본질적으로 이러한 유다인들의 생각을 그리스도교적인 용어로 바꾸어 놓은 것입니다. 하느님의 구원의 행위는 주님의 희생으로 기억되고 청원기도는 예물을 거룩케 하시려 오시는 성령에 대한 것이며 이를 통하여 우리는 부활 승천하신 주님과 하나가 되는 것입니다.

성찬기도는 기도인 동시에 찬송입니다. 성찬기도는 찬미와 감사를 드리는 선포인 '마음을 드높이'로부터 시작하여 '거룩하시다'의 삼성경과 끝부분인 송영-"그리스도를 통하여, 그리스도와 함께, 그리스도 안에서, 성령과 한 가지로 온갖 영예와 영광을 세세무궁토록 받으시나이다. 아멘"으로 이어지는 찬송의 구조입니다. 이를 통하여 우리는 하늘로 올려져 삼위일체 하느님을 경배하는 천군 천사와 하나가 됩니다. 그러므로 성찬기도에서 우리는 우리를 구원하시고 기쁜 소식과 사랑을 심어주신 주님에 대하여 끝없이 감사드리며 항상 감격으로 충만하여 찬송을 드리는 것입니다. 성찬기도는 한마디로 감사찬송인 것입니다. 이제부터는 성찬기도의 각 부분을 자세히 살펴보도록 하겠습니다.

감사경(感謝經 Sursum corda)

(1) 마음을 드높이 감사경을 하면서 우리 모두는 그리스도와 일치시킵니다. '주께서 여러분과 함께'와 '또한 사제와 함께 하소서'의 응답을 통하여 사제와 신자들은 그리스도의 현존(現存)을 상기시키며 이어지는 '마음을 드높이, 주를 향하여'에서 우리는 그리스도와 하나가 되고자 합니다. 왜냐하면 '그리스도 없이 우리는 아무 것도 할 수 없다'는 것을 고백하는 것입니다. 그래서 우리는 그리스도를 통하여 감사드림을 말하는 것입니다. 그리고 신앙고백의 권고가 뒤따릅니다. '우리 주 천주께 감사합시다' 이에 신자들은 '마땅하고 옳은 일입니다'하고 찬동합니다. 무엇을 감사드릴까요? 우리들이 감사드리는 내용이 감사서문경에서 표현됩니다.

사진 15-2. **손을 벌리고 기도하는 부부**, 커튼 장식 그림, Antinoe 수도원, 5-6세기경. 두 손을 벌려 기도하는 것은 구약시대로부터의 전형적인 기도의 형태였습니다.

(2) 감사서문경(感謝序文經 Preface) 감사서문경은 하느님께서 예수 그리스도를 통하여 인류를 구원하신 놀라운 구원의 역사를 감사드리는 것입니다. 신자들은 구원의 전 드라마, 곧 구세주의 탄생으로부터 시작하여 그의 승천과 재림에 이르기까지의 모든 것을 감사드립니다. 그리고 이때에 그날과 축일과 절기에 내포된 특수한 이유들을 포함하여 감사드림을 말합니다. 그러므로 하늘의 모든 천사와 성도들과 함께 주의 이름을 끝없이 찬미하는 노래를 부릅니다. 이것이 삼성경입니다.

(3) 삼성경(三聖經 거룩하시다 Sanctus)

"거룩하시다 거룩하시다 거룩하시도다." 이것은 감사찬송의 외침이고 환호입니다. 천사들이 하느님의 거룩하심을 찬송하였듯이(이사 6:3, 묵시 4:8) 우리 신자들도 하느님의 거룩하심을 찬송하는 것입니다. 그런데 우리가 하느님의 거룩하심을 찬송함은 성찬예배에서 뿐만 아니라 우리의 일상생활에서도 찬송하도록 요구하고 있는 것입니다.

축성경(祝聖經 Consecration)

축성경은 라틴어로 카논(Cannon)이라고 불렸습니다. 카논의 의미는 규범, 규정, 규칙 등을 의미하는 것인데 축성경을 카논이라고 한 이유는 예로부터 별로 변화되지 않고 규범적 또는 규칙적으로 전해오기 때문입니다. 사도들은 예수님께서 명하신 대로, 예수님께서 행하신 최후의 만찬에서의 성찬의 예식을 반복하였습니다. 그들이 행한 성찬의 예식은 예수 그리스도께서 이루신 십자가상에서의 희생의 구원사건을 기억하고 감사하는 것이었고 다가올 하느님 나라를 희구하는 것이었습니다. 그들은 예수님께서 행하신 말씀과 행위를 반복하였습니다. 곧 예수님께서 빵과 포도주를 들어 감사의 기도를 드리신 것(감사의 기도)과 제자들에게 빵과 포도주를 떼어 나눠주시고 '나를 기념하여 이 예를 행하라' 말씀하신 것(성찬제성사)을 반복하였습니다. 그리고 사도들은 예수 그리스도의 사건을 기념하여(기념사) 우리가 드리는 이 제사(예물)를 받으시기를 청하였습니다.(청원기도) 그리고 우리가 드리는 예물의 상징인 빵과 포도주를 성령의 힘으로써 그리스도의 살과 피가 되어 예수님과 한 몸이 될 수 있도록 성령의 임재를 간구하였습니다.

(성령 임재의 기도) 그리고 마지막에 '전능하신 아버지 천주는 그리스도를 통하여, 그리스도와 함께 온갖 영예와 영광을 세세 무궁토록 받으소서'의 찬송의 송영으로 끝납니다. 축성경은 글자 그대로 거룩하게 되기를 비는 기도문이지만 그 의미는 본래 감사기도입니다. 따라서 앞의 감사경이 감사의 준비의 역할을 한다면 축성경은 그리스도의 구원의 사건을 기념하여 드리는 감사기도인 것입니다. 우리의 성찬기도에는 여러 양식의 상찬기도가 있습니다. 그러나 그 내용은 대동소이하다고 볼 수 있습니다.

(1) 감사기도 축성경을 시작하면서 하느님의 구원의 행위를 감사합니다. 곧 하느님의 창조하심과 인간의 타락, 타락한 인간을 구원하기 위해 성육신하신 예수님을 통하여 인간을 구원하심을 감사드립니다. 각가지 양식이 내용상 약간의 차이를 보이나 그 핵심은 하느님의 구원하심에 대한 감사의 기도입니다.

사진 15-3. 빵과 포도주의 축복

(2) **성찬 제성사** 그리스도께서는 빵과 포도주의 형상으로 당신의 살과 피를 성부 하느님에게 봉헌하셨고 사도들에게 먹고 마시라고 주셨으며 동일한 신비를 주님이 다시 오실 때까지 행하라고 말씀하셨습니다.(마르 14:22-25, 마태 26:26-29, 루카 22:19-20, 1코린 11:23-25) 이 성찬제정의 말씀은 신앙의 신비이고 기쁜 소식의 선포인 것입니다. 그리스도께서 우리를 하느님과 화해시키기

위하여 수난하셨습니다. 우리의 죄가 용서받았습니다. 이 죄의 용서, 곧 하느님과의 화해는 하느님과 가까이 할 수 없었던 죄인과 세리 그리고 이방인 모두를 포함합니다. 그리스도의 수난하심은 역설적으로 우리에게 구원의 신비이고 기쁨인 것입니다. 그리스도는 이제 마지막 날에 우리를 구원하시기 위하여 다시 오실 것입니다. 그리고 우리는 이 성찬에 참여함으로써 죄를 용서하는 천상의 기쁜 축제를 미리 맛볼 수 있는 것입니다. 우리는 이러한 구원의 기쁨과 신앙의 신비를 한 목소리로 응답합니다. '그리스도는 죽으셨고, 그리스도는 부활하셨고, 그리스도는 다시 오십니다.'

(3) 기념사 우리가 행하는 성찬의 전례는 그리스도께서 당신이 빵과 포도주를 들고 말씀하신 것과 행하신 것을 기념(아남네시스 anamnesis)하여 행하라고 명령하셨기 때문입니다. 그러므로 우리는 '그리스도의 수난과 부활하심과 영화롭게 승천하심을 기념하여 이 빵과 포도주를 주께 드리나이다.'라고 고백합니다. 그런데 여기에서 기념한다는 말은 단순히 현재는 존재하지 않는 과거의 어떤 사건과 인물 등에 대해서 정신적으로 회상하는 것을 의미하지 않습니다. 유다인들에게 기념한다는 것은 과거의 사건을 지금 현존하는 것으로 생각했습니다. 다시 말하여 지금 행하는 것이 바로 과거에 일어났던 것이 되는 것입니다. 그러나 그것은 반복이 아니라 현존 재현일 따름입니다. 그러므로 우리가 드리는 성찬의 전례는 그리스도의 구원사건을 반복하는 것이 아니라 현존시키는 것입니다. 현존에 그리스도는 오셔서 당신 자녀로 우리를 부르시며 신자들 서로 간에 사랑으로 연결되도록 이끄십니다.

사진 15-4. 청원기도

　(4) **청원기도** 우리의 모든 삶과 육신과 영혼을 하느님께 거룩하고 합당한 산 제물(로마 12:1)이 되도록 기도드립니다. 그리고 이것은 우리의 공로로 인한 것이 아니요, 그리스도께서 우리의 제사를 받으시고 그의 것으로 만드시기 때문입니다. 여기에 성찬의 깊은 신비가 있습니다. 여기에서 그리스도와 그의 교회는 하나가 되고, 우리와 우리가 가진 모든 것을 하느님에게 완전하게 드릴 수 있게 됩니다. 그래서 교회는 성 어거스틴의 말처럼 '교회는 그리스도를 머리로 하는 몸이기 때문에 그 자체를 통하여 그 자신을 드립니다.'

　(5) **성령임재의 기도** 우리는 빵과 포도주 위에 그리고 성찬에 참여하는 회중 위에 성령을 보내 주시기를 기원합니다. 성령은 우리로 하여금 성찬에 참여케 만드시며 우리가 드리는 빵과 포도주를 성령으로 축복하여 하느님에게 드리는 그리스도의 살과 피가 되도록 인도하십니다. 또한 성찬에 모인 신자들이 그리스도와 한

몸을 이루도록 활동하시고 현존하십니다.

사진 15-5. 성령의 상징인 비둘기. 성베드로 성당, 바티칸.

(6) **송영** 성찬기도는 본질적으로 감사찬송이라고 하였습니다. 성찬기도를 끝맺으면서 우리는 하느님을 찬송합니다. 송영을 할 때 사제가 성체와 성작을 높이 들면 신도들은 '아멘'으로 힘있게 환호합니다. 영성체를 하기 전에 하느님에게 새로운 찬송으로 영광을 돌려드리는 것입니다.

성찬식(The Communion)

성찬기도가 끝나고 주의 기도가 이어지는데 이때부터 성찬식(성체배령)이 시작됩니다. 성찬식은 다음과 같이 구성됩니다.

주의 기도
천주의 어린양
성찬에의 초대
영성체
성체 후 기도

주의 기도(The Lord's Prayer)

성찬기도 뒤에 주의 기도문을 하는데 이제 우리는 그리스도와 하나가 되어 주님께서 우리를 위하여 기도하셨던 것처럼 주의 기도를 드릴 수 있게 되었기 때문입니다. 이 상황에서 우리는 성찬의 전례의 전체 목적을 집약하고 그와 동시에 성체를 받을 준비를 합니다. 성찬의 전례의 목적은 하느님의 나라가 '하늘에서 이루어진 것처럼 땅에서도' 이루어지게 하는 것입니다. 이 초월적인 목적이 지금 여기의 일상생활에 즉시 영향을 주며 육체적 욕망과 영적 파괴에 대하여 싸우게 합니다. '우리에게 일용할 양식을 주시며 … 악으로부터 우리를 구하소서.' 이 기도에서처럼 모든 사람이 하느님의 의지에 따라 행하고 그들의 일용할 양식을 다른 이들과 나눌 때에는 성찬식에서 빵이 나누어지는 것처럼 '나라와 권세와 영광이 영원히' 하느님의 것이 되는 것입니다.

빵을 떼는 노래(천주의 어린양 The Breaking of Bread)

주의 기도가 끝나고 사제는 빵을 뗍니다. 사제가 빵을 뗄 때에는 교우들이 볼 수 있도록 빵(대면병)을 높이 들고 두 조각으로 뗍니다. 빵을 떼는 것은 초대교회에서 지금과 같은 작은 빵을 쓰지 않고 큰 것을 축성하여 서로 나누었기 때문입니다. 예수님께서는 오천 명을 먹이시는 빵의 기적을 이루실 때, 최후의 만찬 때에 빵을 떼셨습니다. 그리고 엠마오로 가던 제자들은 예수님께서 빵을 떼실 때에야 그 분을 알아보았습니다.(루카 24:25) 이렇게 빵을 떼는 것은 그리스도 안에서 하느님과의 일치를 그리고 형제들 간의 일치의 표현입니다. 다시 말하여 떼어 나누어진 빵은 우리를 하느님과 화해(일치)시키고 또 우리가 다른 이들과 화해(일치)하도록(2코린 5:18-19) 그 자신의 생명을 십자가에 바치신 그리스도 자신입니다. 그러므로 그 떼어진 빵은 새로운 세계, 곧 하느님의 나라를 위해서 떼어진 그리스도요 우리가 그 분의 사랑을 증명하고 형제적 일치와 화해의 세계를 실천함으로써 구현되어야 할 빵, 곧 우리 자신인 것입니다.

사제가 빵을 떼는 동안 '천주의 어린양' 또는 다른 빵을 떼는 찬송을 합니다. 빵을 떼는 동안에 여러 가지 다양한 전례 행위가 있었습니다. 그 중에 천주의 어린양(아뉴스 데이)은 간단한 기도였는데 8세기부터 노래로 발전되었습니다. 천주의 어린양은 수난하신 어린양인 그리스도에게 자비의 평화를 비는 기도입니다. 예수 그리스도는 천주의 어린양이십니다. 구약 제사에서는 무죄함과 양순함을 상징하는 어린양을 희생제물로 사용하였습니다. 예수님께서는 우리 인간의 죄를 위하여 그 자신을 십자가에 희생제물로 바치셨습니다. 그래서 세례자 요한은 예수님을 '이 세상의 죄를 없애시는 하느님의 어린양'(요한 1:29)이라고 하였고 요한묵시록에는 이 표현을 27회나 썼습니다. 천주의 어린양은 천주의 어린양이신 그리스도에게 자비와 평화를 비는 기도입니다. 12세기까지는 '천주의 어린양, 세상의 죄를 없애시는 주여, 우리를 불쌍히 여기소서'를 반복하였는데 12세기에 교회가 어려운 난관에 부딪히게 되어서 세 번째는 평화를 기원하는 뜻으로 '우리에게 평화를 주소서'라고 기도하였습니다. 별세 성찬예배 때에는 '우리를 불쌍히 여기소서' 대신에 '별세를 한 이를 평안히 쉬게 하소서'하고 세 번째는 '별세한 이를 영원토록 평안히 쉬게 하소서'라고 기도합니다.

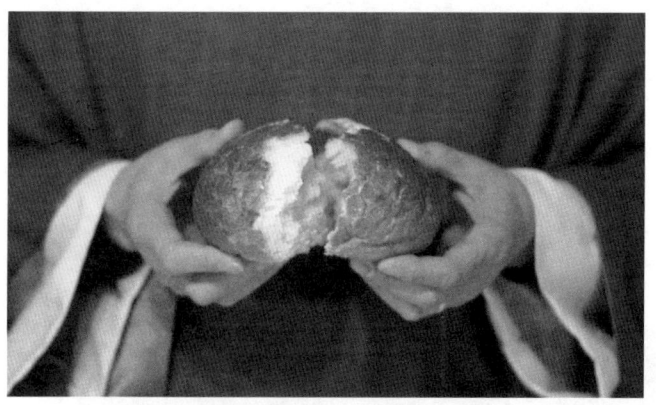

사진 15-6. 쪼개지는 빵은 하느님의 어린 양으로서 우리와 세상을 위하여 자신을 바치신 그리스도의 몸을 상징합니다. photo by 이성훈

성찬에의 초대(The Invitation)

사제는 축성된 성체와 보혈을 신도들에게 보이면서 성찬에 초대합니다. "세상의 죄를 없애시는 천주의 어린양이 여기 계시니, 이 성찬에 초대받은 이는 복되도다." 또는 "하느님의 선물은 하느님의 백성을 위한 것입니다. 그리스도께서 당신을 위하여 죽으셨음을 기념하고 믿는 마음으로 이 신령한 양식을 영하고 주께 감사합시다."

우리는 죄인이고 부족한 사람들이지만 하느님께서 우리를 부르고 계십니다. 하느님께서 먼저 우리를 사랑하시고 부르십니다. 부활하신 그리스도는 제자들에게 나타나셔서 '당신들은 무서워하지 마시오! 나요' 이렇게 말씀하셨습니다. 예수님께서는 성한 사람을 위해서가 아니라 병자를 고치기 위해서 오셨습니다. 그는 의인을 부르러 온 것이 아니라 죄인을 부르러 왔습니다.(마르 2:17) 그러므로 이 주님의 식탁에의 초대는 복된 것입니다. 이 초대는 구원으로의 초대입니다. 이 초대를 통하여 우리는 부활하신 주님과 만나며 하느님 나라의 영원한 잔치에 초대됩니다. 그리고 주님을 받아 모신 사람들 간에 일치에의 초대입니다. 이 초대에 우리는 다음과 같이 고백합니다.

"주여, 주를 내 안에 모시기를 감당치 못하오니, 한 말씀만 하소서, 내 영혼이 곧 나으리이다."

사진 15-7. 성찬에의 초대.
주님은 우리를 당신에게로 초대합니다. photo by David Skidmore

이 초대에의 응답은 마태복음 8장 8절에 나오는 백인대장의 고백입니다. "우리는 주님을 모시기에 부족한 사람들입니다. 그러나 주여 당신은 우리의 죄를 용서하시고 우리를 고치시는 주님이시오니 한 말씀만 하소서. 우리 영혼이 낫겠습니다." 주님은 우리를 용서하시고 우리를 주님의 식탁에 초대하셨기 때문에 우리는 이제 주님의 식탁에 나아갈 수 있습니다. 그러나 우리의 마음을 깨끗이 비워 성찰하고 준비하는 것으로 성찬에 참여하는 것이 완벽해지는 것은 아닙니다. 우리가 성찬에 참여하는 것은 그리스도의 몸과 피를 함께 나누며 그와 결합되어 하느님께 우리 자신을 봉헌하는 것입니다. 다시 말하여 그리스도와 일체가 되어 그의 삶을 본받고 따르기 위한 것입니다. 그러므로 성찬에 참여하고자 하는 신자들은 예수 그리스도의 삶, 고난과 사랑의 삶을 실천하겠다는 결단이 있어야 합니다.

영성체(성찬에의 참여 The Ministration of Communion)

우리는 성찬에 참여하기 위하여 주님의 식탁에로 나아갑니다. 식탁에로 나아가는 우리는 기쁨과 환호에 가득차야 합니다. 어린 양의 혼인잔치가 있는 곳에는 슬픔도 울부짖음도 고통도 없을 것입니다.(묵시 21:4 참조) 성체를 받으러 나아가는 것은 그분의 새로운 생명에 참여하는 것입니다. 그래서 우리는 주님의 식탁에 나아가는 기쁨을 노래로서 표현합니다.

영성체는 사제가 먼저 하고 이어서 신자들이 합니다. 영성체를 할 때 사제가 '그리스도의 성체, 그리스도의 보혈'하면 각 신자는 '아멘' 할 수 있습니다. 영성체 곧 성찬에의 참여는 무엇을 의미합니까? 영성체는 단지 영혼의 양식을 공급받는 것입니까? 또는 단순한 식사입니까? 영성체의 중요한 특징은 그리스도의 몸과 피를 함께 나눈다는 것입니다.

예수 그리스도는 빵과 포도주의 형상으로 자신의 몸과 피를 우리에게 주셨습니다. 빵과 포도주를 먹고 마실 때마다 우리는 그리스도께서 우리를 위하여 죽으시고 부활하시며 승천하심을

사진 15-8. 성찬을 통하여 우리는 새로운 생명을 양식을 받습니다.

기념합니다. 그리고 빵과 포도주를 나누며 우리는 하늘나라에서의 영원한 잔치에 미리 참여합니다. 예수님께서는 혼인잔치와 하느님 나라의 비유를 들어서 하느님 나라에서 함께 먹고 마실 것을 약속하셨습니다. '당신들은 내 나라에서 내 식탁에 앉아 먹고 마실 것입니다.'(루카 22:30) '사람들이 동서남북 사방에서 와서'(루카 13: 29) 그 식탁에 앉을 것입니다. 그 나라에서는 그리스도와 일체가 되고 신자들 서로 간에 하나가 됩니다. 이렇게 지금 행하는 성찬은 과거의 그리스도께서 제자들과 나눈 성찬을 기념하며 또한 종말에 있을 하느님 나라의 잔치에 미리 참여케 하는 것입니다. 이 잔치에서 우리는 그리스도와 하나가 됩니다. 그리고 빵과 포도주를 나누는 신자들 사이에 일치를 이룹니다. 내가 받는 빵 한 조각, 포도주 한 방울은 다른 사람과 함께 나누는 것입니다. 다른 사람이 봉헌한 것이 지금 내가 받는 성찬의 한 부분으로 변화되었습니다. 각 사람이 봉헌한 것이 하나의 빵으로 축복되고 각 사람에게 나누어집니다. 비록 빵이 여러 조각으로 나누어진다 하더라도 그리스도는 모든 조각

과 함께 계십니다. '이와 같이 우리도 수효는 많지만 그리스도 안에서 한 몸을 이루고 각각 서로 서로의 지체구실을 하고 있습니다.' (로마 12:5)

초대교회 때에는 성찬예배에 참여하는 모든 이들이 영성체를 하였습니다. 그런데 중세 이후부터 로마가톨릭교회에서는 사제만이 영성체를 하였고 일반 평신도에게는 허용하지 않았습니다. 성공회는 1549년 제1공동기도서에서부터 모든 평신도에게 영성체를 허락하였고 1년에 최소 3회의 영성체를 하도록 규정하였습니다. 이는 초대교회의 전례 전통을 회복한 것입니다. 로마가톨릭은 제2차 바티칸공의회 이후(1962-1965년) 신자들의 영성체를 권하였습니다.

영성체 후 기도(The Prayer After Communion)

영성체 후 기도는 영성체에 대한 감사의 기도입니다. 영성체 후 기도는 성찬의 교리를 가장 함축적으로 요약하고 있습니다. 그것은 영성체를 통하여 '그리스도와 하나가 되게 하셨고 신도들 간에 사랑으로 일체가 되게 하시니 감사합니다'라고 기도드리는 것입니다. 그리고 영성체를 통해서 받은 이 은총을 언제나 우리에게 머물게 해 달라고 요청합니다. 영성체 후 기도는 한 가지로 고정된 것이 아니라 교회절기의 뜻에 맞도록 여러 가지로 되어 있으며 그 때 성찬예배 의향에 따라 사용할 수 있습니다.

축복기도와 파견(The Blessing, The Dismissal)

이제 성찬예배는 폐회부분으로 들어가게 됩니다. 폐회식의 구성요소는 아래와 같습니다.

인사와 축복
파견

옛날에는 성찬예배를 마칠 때 부제가 '성찬예배가 끝났으니 평안히 나갈지어다'라는 말로 신자들을 보내는 말을 하고 주교(주교 없으면 사제)가 그들을 축복하였습니다. 그러나 지금은 먼저 축복기도를 하고 파견을 선포합니다. 이는 파견의 의미를 더욱 강조하기 위해서입니다.

우리는 성찬예배를 시작하면서 인사를 하였습니다. 이제 성찬예배를 끝내면서 또한 인사를 합니다. '주께서 여러분과 함께', '또한 사제와 함께 하소서.' 이 인사를 함으로써 우리는 인사를 통하여 집전자와 신자 사이의 일치를 이루며 지금 여기 모여 있는 우리 가운데 계신 그리스도를 상징적으로 표현합니다.

인사가 끝나면 축복이 있습니다. 이 축복은 성찬예배와 일상생활과의 관계를 잘 표현하여 줍니다. 성찬예배는 우리의 평범한 일상생활 전체를 신앙인의 생활로 인식하게 하고, 그것을 감사드리며 일상 생활을 그리스도교인으로서의 삶을 살 수 있도록 힘을 얻게 합니다. 그리스도교인들은 일상생활 전체를 거룩하게 하기 위해서 이제 일상생활로 나아가기 전에 다시 한 번 축복을 받습니다. 그 축복은 그리스도와 일치가 된 가운데 생활하고 또 일치한 가운데 생활할 수 있는 도움을 하느님으로부터 받는 것입니다. 축복은 집전자가 성찬예배에 참여한 신도를 위해 십자성호를 크게 그으면서 선언합니다. 십자가! 그것은 우리에게 다시 한 번 우리 구원과 소망의 실체를 인식케 합니다. 우리의 구원과 소망은 예수 그리스도의 십자가인 것입니다.

축복기도는 필리피서 4장 7절을 인용하면서 시작합니다. '하느님의 평화가 교우들과 함께 하사 …' 대한성공회의 축복기도문은 중간에 절기용 축복문을 사용할 수 있도록 하였습니다. 이는 영국성공회 공동기도서에서 인용한 것으로 교회절기의 뜻을 살려 하느님의 축복을 받도록 한 것입니다.

사진 15-9. 축복기도.
시카고교구장 리 주교의 축복. photo by David Skidmore

축복기도가 끝난 후에는 파견이 옵니다. '나가서 주의 복음을 전합시다.' 이 말은 라틴어로 'Ite missa est'(이테 미사 에스트: 성찬예배가 끝났으니 평안히 가십시오)인데 미사는 원래 파견(Missio)이라는 말에서 온 것입니다. 이 파견의 말은 그리스도인들이 어떠한 사람들인가를 본질적으로 보여 줍니다. 그리스도인들은 '파견된 백성', '보냄받은 자'들입니다. 우리가 성찬예배를 통하여 그리스도와 하나가 되고 성령을 통하여 그리스도의 생명에 참여하고 신자들 간에 형제적 사랑으로 일치를 이루는 것, 그것은 우리 자신들만을 위한 것이 아닙니다. 우리가 교회 안에서 하느님의 은혜를 향유하고 신자들 서로 간에 위안을 얻고 친교를 나누기 위한 것이 아닙니다. 그리스도인들은 그들이 가지고 있는 것을 다른 사람과 나누고 이 땅에 하느님의 나라를 세우도록 보냄받은 자들입니다. 하느님께서는 우리, 곧 나를 이 세상에 보내셔서 세상을 구원하시고자 합니다. 나는 보냄받은 자입니다. '아버지께서 나를 세상에 보내신 것같이 나도 이 사람을 세상에 보냈습니다.'(요한 17:18) 우리가 이 세상에 보내진 것은 하느님의 나라, 곧 새로운 세계를 건설하기 위한 것입니다. 그래서 성찬예배는 세상에 나아가 봉사와 증언을 할 수 있도록 하는 복음전파와 선교활동으로의 초대인 것입니다. 이를 성찬예배 마지막, 파견에서 다음과 같이 표현합니다.

사진 15-10. 신자들은 성찬예배를 통하여 세상에 보냄받는 선교사들이 됩니다.

평화 가운데 주님을 사랑하고 섬기러 나갑시다.
하느님께 감사합니다.

나가서 주님의 복음을 전합시다.
그리스도의 이름으로. 아멘.

제5부 지평을 넓히며: 성찬예배와 성공회

성찬예배는 역사적 교회들이 드리는 최상의 예배입니다.
성공회 성찬예배는 다른 교파와 비교할 때
다른 특징적인 면들을 가지고 있습니다.
또한 성찬에 대한 신학적 이해도 다른 교파와는 다릅니다.
이것은 성공회의 역사적 경험의 소산으로서
오늘날 세계 교회의 예배발전과 교회일치에 공헌하고 있습니다.

최후의 만찬. Fra Angelico_15Century

16. 성체성사에 대한 신학적 이해
   1. 로마가톨릭교회의 화체설
   2. 루터교회의 공재설
   3. 쯔빙글리의 기념설
   4. 캘빈의 영적 현존설
   5. 성공회의 수찬설
   6. 미국 연합감리교회
   7. 시간의 신비로서 성찬예식
   8. 언제 그리스도는 현존하시는가?

17. 성공회 성찬예배의 특징
   1. 말씀의 전례와 성찬의 전례가 균형 잡힌 예배
   2. 기독교 예배전통에 뿌리를 내린 예배
   3. 어느 한 극단을 주장하지 않고 넓게 포용하는 예배
   4. 공교회적이며 회중적이고 지역적인 예배
   5. 온몸으로 드리는 예배

제 16 장

◉ 성찬에 대한 신학적 이해

우리가 성찬예배 중에 먹고 마시는 빵과 포도주는 실제로 그리스도의 살과 피가 될까요? 우리는 성찬을 받으러 제단 앞으로 나아갑니다. 그 때에 사제는 "하늘의 양식, 그리스도의 몸", "구원의 잔, 그리스도의 피"라고 말하면서 빵과 포도주를 줍니다. 그러면 신자들은 "아멘"하면서 받습니다. 우리가 성찬예배에서 먹고 마시는 빵과 포도주는 정말로 그리스도의 살과 피로 변하는 것일까요? 성찬예배에서 사제(목사)가 빵과 포도주를 축성하는 기도를 한 이후에 빵과 포도주가 실제로 그리스도의 살과 피로써 변화되는가에 대한 신학적 입장이 교파마다 다릅니다. 이 견해를 우리들은 로마가톨릭교회의 화체설, 루터교회의 공재설, 쯔빙글리의 기념설, 캘빈의 영적 현존설, 성공회의 수찬설 그리고 미연합감리교회의 선언을 나누어서 살펴보도록 합니다. 그런데 이 모든 신학적 이론은 성찬에 임하시는 그리스도의 현존을 이해하기 위한 방편들이고 그 시도들이라는 사실을 먼저 기억하는 것이 좋을 것입니다. 영어로는 'the presence of Christ'라고 표현하는데 이를 한국말로는 임재(臨在) 또는 현존(現存)이라고 번역을 합니다. 많은 경우 개신교에서는 임재로, 한국천주교회에서는 현존으로 번역을 합니다. 필자는 여기서 현존이라고 번역하고자 합니다. 성공회 신자들은 여러 가지 신학적 이론 중에 단지 어느 것 하나를 반드시 믿어야 하는 것은 아닙니다. 각자는 이해에 따라 그리고 신앙에 따라 받아들일 수 있습니다. 여러분들은 모든 이론들이 갖고 있는 장점과 단점을 확인하게 될 것이고 그것들은 "신앙적인 이해를 돕기 위한 시도"라는 것입니다.1) "신앙적 이해를 돕기 위한 시도"는 성 안셈(St. Anselm)에 의하여 최초로 정의되었는데 모든 이론은 성찬을 이해하기 위한 목적으로 표현된 것으로 받아들이면 됩니다. 그러므로 성공회의 성찬에 대한 신학적 이해는 다음에 서술하게 될 각 신학적 이해의 바탕에서 그리고 그것을 넘어서 이해하여야 할 것입니다.

1. 로마가톨릭교회의 화체설

로마가톨릭교회에서는 빵과 포도주가 예수 그리스도의 실제적인 살과 피로 변화된다고 믿습니다. 빵과 포도주의 내적인 실제(inner reality, substance)가 그리스도의 몸과 피로 변함으로써 그 요소를 먹고 마시는 것은 실제 그대로(ipso facto) 그리스도를 먹고 마시는 것이라고 주장합니다. 로마가톨릭교회의 성찬에 대한 신학적 이해는 빵의 실체는 그리스도의 몸의 실체로, 포도주의 실체는 그리스도의 피의 실체로 변한다고 주장한 토마스 아퀴나스의 이론을 발전시켜서 교리를 확정지었는데 이를 교리적으로 화체설(化體說

---

1) Price, Charles P. and Weil, Louis. *Liturgy for Living*, (San Francisco: Harper & Row Publishers, 1979), p.212.

Transubstantiation)이라고 말합니다. 이는 아리스토텔레스의 실체(substance)와 우유성(accidents)이라는 개념적 토대 위에 기초하고 있습니다.

빵과 포도주가 완전하게 그리고 실제적으로 그리스도의 살과 피로 변한다고 믿는 로마가톨릭의 교리는 한국천주교회의 예비자 교리서에서 다음과 같이 설명하고 있습니다.

"미사 때 우리가 봉헌한 빵과 포도주는 사제의 축성과 동시에 완전히 초자연적으로 변화되어 진정한 그리스도의 몸과 피로 바뀐다. 외형적으로 빵과 포도주의 형태가 그대로 있고 그 맛도 변하지 않으나, 사제가 '이는 내 몸이니라 … 이는 내 피이니라'하고 그리스도의 말씀을 되풀이하면 빵과 포도주는 최후의 만찬 때와 같이 그리스도의 몸과 피로 변한다. 이것을 거룩한 변화라고 한다 … 그러면 이 빵에 어떤 변화가 일어났는가? 미사 때 거룩한 변화 전에 제대 위에 있는 것은 빵과 포도주뿐이다. 거룩한 변화 후에도 우리의 오관에 느껴지고, 눈에 보이고, 맛으로 느껴지는 것은 여전히 빵과 포도주임에 틀림없다. 그러면 무엇이 변하였는가? 중세기 전에는 이 문제에 대하여 별다른 생각은 없었고 다만 예수의 현존이라는 실재(實在)가 표징 안에 있다는 사실은 분명하다고 보았다. 그러나 중세기에 와서 이 문제를 더욱 깊이 검토하여 빵의 현상은 그대로 남아 있고, 실체(實體), 곧 빵의 실제와 본성은 그리스도 자신이 된다고 하였다. 이것을 좀더 고찰해 보면 다음과 같다. 물질적인 사물의 본성 내지 실재란 그 사물의 고유한 존재 양상을 말한다. 따라서 빵의 본질과 본성은 인간을 위한 현세의 음식이지만, 미사 때 축성된 빵에 있어서는 이 본성이 전혀 다른 것이 된다. 즉 '영생을 위한 음식'으로서 예수님의 몸이 되는 것이다. 그러므로 성체는 예수님의 실제적인 현존이다. 우리가 이것을 알아듣기 위해서는 결국 믿음이 중요하다고 하겠다."[2]

이런 화체설의 교리는 1215년 라테랑(Lateran)공의회에서 정식 교리로 확정되었습니다. 공의회 문헌 중 Innocentium이라 불리는 신앙고백문은 다음과 같이 언급하고 있습니다.

---

[2] 유봉준, 『가톨릭입문.예비자 교리서』, (서울: 가톨릭출판사, 1986), pp.200-202.

"하느님의 능력을 통하여 빵이 몸으로, 포도주가 피로 변화된 후에도 그리스도의 몸과 피는 빵과 포도주의 모양으로 드려진 제단의 성체 가운데에 참으로 임재한다. 오직 정당하게 임명(서품)된 사제만이 이 전례를 집행할 수 있다."3)

이 교리는 종교개혁자들에 의하여 여러 가지 모양으로 비판을 받았습니다. 하지만 종교개혁 이후에 반종교개혁의 공의회로 알려진 트리엔트공의회를 통하여 로마가톨릭교회는 빵과 포도주 안에 그리스도의 실재적 현존을 확고히 선포하였습니다. 트리엔트공의회는 다음과 같이 결의하였습니다.

"결의 1: 지극히 거룩한 성찬의 성사 안에 우리 주 예수 그리스도의 몸과 피가 그의 영혼과 신성과 더불어 즉, 그리스도 전체가 참으로 실제적으로 현존하신다는 것을 부정하는 자 그리고 성사 안에 그분의 징표와 표상으로 혹은 구원의 힘으로 계시다고 말하는 자는 배척받아야 한다.

결의 2: 성찬의 지극히 거룩한 성사 안에 빵과 포도주의 실체가 우리 주 예수 그리스도의 몸과 피와 더불어 남는다고 말하는 자, 그리고 빵과 포도주의 형상은 남아 있어도 빵과 전실체가 그분의 몸으로 포도주의 전실체가 그분의 피로 되는 놀랍고 유일한 변화, 곧 가톨릭(Catholic)교회가 지극히 타당하게 '실체적 변화'로 부르는 이 변화를 부인하는 자는 배척받아야 한다."4)

로마가톨릭교회는 빵과 포도주가 그리스도의 살과 피의 실체로 변한다고 믿습니다. 그리고 이는 성찬을 믿음으로 받거나 믿음이 없이 받거나 마찬가지라고 이해를 합니다. 이러한 로마가톨릭교회의 화체설의 주장은 철학적 바탕으로 있는 아리스토텔레스의 철학

---

3) Neve, J. L., 『기독교교리사』.(서울: 대한기독교서회, 1985), 서남동 역, p.305
4) DS.1651,1652, 서공석, "성찬의 교의신학적 고찰", 신학사상, 1990, 봄, pp.159-160의 번역문 재인용. 그리고 John R. Stott. *The Cross Of Christ*, 『그리스도의 십자가』. 지상우 옮김,(서울: 기독교문서선교회, 1998). p.353를 참조.

에 문제제기를 하면서 그 이론적 바탕을 점차 잃어가게 되었고 16세기 종교개혁 당시에 종교개혁자들-루터, 쯔빙글리, 캘빈에 의하여 그리고 영국성공회에 의하여 배척당하고 의문시 되었습니다.5) 성찬에서의 빵과 포도주는 마술적으로 사제의 축성과 함께 그리스도의 살과 피의 실체로 변할 수 없습니다. 예수님께서 '이것은 내 몸이다', '이것은 내 피이다'라고 하셨지만 제자들도 예수님의 살과 피를 먹고 마시지는 않았습니다. 화체설은 오늘날 로마가톨릭교회의 신학자들 중에서도 의문을 제기하는 학자들이 등장하기 시작하였습니다. 하지만 오늘날까지 로마가톨릭교회는 이 화체설의 교리를 고수하고 있습니다.

사진 16-1. 성체의 기적, 벽화 (c. 1357-1364), Ugolino di Prete.
천주교회는 사제가 빵을 축성하고 들어 올릴 때에 그리스도께서 나타난다고 믿습니다.

---

5) Price, Charles P. and Weil, Louis. Op. Cit., p.214. 그리고 김균진, 『기독교조직신학 IV』, (서울: 연세대학교출판부, 1993). p.546.

이러한 로마가톨릭교회의 화체설은 성찬에 대한 지나친 공경의 습관을 가져왔고 교회의 특이한 전례행위를 가져왔습니다. 로마가톨릭교회의 보통의 미사에서 일반신자들은 빵만을 받고 포도주는 받지 않습니다. 포도주는 오직 사제만이 마십니다. 그 이유는 화체설과 연관되어 있습니다. 이미 사제의 축성 이후 그리스도의 피로 변한 포도주를 일반신자들이 받다가 한 방울이라도 떨어뜨리면 큰일이기 때문이며 그것은 예수님의 거룩한 피에 대한 불경이 되기 때문입니다. 또한 모든 빵 조각 가운데는 전체의 그리스도가 현존하기 때문에 빵을 받는 것만으로도 충분한 성찬이 주어졌다고 로마가톨릭교회는 주장합니다. 또한 사제의 축성을 통해 변한 빵은 그리스도의 몸이기 때문에 부스러기 빵이라도 남겨서는 안 되며 소홀히 할 수 없게 됩니다. 그래서 축성된 성체에 대한 공경의 예식이 발전하였고 이에 대한 지나친 공경은 미신화를 가져 오기도 하였습니다.

로마가톨릭교회의 화체설은 빵과 포도주는 축성기도를 통하여 항상 그리스도의 살과 피로 변한다고 주장을 하며, 성찬을 받는 사람의 믿음과는 상관없이 이미 그리스도의 살과 피로 변한 상태라고 해석할 수 있습니다. 빵과 포도주가 사제의 축성기도를 통하여 그리스도의 살과 피로 변한다는 것은 비과학적이고 비합리적인 것으로 해석될 수 있습니다. 하지만 로마가톨릭교회의 화체설의 교리는 우리에게 성찬에 대한 확고한 믿음, 그리스도의 신비한 능력으로 함께 하시는 믿음을 요청하고 있다는 긍정적인 면을 볼 수 있습니다. 하지만 성찬을 받는 사람의 믿음이 없이도 사제가 축성한 이후에는 언제 어디서나 그리스도의 살과 피로 변한다는 것은 문제가 있습니다. 왜냐하면 예수님께서는 믿음의 중요성을 여러

차례 강조하셨기 때문입니다.

2. 루터교회의 공재설

마틴 루터(Martin Luther)는 로마가톨릭교회의 성찬에 대하여 1520년『교회의 바벨론 감금』에서 다음과 같은 세 가지 오류를 지적하였습니다.6) 첫째로 평신도에게 성찬에서 포도주 잔을 주지 않는 것을 비판하였습니다. 그는 성서(마르코 14장, 루카 22장, 1코린 11장)에 근거하여 그리스도께서는 모든 제자에게 온전한 성찬을 행하셨기 때문에 두 요소로 성찬이 집행되고 모든 사람에게 분배되어야 한다고 주장하였습니다. 둘째로 화체설을 비판하였습니다. 셋째로 성찬을 희생제로 해석하는 것을 비판하였습니다.

루터는 화체설을 부인하였지만 동시에 쯔빙글리의 단순한 기념설을 반대하였습니다. 쯔빙글리에 의하면 빵과 포도주는 그리스도의 몸과 피를 상징하는 단지 하나의 물질일 뿐입니다. 그러나 루터는 그리스도의 몸과 피는 신비한 방법으로 빵과 포도주 안에 함께하며 현존한다고 말합니다. 루터는 로마가톨릭교회의 화체설을 비판하였지만 로마가톨릭교회의 견해와 비슷한 공재설(公在說 consubstantiation)을 주장하였습니다. 루터는 성찬 집례시에 빵은 빵으로, 포도주는 포도주로 남아 있다가 어떤 순간에 실제로 그리고 신비스런 방법으로 그리스도의 육체적인 몸과 피가 빵과 포도주 안에(in), 함께(with), 혹은 아래(under)에 현존한다고 말

---

6) Justo L.Gonzalez, *A History Of Christian Thought*, Vol III.(Nashvill: Abingdon. 1975), p.58.

합니다. 그리스도의 몸과 피는 빵과 포도주 안에 공간적으로 물질적으로 현존한다고 믿습니다. 루터는 마태복음 26:26의 '이것은 내 몸이니'를 해석할 때에, 즉 라틴어 성경 본문 'Hocest corpus meum'에서 'est'를 '…이다(is)'로 해석해 그리스도께서 성찬 떡에 현존함을 주장하였습니다. 루터는 빵과 포도주 안에 그리스도가 현존하는 근거는 '… 이것이 내 몸이니'라고 기록한 성경의 말씀이었습니다. 예수 그리스도는 성서에 기록된 바대로 성찬의 빵과 포도주에 현존한다고 주장하였습니다. 그것은 용광로에서 쇠에 열이 가해져 하나가 되는 것과 같습니다. 우리는 보이는 형태 속에서 보이지 않는 그리스도를 만날 수 있는 것입니다.

쯔빙글리는 하느님 우편에 계신 그리스도께서는 이 지상의 제대에 함께 계실 수 없다고 했는데 루터는 이 견해를 반대합니다.[7] 루터에게 있어서 '하느님 우편'은 단지 공간적으로 하늘나라의 하느님 우편을 의미하는 것이 아니라 그리스도의 전능하신 능력의 영역을 의미하는 것이며(W 23.131ff), 부활하신 그리스도께서는 어느 곳에나 함께 하실 수 있고 따라서 그리스도의 몸은 어디에나 계신다고 해석합니다. 다시 말하여 그리스도는 편재(偏在 ubiquitous)해 계신다는 것입니다. 그래서 루터의 신학적 이론을 편재적 현존(Ubiquitous Presence)이라고도 명명하기도 합니다.[8]

---

7) Justo L. Gonzalez, Ibid., p.59f 그리고 김균진, Op. Cit., pp.510-512.
8) 로렌스 홀 스투키, 『성찬 어떻게 알고 실행할 것인가?』. 김순환 역,(서울: 대한기독교서회, 2002), pp.74-76.

사진 16-2. 루터교의 성찬예배. Lucas Cranach the Elder(1472-1553).
중세에 중단되었던 빵과 포도주의 성찬을 받고 있는 모습을 그리고 있습니다. 루터교는 빵과 포도주를 받는 순간 그리스도께서 함께 하신다고 믿습니다.

이 견해는 루터의 성육신의 교리와 밀접히 연결되어 있습니다. 그리스도께서는 인간적 육체를 가지셨지만 거기에 머물지 않고 신적인 본성에 참여하고 계신다고 해석을 하였습니다. 다시 말하여 인간적 본성이 신적인 본성의 속성에 참여합니다. 그리스도의 인격 안에 인성과 신성이 서로 종속되어 없어지지 않으며, 또한 분리되어 공존하지도 않으며 함께 참여합니다. 두 본성이 그리스도의 인격 안에 함께 참여합니다. 이를 루터는 속성의 교통 또는 특질의 분여(communicatio idiomatum)라고 말하였습니다.9)(W 23, 141; 26, 324, 332, 340f) 마찬가지로 하느님의 우편에 계신 그리

---

9) 여기서 약어 W 23, 141은 W는 루터선집을 의미하며 23은 권수를, 141은 쪽수를 말합니다. 이하 같은 방식의 약어는 이를 의미합니다. 로렌스 홀 스투키, Ibid., p.75. 그리고 J.L. Neve, op. cit.,385f.

스도는 하늘의 한 공간에 매여 계시지 않고, 우리와 가까이 계신 분이시고, 빵과 포도주 안에 계심으로써 우리와 함께 계신다고 해석하였습니다. 그리스도의 인성이 그리스도의 신성에 하나로 연결되어서 신성이 무소부재(無所不在)하여 편재하신 것처럼 인성도 그 편재하심에 동참하여 그리스도는 빵과 포도주 안에 동참함과 동시에 하늘의 우편에 계실 수 있다는 것입니다. 그리스도 안에 신성과 인성이 동시에 들어있는 것처럼 두 실체, 빵과 포도주 그리고 살과 피가 동시적 공존이 불가능한 것이 아니라고 설명합니다. '그리스도의 몸과 피는 비밀스런 방법으로 빵과 포도주 안에 공간적으로, 물질적으로 현존한다'고 설명합니다.

로마가톨릭교회의 화체설이 빵과 포도주는 축성기도를 통하여 항상 그리스도의 살과 피로 변한다고 주장하는 반면 루터교회는 루터의 교리를 발전시켜 성찬을 받는 순간에만 빵과 포도주 안에, 빵과 포도주와 함께 그리스도의 살과 피가 동시적으로 실재한다고 믿는 견해가 생겼습니다. 그래서 아우스부르그 신앙고백 제10조는 '그리스도의 몸과 피는 주님의 성찬에 참여하는 자들에게 참으로 현존하며 분배된다'고 되어 있습니다.[10] 여기서 확인할 수 있는 것은 빵과 포도주가 그리스도의 살과 피로 변하는 것이 아니라 그 안에 그리고 그 아래에 그리스도께서 현존하신다는 루터의 견해를 받아들이고 있는 것입니다.

그러면 그리스도는 어떻게 실제적으로 현존하시는가? 루터는 '그것은 모른다. 다만 신비일 뿐이다'라고 해석합니다. 루터는 다음과 같이 생각하였습니다. 하느님이 '모든 만물 가운데 도처에' 임

---

10) The Augsburg Confession (1530) in http://www.iclnet.org/pub/resources/text/wittenberg/concord/web/augs-010.html

재하신다면(W. 23,133, 143) 신성과 인성의 인격적 통일을 이루고 있는 그리스도께서도 그와 똑같이 임재하신다고 보아야 한다.(W. 23,145) 루터교회는 그것은 신비로운 방법으로 숨겨져 있다고 해석을 합니다. 그것은 '이 지상적 질료들, 그리고 우리의 일상생활들은 하느님의 신적인 현존을 나타나는 도구이며 또한 동시에 이미 시작된 하느님의 새로운 창조에 동참하는 도구이다'라고 해석을 합니다.

루터와 루터교회의 견해는 개신교의 견해보다는 로마가톨릭교회의 견해에 더 근접해 있습니다. 루터는 화체설을 비판하였지만 빵과 포도주 안에 그리스도가 실제적으로 현존하신다는 사실에 동의하고 있습니다.

미국 복음루터교회(ELCA)는 1997년 전국총회에서 "은총의 수단에 대한 사용(The Use of the Means of Grace)"이라는 성사에 대한 신학적 선언을 채택하였는데 원리33에서 다음과 같이 선언합니다.

> "이 성찬 안에서 십자가에 달려 죽으시고 부활하신 그리스도는 빵과 포도주로서 자신의 진정한 몸과 피를 주시면서 현존하신다. 주님의 실제적 현존은 신비인 것이다."(원리33)[11]

---

11) Evangelical Lutheran Church in America, *The Use of the Means Of Grace: A Statement on the Practice of Word and Sacrament*, in http://www.renewingworship.org/resources/principles/html/the_use_of_the_means_of_grace.html 이 선언서는 미국 복음루터교회가 1997년 총회에서 공식적으로 채택한 성찬과 세례에 관한 해석입니다.

3. 쯔빙글리의 기념설

쯔빙글리(Ulrich Zwinngli)는 로마가톨릭의 사제로서 스위스 쯔리히에서 종교개혁을 지도한 개혁교회의 신학자입니다. 로마가톨릭 교회의 빵과 포도주가 실제적인 그리스도의 살과 피로 변한다는 화체설에 쯔빙글리는 강력히 반대합니다. 쯔빙글리는 '이것은 나의 몸이다'라는 성찬제정의 말씀에서 '이다'(est)를 '의미한다'(significat) 또는 '상징한다'로 해석하여 성찬의 빵과 포도주는 그리스도의 몸과 피를 상징하는 것으로 이해하였습니다. 빵과 포도주는 예수님의 살과 피로 절대로 변할 수 없다는 것이며 그것은 단지 예수님의 살과 피를 상징(sign)하는 물체에 지나지 않는다고 믿습니다. 그래서 성찬예배는 단지 그리스도를 기념(commemoration)하는 것으로 이해를 합니다. 이런 교리를 우리는 상징설(象徵說 Symbolism) 또는 기념설(memorialism)이라고 부릅니다.

쯔빙글리에 의하면 성찬은 '정신적 회상의 표식', '기념의 식사'로 이해합니다. 그래서 성찬은 우리를 위해서 죽은 그리스도의 십자가에서 일어난 구원의 역사를 회상케 하고, 기억하게 하고, 그것을 기념하는 행사이며, 우리를 구원하신 하느님의 은총에 대한 감사(Eucharist)입니다. 빵과 포도주는 단지 신앙의 묵상을 돕는, 구원의 역사적 사건을 기억케 하는 물질에 불과합니다. 그러므로 그리스도는 그를 회상하는 영(靈)에서 현존하고 그것은 성찬을 받는 신자의 주관적 신앙에 따른 것입니다. 빵과 포도주는 단지 그리스도와의 정신적 교제를 위한 외적인 표식에 불과하고 그리스도의 현존은 빵과 포도주와 전혀 관계가 없다는 주장입니다. 간단히 요약하자면 그리스도는 신자들이 최후의 만찬을 신앙적으로 깊이 묵상하는 가운데서 영적으로만, 빵과 포도주의 물질과 상관없이, 현존하신다는 것입니다. 쯔빙글리는 "현실적 임재" 또는 "현실적 현존"을 거부합니다.12) 왜냐하면 그리스도는 신성으로 하늘과 땅의 도처에 편재하지만, 인성으로는 피조물의 유한성을 벗어나지 못하기 때문입니다. 루터는 그리스도께서 편재해 계신다고 보았지만 쯔빙글리는 그리스도는 신성으로 하늘과 땅에 편재해 계시지만 인성으로는 '하느님의 우편'에 고정되어 있기 때문에 성찬에 현존할 수 없다는 것입니다. 그리스도의 인성으로는 피조물의 유한성을 벗어나지 못하기 때문에 하느님의 우편이라는 장소에 제약되신다고 이해를 하였습니다. 그래서 그레고리 딕스는 이 이론을 '실재적 부재'(real absence)라고 불렀습니다.13)

사진 16-3. 빵과 포도주.
쯔빙글리는 성찬예배에서 빵과 포도주는 그리스도의 살과 피와는 전혀 상관없는 단지 빵과 포도주인 물체일 뿐이라고 주장합니다. photo via freefoto.com

---

12) Neve, J. L., Op. Cit., p.379.
13) Price, Charles P. and Weil, Louis. Op. Cit., p.216.

성공회는 쯔빙글리의 단순 기념설도 부인합니다. 빵과 포도주는 단지 상징이고 그리스도의 수난에 대한 기억, 기념이라는 견해를 받아들이지 않습니다. 이 기념설은 그리스도의 주권적 능력을 간과하고 성찬을 단지 인간의 행위, 교회가 하느님께 드리는 행위로 전락시켜 버렸습니다.14) 성찬예배에서 신자들이 주체가 되고 그리스도는 상대화되는 결과를 가져 온 것입니다. 루터주의자, 성공회, 캘빈주의 그리고 미국 연합감리교회는 성찬을 성례전 - 하느님께서 인간에게 주시는 은총의 수단이며 약속의 말씀으로 이루어진 복음을 선포하는 형식과 우리에게 그 약속을 인(認)치는 상징-으로서 간주하는 전통을 지켜나가지만 쯔빙글리주의자들, 재세례파들은 성찬이 단순한 규례(ordinance) - 그리스도의 명령인 '이것을 기념하라'에 대한 우리의 순종의 표시로 우리가 하느님께 드리는 일종의 신앙의 확증-일뿐이라고 주장을 합니다.15) 이런 신학적 전통이 성찬을 성사(성례전)로 인정하는 교회에서는 성찬을 자주하기를 바랐고 성찬을 규례로서 인정하는 교회는 분기별 성찬을 택하게 된 배경인 것입니다. 그러나 성찬은 단지 인간적인 행위나 세속적인 행위가 아닌 그리스도께서 명하신 것이며 그리스도께서 직접 행하신 것입니다. 그분이 행위의 주체이시고 성찬은 그분의 은총의 약속입니다. 하느님은 우리에게 능력의 주이시며 우리의 존재를 넘어서 역사하는 분입니다. 이 기념설은 그리스도의 현존과 그리스도께서 세우신 성찬의 질료와의 단절을 가져오게 하였고 인간의 몸으로 성육신하신 그리스도를 보내신 하느님의 구원의 행위와 불일치하는 결과를 초래하였습니다. 로마가톨릭교회는 성찬을 받는 신자들의 신앙을, 반대로 개혁교회는 하느님께서 신비한 방법으로 역사하시는 능력을 간과하였다고 볼 수 있습니다. 성공

---

14) Price, Charles P. and Weil, Louis. Op. Cit., p.217.
15) 로렌스 홀 스투키, Op. Cit., p.84.

회의 견해는 이 두 가지 면을 간과하지 않습니다. 성공회의 신학은 하느님의 신비한 능력과 동시에 믿는 이들의 신앙을 강조합니다. 성공회는 그리스도께서 은총으로 빵과 포도주 안에 현존하시며, 믿는 마음으로 나아와 성찬을 영하는 자에게는 그리스도의 살과 피의 현존으로 경험될 수 있다고 말합니다.

4. 캘빈의 영적 현존설

캘빈은 그의 성찬에 관한 교리를 그의 기독교강요, 1559년판 제4권 제17장(Institutes of The Christian Religion, IV. 17)에서 서술하였습니다. 우선 캘빈은 로마가톨릭의 화체설을 거부합니다. 또한 루터의 공재설도 거부하며, 쯔빙글리의 단순 기념설도 모독적이라고 거부합니다. 캘빈의 성찬에 대한 이론은 루터와 쯔빙글리의 중간 위치에 있다고 할 수 있습니다.16) 캘빈은 루터의 견해와 비슷한 견해로 영적·육체적 전례개념을 제시하였습니다. 즉 '만일 주께서 빵을 떼는 것으로 그의 몸에 참여하는 것을 나타내셨다면, 그의 몸이 참으로 주어지고 전달된다는 것은 의심할 여지가 없다'는 것입니다.(10)17) 여기서 루터와 거의 비슷한 견해를 가졌으나 두 사람의 차이점은 '어떻게 현존하는가?'에 대한 해석이 다릅니다. 캘빈에게 있어서 빵과 포도주는 로마가톨릭교회나 루터처럼 변하는 것이 아니며, 쯔빙글리가 이해한 것처럼 신앙을 위한 단순한 시각적인 돕는 매개도 아닙니다. 왜냐하면 캘빈에게 물질적 요소는 단지 표상과 상징에 지나지 않기 때문에 '그리스도는

---

16) Neve, J. L., Op. Cit., p.423.
17) 캘빈의 성찬에 대한 이해 부분에서 (   )의 숫자는 기독교강요, 제4권 17장의 페이지를 언급합니다.

빵의 물질에 부가되지 않는다'는 사실을 강조합니다. 그러나 캘빈이 말하는 표지는 쯔빙글리가 말하는 단순한 표지하고는 다른 견해입니다. 캘빈에게 있어서 표지는 텅빈 허상이 아니라 빵은 몸을 상징할 뿐만 아니라 또한 몸을 제시하여 주기 때문에 표지는 실재와 분리될 수 없다고 이해를 합니다. 빵과 포도주는 '내 살을 참으로 먹을 것이요 내 피를 참으로 마실 것이다'하신 그리스도의 약속을 확증하는 표시요 보증인 것입니다. 캘빈은 '상징물과 그것이 가리키는 실재를 결코 동일시하고 있지는 않으나 그는 상징되고 있는 대상의 진리는 분명 그 자리에 임함을 주장하였습니다.'[18) 성찬의 상징체(빵)와 상징된 존재(그리스도)는 인지상 구분되나 그들 실재관계는 성령에 의하여 불가 분리한 관계에 있는 것으로 이해를 합니다. 그래서 빵과 포도주는 성령의 거룩한 행위에 의하여 그리스도의 권능, 그리스도의 현존을 말해줍니다. 다시 말하여 성찬에서 빵과 포도주는 그리스도의 몸과 피를 상징함과 동시에 소유하는 영적인 신비(spiritual mystery)를 경험토록 한다고 이해합니다.

부활하신 그리스도의 참 인성과 관련해서 캘빈은 루터의 가르침을 거부합니다. 승천하신 그리스도는 한 처소에서 다른 처소로 옮겨간 것이 분명합니다. 캘빈은 '그리스도의 몸이 일정한 제약을 받는 인성적인 몸이라는 점에서는 유한한 것이며 하늘에 국한되어 있다'는 것을 조금도 의심하지 않습니다.(12) 그러므로 그는 루터의 그리스도의 몸이 편재해 있다는 개념을 단호히 거부하였습니다. 캘빈에게 있어서 그리스도의 몸은 쯔빙글리와 마찬가지로 하늘에 있습니다. 그러므로 실제적인 그리스도의 몸이 현존할 수가 없습니다.

---

18) 로렌스 홀 스투키,Op. Cit., p.84.

그러면 어떻게 그리스도께서 빵과 포도주 안에 현존하시는가? 캘빈은 이것을 믿음과 성령에 의하며 이루어진다고 해석합니다. 하늘에 있는 그리스도와 땅에 있는 우리를 결합시켜 주는 것은 성령이십니다. 즉 성령이 하늘나라 하나님 우편에 앉아 계신 그리스도와 이 땅 위 성찬의 빵과 포도주를 하나 되게 만든다는 영적 교제설을 제시했습니다. 우리는 성찬 떡을 먹을 때에 성령의 역사를 통하여 그리스도가 현존하시는 영적 교제의 축제(spiritual banquets)에 참여합니다. 그래서 캘빈의 이러한 신학적 해석을 우리는 영적 현존설 또는 영적 임재설(spiritual presence of Christ)이라고 말합니다. 캘빈은 다음과 같이 말합니다. "성령의 은밀한 능력이 우리의 지각을 멀리 초월한다는 것과 성령의 광대하심을 우리의 척도로 재는 것이 얼마나 미련한 것인가를 기억해야 한다. 그러므로 우리의 지성이 이해하지 못하는 것, 즉 공간적으로 서로 떨어져 있는 것을 성령께서 참으로 결합하신다는 것을 우리의 믿음이 생각하도록 해야 한다."(10) 성령은 '그리스도의 모든 것을 우리에게 전달해 주는 매개'입니다.(12) 결국 캘빈에게 있어서 성찬에서 그리스도와 성도들의 교제를 가능하게 해주는 것은 성령 하느님이십니다. 성찬에서의 그리스도의 현존은 육체적인 현존이 아니라 성령의 역사를 통한 영적인 현존임을 그는 말하고 있는 것입니다. 성령을 통하여 신자들의 영은 그리스도에게 올라가며 하늘에 계신 그의 몸과 피를 영적으로 먹고 마신다고 해석합니다. 캘빈의 견해를 요약하면 그리스도는 성령을 통하여 빵과 포도주에 현존하시며, 이는 신앙을 가진 사람들에게만 작용하는 것으로 이해를 합니다. 캘빈은 성령은 자연히 믿는 자들 안에서만 역사하시는 것이므로 성찬을 받는 자들의 믿음을 강조하였습니다. 루터는 그리스도의 몸을 합당하게 받지 아니하는 자에게도 그리스도의 몸이 주어진다고 하였는데, 캘빈은 '그의 몸이 믿지 않는 자들에게도 주어진다고 말하는 것은 그리스도에게 모욕을 주고 모독을 하는 행위이다'고 하였습니다.(33) 신앙 없는 성찬은 무의미하며, 신앙을 가진 사람에게 성찬은 '생명'으로 인도하지만 신앙 없는 사람에게 성찬은 '멸망'으로 인도한다고 말합니다.(34)

캘빈의 견해는 성령의 능력을 강조했다는 점과 그리스도의 은혜의 능력적 특성 때문에 종종 능력주의(virtualism)라고 불립니다.19)

웨스트민스터 신앙고백과 캘빈주의 교리의 가장 완숙한 표현이며 개혁주의 신학의 집대성이라 할 수 있는 소요리문답(小要理問答 The Shorter Cathechism)은 다음과 같이 표현하고 있습니다.

"제96 문: 주의 성찬이 무엇입니까?
답: 주의 성찬은 성례로서, 그리스도가 정하신 대로 떡과 포도주를 주고 받음으로 그의 죽으심을 나타내 보이는 것인데, 이 성례를 합당하게 받는 자들은 육체와 정욕을 따라서 참여하지 않고 믿음으로써 그의 몸과 피에 참여하여 그의 모든 유익을 받아 신령한 양식을 먹고 은혜 속에서 장성하는 것입니다."20)

이 소요리문답을 해설한 소요리문답 강해는 다음과 같이 개혁주의의 견해를 말합니다.

"개혁주의의 견해는, 빵과 포도주는 물질 그 자체뿐이라는 것이다. 진정한 신앙을 가지고 이 표와 상징을 받는 자들은-영적으로-그리스도의 희생의 혜택을 받게 된다. 그래서 어거스틴은 '유다는 주님과 함께 빵을 먹기는 했지

---

19) 로렌스 홀 스투키, Op. Cit., p.80.
20) Williams, G. I. *The Shorter Catechism*,『소요리문답강해』, 최덕성 역, 서울: 성광문화사, 1981, p.276f.

만, 빵과 더불어 주님을 먹지는 못했다'고 말했다. 이 색다른 방법으로 그는 물질적인 표와 인침 그리고 신앙으로 받는 영적인 유익 사이의 필연적인 구별을 지어 놓았다. 이것은 분명히 옳은 견해이다. 제자들이 만찬에 참여할 때에, 그리스도의 살과 피는 변하지 않았으며, 뿐만 아니라 빵과 포도주도 변화하지 않았다. 오히려 제자들에게 빵과 포도주를 주셨던 예수 그리스도 안에서 변화가 있었다. 그는 빵을 주셨지만 먹도록 그 자신을 주시진 않았다. 그가 포도주는 주셨으나 마시도록 그 자신의 피를 주시진 않았다."[21]

5. 성공회의 수찬설(授餐設 Receptionism)

빵과 포도주의 변화에 대한 성공회의 신학적 견해는 어떤 것일까요? 종교개혁 당시에 성공회는 어떤 종교개혁자의 신학적 이론이나 신앙고백문에 기초하기 보다는 성공회의 권위 이해의 바탕인 성서와 초대교회의 전통 그리고 이성과 경험을 통하여 성찬에 대한 폭넓은 교리를 발전시켜 나갔습니다. 성공회의 신학적 견해는 로마가톨릭교회와 극단적인 개신교회(개혁교회나 재세례파)의 견해와는 분명히 다릅니다. 성공회는 로마가톨릭교회와 대륙의 개혁교회의 중간입장에서 교리를 발전시켜 나갔습니다. 성공회는 분명하게 로마가톨릭교회의 화체설의 교리를 부인합니다. 성공회의 39개 조항 중 제28조항은 다음과 같이 화체설을 부인합니다.

"주의 성찬에서 화체설(빵과 포도주의 실체의 변화)은 성서로써 증명될 수 없고 성서의 분명한 말씀에 모순되며 성찬의 본질을 버리고 많은 미신의 기회를 주었다."

그리고 제29조항에서는 다음과 같이 말합니다.

---

21) Williams, G. I. Ibid., p.277.

"불경건한 사람과, 살아 있는 신앙을 소유하지 못한 사람이 그리스도의 몸과 피의 성찬에 육적으로 또 가견적으로 참여한다 하더라도 그들은 결단코 그리스도께 참여한 자들이 아니다."

그렇다면 우리가 단지 먹고 마신다고 그리스도께 참여하지 않는다면 어떤 방법을 통하여 그리스도께 참여할 수 있겠습니까? 성공회는 이것을 믿음에 의해서 이루어진다고 고백합니다. 우리가 빵과 포도주를 먹고 마심으로써 그것을 몸속에 흡수하여 소화하는 것처럼, 우리는 믿음으로 십자가에 달리셨던 그리스도를 마음속에 받아먹고 그분을 자신의 것으로 삼게 됩니다. 그렇기 때문에 성공회 조항 28조는 믿음을 강조하여 다음과 같이 선언합니다.

"이것을 올바로 합당하게 또 믿음을 가지고 받는 이들에게는 우리가 떼는 빵은 그리스도의 몸을 받는 것이고 또한 축복의 잔은 그리스도의 피를 받는 것이다."

성체성사는 믿음으로 받아들일 때만 그리스도의 살과 피가 된다는 것입니다. 토머스 크랜머는 성찬에서의 그리스도의 현존은 물질적 변화에 의한 현존이 아니라 그리스도의 몸과 피로서 받아먹고 마시는 사람의 신앙에 의한 변화(real partaking of the body and blood of Christ)라고 말하였습니다. 그것은 질료에 의한 실체적 변화가 아니라 성찬을 믿음으로 받아들이는 사람에 의한 변화라고 말합니다.[22] 그래서 크랜머가 만든 공동기도서에는 빵과 포도주가 그리스도의 몸과 피가 되도록 기도하지 아니하고 성령 안에서 주의 백성을 위한 거룩한 신비로서 거룩한 양식과 음료가 되어 그리스도의 몸과 피를 받게 해달라고 기도하였던 것입니

---

22) Crockett, William, "Holy Communion" in *The Study of Anglicanism*. edited by Stephen Sykes, John Botty, Jonathan Knight,(Minneapolis, MN: Fortress Press, 1988), p.309.

다.23)

　이와 같은 맥락에서 16세기의 유명한 성공회 신학자인 리처드 후커(Richard Hooker)는 '그리스도의 가장 축복된 몸과 피의 실제적인 현존은 성찬에 의해서가 아니라 성찬을 가치있게 받아들이는 사람에게서 발견된다'고 말했습니다.24) 리처드 후커의 견해는 빵과 포도주의 질료에 대해서보다는 빵과 포도주를 받아들이는 사람의 믿음을 강조하고 있는 것입니다. 빵과 포도주는 믿음으로 받아들일 때만 그리스도의 살과 피가 된다는 것을 표현합니다. 빵과 포도주는 질료로서 은총의 원인이 되지 않습니다. 오직 하느님만이 은총의 주체입니다. 빵과 포도주는 하느님께서 은총의 통로로 사용할 뿐입니다. 하느님은 전적인 자유로운 은총을 베푸시고 이것을 믿음으로 받아들이는 자에 한해서만 그리스도는 현존하십니다. 하느님의 은총의 수여는 무조건적이고 성찬에서의 하느님의 신적인 약속이지만 그 은총의 선물을 받는 것은 받는 사람의 자유와 믿음에 의한 조건적인 것이 됩니다. 성공회의 이런 신학적 입장은 수찬설(受餐設 Receptionism)이라고 말하며 성체성사에 대한 성공회의 주요 교리로 받아들여지고 있습니다.25) 이러한 성공회의 견해는 의미가 변화되었다는 의미에서 화의설(化意設 Transignification), 우리가 믿음으로 빵과 포도주를 받아들일 때에 그리스도께서 살과 피로서 실제적으로 현존한다는 뜻에서 실제임재설(臨在說 Real Presence)로 표현합니다. 이 실제임재설은 어떤 방법으로 이해하든지 간에 빵과 포도주는 실제로 어떤 의미에서 그리스도의 몸과 피가 된다는 주장

---

23) Thomas Cranmer, *Wiriting on the Sacrament of the Lord's Supper*, ed. John Edmund Cox, The Parker Society(CUP 1846), p.79, Crockett, William, Ibid., p.309에서 재인용.
24) Richard Hooker, *Laws of Eucharistic Polity V*: 67:6 Crockett, William, Ibid., p.309에서 재인용.
25) Crockett, William, Ibid. p.309.

입니다.

사진 16-4. 영광스런 그리스도, 유리화, 캔터베리대성당.
성공회는 성찬에서 빵과 포도주를 그리스도의 살과 피로 변화시킬 수 있는 하느님의 은총의 능력과 믿음으로 성찬을 받아야 하는 인간의 믿음의 조건을 동시에 강조하고 인정합니다.

성공회는 빵과 포도주의 본질의 변화를 반대합니다. 그리스도는 제대의 빵과 포도주의 실체 안에, 물질적 세계 안에 현존하지 않습니다. 그러나 그리스도는 영적인 양식과 음료로서 신앙을 가진 자들에게 현존하십니다. 성공회의 견해는 그리스도의 몸과 피의 교통을 은총의 사건으로 이해를 합니다. 성공회는 '그리스도의 현존을 물질적 세계에서 일어난 것이 아니라 모든 사람에게, 그러나 단지 살아있는 신앙으로 빵과 포도주를 받아들이는 사람에게 그리스도께서 현존하시는 은총 안에서 현존(presence in grace)'을 말합니다.26) 단지 빵과 포도주는 믿음으로 받아들이는 사람에게 그리스도의 현존을 드러내는 교통의 수단일 뿐입니다. 이것은 기계적인 변화로 일어난 것이 아니며, 오직 믿음과 은총의 관계 속에서 일어나는 자유로운 현상인 것입니다. 집전자가 빵과 포도주를 우리들의 몸에 제공하는 것처럼, 그리스도께서 자신의 몸과 피를 우리들의 영혼에 제공합니다. 우리의 믿음은 상징을 넘어서 성체가 대변하는 실재를 바라봅니다. 그리고 빵과 포도주를 취해서 우리의 입 속에 넣고 마시는 것처럼, 우리들을 위해 십자가에 못 박히시고 자신의 살과 피를 주신 주님을 믿음으로 받아들입니다. 이런 성찬에 대한 성공회의 믿음을 캔터베리 대주교였던 윌리암 템플은 다음과 같이 말하였습니다. "나의 몸은 나의 의지에 대한 직접적 반응으로 움직이는 육체세계의 한 부분이며, 그래서 내가 나의 목적을 달성하는 전달수단이며 매개체이다. 바로 이런 의미에서 성찬식의 빵은 그리스도의 몸이라고 나는 말한다. 그리스도의 몸이라는 육체적 기관을 통해서, 그리스도는 인격으로서 고뇌와 죽음을 통하여 아버지에 대한 인간의 절대적 복종을 드러내어 속죄의 희생제물이 되었듯이, 떼어낸 빵을 통해서 그리스도는 계속해서 나타나 보이며 우리로 하여금 그에 동참할 수 있게 한다."27)

---

26) Crockett, William, Ibid. p.313.
27) William Temple, *Christus Veritas*, p.251. Owen, Thomas & Wondra, Ellen K., *Introduction To Theology(2nd ed.)*. 이재정 외 번역, 『요점조직신학』, 서울: 대한기독교서회, 1999년, p.437에서 재인용.

6. 미국 연합감리교회

미국 연합감리교회(United Methodist Church)의 종교강령 제18조는 성찬을 "그리스도의 죽음으로 얻은 구원의 성사요, 우리가 나누는 빵은 그것을 바르게, 마땅하게 그리고 믿음으로 받는 한 그리스도의 몸이다. 그리고 축복의 잔은 그리스도의 피를 나누는 것이다"(BOD, p.64)라고 묘사를 합니다. 미 연합감리교회의 전통은 '예수 그리스도의 실제적이고 인격적이고 실제적인 임재'를 인정하는 것입니다. 주님의 성찬은 단지 기념이나 회상의 의미는 아닌 것입니다. 그렇다고 로마가톨릭교회의 화체설을 받아들이지도 않습니다. 빵과 포도주는 하느님이 역사하시는 구체적인 수단이고 예수 그리스도를 통해, 성령의 능력 안에서, 성찬에 참여하는 사람들에 의하여, 그리스도는 현존하신다고 믿습니다.28)

7. 시간의 신비로서 성찬예식

오늘날의 관점에서 볼 때 종교개혁시대의 모든 성찬신학의 주요 문제점은 그들이 공간의 문제에 몰두하고 있다는 것입니다. 다시 말하여 어떻게 부활하신 그리스도가 하늘 우편에 계시면서 동시에 성찬의 빵과 포도주에 현존하시느냐 하는 것이었습니다.29) 그러나 성공회의 신학은 공간적 현존보다는 시간적 현존을 말합니다.

---

28) 이에 대하여 미국 연합감리교회는 2004년 총회를 통하여 "This Holy Mystery: A United Methodist Understanding of Holy Communion" ("이 거룩한 신비: 연합감리교회는 성만찬에 어떤 입장에 서 있는가?")를 미 연합감리교회의 공식적인 신학적 해석과 실천으로 채택하였습니다.
http://www.gbod.org/worship/thisholymystery/default.html
29) 로렌스 홀 스투키, Op. Cit., p.87.

성찬은 시간의 신비요, 시간 속에 현존하시는 그리스도에 대한 축제로 이해를 합니다. 특별히 성공회의 역사 속에서 17세기의 영국 성공회 복음주의자들의 저작과 찬송 중에는 이 시간의 신비를 잘 이해하였습니다. 다니엘 브레빈트(Daneil Brevint)는 「그리스도교의 성사와 희생(The Christian Sacrament and Sacrifice)」이라는 학술논문을 작성하였는데 그는 여기서 성찬의 세 가지 근본적인 요소를 언급하였습니다.30) 그것은 성찬의 과거, 현재 그리고 미래입니다. 성찬은 무엇보다도 우리를 위해서 죽으신 그리스도의 죽음을 기념합니다. 둘째로 성찬을 받는 자들에게 주시는 영적인 공급과 현재의 은총입니다. 그리고 셋째로 하느님 나라에서 약속된 미래의 삶에 선참(先參)하는 것이라고 주장하였습니다. 그래서 교회는 성찬에서 그리스도의 죽음을 기념하고 하늘나라의 삶을 오늘 앞당겨 사는 예배를 드린다고 하여 시간적 변화 속에 과거, 현재, 미래가 함께 하는 성찬으로 이해하였습니다. 이런 신앙적 이해의 바탕 위에 찰스 웨슬레, 요한 웨슬레는 성찬에 대한 찬송을 116곡을 작곡하였는데 이 찬송은 바로 브레빈트의 성찬에 대한 신학적 주제와 17세기 성공회의 성찬에 대한 이해를 바탕으로 한 것입니다.31) 찰스 프라이스와 루이스 와일은 성찬 속에서 시간적으로 현존하시는 그리스도에 대한 성공회의 이해를 다음과 같이 말합니다.

"성찬의 실재는 성령 안에서 하느님께서 우리에게 주신 시간의 신비이다. … 하느님은 그의 현존하심을 우리에게 나타내셨고 모든 시간, 즉 과거, 현재 그리고 미래 속에 현존하시는 하느님은 한 분이시다. 우리 주님을 십자가에 달려 죽게 하실 때에도 우리들은 거기에 있었다. 주님은 지금 우리와 함께 하시고, 그가 권능과 영광 가운데 오시는 미래의 오심도 현재의 실재 속에

---

30) Crockett, William, Op. Cit., pp.313-314.
31) Crockett, William, Op. Cit., p.314.

함께 한다. … 이런 관점에서 우리는 성찬의 질료들(빵과 포도주)의 본체가 변하지 않는 것을 본다. 하지만 성찬의 순간-성찬을 집전(집례)하는 사제, 회중, 빵과 포도주 그리고 모든 것-이 변하는 것을 본다. 우리 시간의 순간들은 바로 그 순간으로 변하는 것이다. 이것이 바로 구약성서의 예배였다. 그리고 또한 교회의 예배였다. 시간의 변화가 바로 전례적 실재의 중심인 것이다."32)

몰트만은 그의 책 『성령의 능력 안에 있는 교회』에서 성찬예식 안에 있는 그리스도의 현존은 공간적 현존이 아니라 시간적 현존이라고 말할 수 있다고 하였습니다.33) 십자가에 달려 죽으셨고 부활하셨고 승천한 그리스도는 그의 미래로부터 '오시는 분'입니다. 십자가에 달려 죽은 그분과의 사귐으로서의 성찬은 동시에 '오고 있는 하느님 나라의 앞당겨 옴'입니다. 우리를 위해 죽으신 그분은 오고 있는 그분 안에서 성찬예식 속에 현존하십니다. 그의 현존은 공간적 현존 곧 여기에 머물러 계심을 뜻하는 것이 아니라 그의 미래로부터 오심을 뜻하며, 이 오심을 통하여 일어나는 '미리 있음'을 뜻한다고 김균진 교수는 몰트만의 시간적 현존을 해석합니다.

8. 언제 그리스도는 현존하시는가?[34]

성찬에 대한 신학적 이해의 문제 중 하나는 '빵과 포도주가 언제 그리스도의 살과 피로 변하는가?' 하는 순간에 관한 문제입니다. 어거스틴은 '하느님은 세상을 창조하시기 이전에 어떤 일을 하

---

32) Price, Charles P. and Weil, Louis. Op. Cit., p.218.
33) 김균진. Op. Cit., p.548에서 재인용.
34) Price, Charles P. and Weil, Louis. Op. Cit., pp.218-219에서 요약 정리.

셨을까?' 하고 질문을 한 적이 있었습니다. 그는 좌절과 당혹 속에서 다음과 같이 대답을 하였습니다. 아마도 '하느님은 꼬치꼬치 캐묻는 사람들을 위한 지옥을 만들고 있었다'고 대답하였습니다. '언제 빵과 포도주가 그리스도의 몸과 피로 변하는가?' 하는 질문은 같은 좌절과 당혹감을 안겨 줍니다. 하지만 '언제 그리스도의 몸과 피로 변하는가?' 하는 질문은 또한 합당한 질문으로 반드시 대답하여야할 질문이기도 합니다. 예식을 시작하기 전에는 빵은 빵일 뿐이었습니다. 그런데 우리가 빵을 받을 때에 그리스도의 몸으로 변화되어 있다면 언제 그 변화가 일어나는가? 하는 질문입니다. 이 질문에 대하여 교회의 전통은 각기 다르게 말합니다. 만일 쯔빙글리의 견해를 따르는 사람에게 이 질문을 한다면 그것은 아무런 의미가 없는 질문입니다. 왜냐하면 빵과 포도주는 그리스도의 살과 피로 변할 수 없기 때문입니다. 만일 동방정교회 사람에게 이 질문을 한다면 성령의 임재를 초대하는 기도를 할 때라고 말합니다. "주여, 당신의 선하심과 자비하심으로 성령을 우리와 이 제물 위에 내리시고 거룩하게 하시어, 성부의 아들 예수 그리스도의 몸과 피가 생명의 빵이요 구원의 잔이며, 성도들을 위한 거룩한 선물임을 보여 주소서." 로마가톨릭교회에 물으면 제2차 바티칸공의회 이전의 모범답안은 사제가 성찬제정사를 말할 때라고 합니다. 사제가 '이는 내 몸이니라. … 이는 내 피이니라'하고 그리스도의 말씀을 되풀이하면 빵과 포도주는 그리스도의 몸과 피로 변한다는 것입니다. 루터교회는 루터의 교리를 발전시켜 성찬을 받는 순간에만 빵과 포도주 안에, 빵과 포도주와 함께 그리스도의 살과 피가 동시적으로 실재한다고 믿습니다. 똑같은 질문을 성공회에 한다면 성공회 신학의 특징 중 하나인 모호함 또는 불가지론의 특징으로 다음과 같이 말할 것입니다. "모든 예배 전체를 통해서 이다." 성찬예식의 어떤 부분이 혹은 성찬기도 중에 어떤 기도가 더 효과적이고 더 거룩한 것이라고 말할 수 없습니다. 부활하신 주님의 명령에 순종하여 그리스도교 공동체가 함께 모여 성찬예배를 드릴 때에 그리스도는 오십니다. 그분은 우리에게 오시며, 그리고 오고 또 오고 계십니다. 이것이 바로 성찬예배의 시간의 신비이고 시간 속에 현존하시는 그리스도의 신비입니다. 이것이 아마도 성공회의 신학적 신중함이며 포용성이 아닐까 생각합니다.

성공회 신학자 존 맥퀘리(John Macquarrie)는 성찬에서의 그리스도의 현존은 인격적 현존(personal presence)이라고 이해하고 인격적 현존은 다차원을 가지고 있다고 말합니다. 그는 "그리스도는 그의 몸인 공동체에 현존하시며, 그리스도께서 보내신 주교 또는 집전하는 사제에게 현존하시며, 그를 대변하는 말씀 안에 현존하시며, 동시에 축성된 빵과 포도주 안에 현존하신다. 모든 인격적 현존은 단지 영적인 현존이 아닌 통합적인 현존이다. 통합적 현존에서 빵과 포도주는 중심적 역할을 감당하는 것이다."[35]

성공회의 이런 이해는 오늘날의 신학적 동향에서도 확인할 수 있습니다. 김균진 교수는 종교개혁자들의 성찬임재에 대한 신학적 이해를 분석하고 현대의 신학적 동향을 종합한 후에 그것은 공간적 임재가 아닌 시간적 임재이며 '이 임재는 떡과 포도주에만 있는 것이 아니라 성찬예식 전반에 있다'고 말합니다.[36]

---

[35] John Macquarrie, *Principles of Christian Theology*(2nd Ed), New York: Charles Scribner's Sons, 1977, pp.479-480. 또한 존 맥퀘리가 말하는 다차원의 인격적 현존에 관해서는 정철범 편저, 『성공회신학과 사상1』,(서울: 대한성공회선교 교육원, 2002), pp.126-144에서 참조할 수 있습니다.
[36] 김균진, Op. Cit., p.549.

제17장

❀ 성공회 성찬예배의 특징

　예배(성찬예배)는 시대에 따라서 그 특징을 달리하고 발전하면서 오늘에 이르고 있습니다. 이러한 예배의 발전에서 '성공회의 성찬예배는 어떠한 특징을 이루며 오늘에 이르고 있는 것일까요? 성공회 성찬예배는 다른 교파의 예배와 무엇이 어떻게 다를까요?' 우리는 성찬예배에 참여하면서 이러한 질문을 갖게 됩니다. 특별히 성공회 성찬예배에 처음 참여하는 사람들에게는 당연한 질문입니다. 이 물음에 대부분의 사람들은 '천주교의 미사와 비슷하나 조금 다르다'는 말을 합니다. 그럴 수 있습니다. 이 질문에 바르게 대답한다는 것은 결코 쉬운 일이 아닙니다. 또한 다른 교파와의 관계도 있기 때문에 조심해서 말할 부분이기도 합니다. 그럼에도 불구하고 우리는 '성공회의 예배의 특징이 무엇이냐?'는 질문에 대답해야만 합니다. 그것은 우리 것에 대한 이해를 통하여 바르게 예배드리기 위해서입니다. 또한 우리 성공회의 정체성을 갖고 소중함을 인식하며 성공회 성찬예배의 아름다움을 지키기 위해서입니다.

1. 말씀과 성찬이 균형 잡힌 예배[1]

우선 성공회 성찬예배의 특징을 다른 교파와 비교하면서 살펴봅니다. 많은 개신교의 예배에 참석해 보면 설교시간이 다른 교파(성공회 또는 천주교)와 비교하여 길다는 것을 금방 느끼실 것입니다. 예배시간 중 30~40분 정도를 설교합니다. 아마도 개신교인들 중에는 '주일예배에 왜 가느냐?' 물으면 '설교 들으러 갑니다'고 대답할 사람이 많이 있을 것입니다. 이는 단적으로 개신교인들이 설교를 중요시함을 말하는 것이고 개신교 예배는 '말씀중심의 예배'라고 말 할 수 있습니다. 개신교의 예배는 성서중심의 예배이고 말씀의 선포가 주된 사역이며 그리스도인의 윤리적 삶을 강조합니다.

이에 반하여 동방정교회 또는 천주교의 성찬예배에서 설교시간은 우리 성공회보다 또는 개신교에 비하여 짧다는 것을 경험합니다. 그리고 어떤 때는 설교 없이 성찬의 전례만을 행할 때도 자주 있다는 것을 발견합니다. 개신교 신자에게 했던 것처럼 천주교 신자들에게 '주일예배에 왜 나가느냐?'고 동일한 질문을 한다면 그들 중 많은 사람들은 '성체를 영하러 갑니다'라고 말할 것입니다. 결국 천주교의 성찬예배에서는 성찬이 강조되고 성사(성례전)중심의 예배입니다. 말씀과 성찬(Biblical and Sacramental), 이 말은 개신교와 동방정교회, 천주교의 차이를 극명하게 드러내 주는 말입니다. 즉 개신교는 성서중심(설교중심) 예배이고 천주교는 성찬중심 예배입니다.

그러면 성공회의 성찬예배는 어떨까요? 성공회의 성찬예배는 말

---

1) Underhill, Evelyn. *Worship*, New York: Harper & Row, 1936. pp.335-337에서 주로 참조.

씀의 전례와 성찬의 전례가 동일하게 강조된 균형 잡힌 예배입니다. 그래서 예배학자들은 성공회의 성찬예배만큼 말씀의 전례와 성찬의 전례에 충실한 예배양식은 없다고 말합니다. 성공회는 말씀과 성찬을 통하여 하느님을 경험하도록 인도하는 것입니다. "이 두 가지의 전례는 영과 감각이 분리되어서는 이해할 수 없으며 상호협력을 통하여 이루어지는 것임을, 그리고 전체 그리스도인의 삶과 경험의 영역에서 존재론적이며 동시에 실존적인 분리가 불가함을 보여주는 것입니다."[2]

말씀의 전례와 성찬의 전례를 동일하게 강조하고 균형 잡혀 있다는 것은 무엇을 의미합니까? 그것은 먼저 초대교회의 예배의 전통인 것입니다. 초대교회의 예배는 말씀의 전례와 성찬의 전례가 균형 잡혀 있는 모습이었습니다.(사도 2:42) 그러나 중세기에 천주교는 성서를 읽고 설교를 듣는 말씀의 전례를 약화시켰고 성찬의 전례를 강조하였던 것입니다. 이에 반하여 개신교는 종교개혁을 하면서 성서를 강조하다가 성찬의 전례를 무시하였습니다. 그런데 성공회만은 종교개혁시대에 초대교회의 예배전통을 회복하여 양극단에 치우치지 않았습니다. 즉 기독교의 예배전통을 충실하게 이어오고 있는 예배인 것입니다.

---

2) John Macquarrie, *Principles of Christian Theology*(2nd Ed), (New York: Charles Scribner's Sons, 1977), p.474.

사진 17-1. 그리스도는 말씀으로 그리고 성찬 안에서 우리에게 오십니다.
Detail of the Holy Communion window at St. Matthew's Lutheran Church.
The window was designed in 1966 by Franz Mayer & Co. of Munich, Germany and installed by the studios of George L. Payne of Patterson, New Jersey. photo Cadetgray, Wikimedia Commons.

그리고 말씀의 전례와 성찬의 전례가 동일하게 강조되고 균형 잡힌 성공회의 예배는 현대에 와서 세계 기독교에 큰 영향과 의미를 주고 있습니다. 먼저 천주교(로마가톨릭교회)는 제2차 바티칸공의회를 통하여 성찬의 전례에 치우쳐 있는 성찬예배, 말씀의 전례를 약화시켰던 성찬예배에서 말씀의 전례를 회복하여 말씀의 전례와 성찬의 전례가 균형을 이루도록 하였습니다. 천주교 성찬예배가 우리와 비슷한 이유 중의 하나는 바로 이와 같은 이유이기도 합니다. 오늘날 개신교는 그동안 소홀히 해왔던 성찬의 전례를 강조하고 있습니다. 성공회 성찬예배가 현대 기독교에 영향을 끼친 대표적인 예는 리마예식서입니다.[3] 1982년 세계의 기독교 지도자들이 남미의 리마에 모여서 분열된 교회의 일치를 위한 문제를 협의하였습니다. 그 중에 교회일치를 위한 예배의 모델을 기독교 예배전통에 근거하여 만들었는데 그것의 형식과 내용들이 성공회의 성찬예배와 거의 유사하다는 것입니다.[4] 특별히 미국성공회 성찬기도문 D양식과 유사합니다. 우리는 오늘날 성공회의 성찬예배가 세계기독교 예배의 모범이 되고 있다는 자부심을 가져도 됩니다.

성공회 성찬예배의 첫 번째 특징은 말씀의 전례와 성찬의 전례가 균형 잡힌 예배라는 것입니다. 이는 초대교회의 예배 전통에 뿌리를 박고 있으며 동시에 현대에 와서 교회일치를 위한 예배의 모델이 되고 있다는 것입니다. 그리고 말씀을 통해서도, 성찬을 통해서도 신자들을 하느님께 인도하는 균형 잡힌, 교육적인 예배입니다.

---

[3] 리마예식서에 관한 일반적인 안내와 예식에 관해서는 박근원 편저, 『리마예식서』, 서울: 한국기독교교회협의회, 1987. 참조.
[4] Meade, William, *The Prayer Book in the Church*, Forward Movement Publications, 1997. 참조.

2. 교회의 전통적인 예배

성공회 성찬예배와 전례의 두 번째 특징은 기독교 예배전통에 뿌리를 내리고 있다는 것입니다.5) 한마디로 전통적인 성찬예배와 전례라고 말할 수 있습니다. 성공회의 성찬예배문과 공동기도서에는 종교개혁의 개혁된 교리의 내용들이 있습니다. 그러나 성공회의 성찬예배와 전례는 독창적인 창작품이 아닙니다. 성공회의 전례는 성서적인 전통의 전례유산과 오래된 기독교의 전례의 전통과 유산을 바탕으로 하여 성공회의 역사경험을 통하여 이루어진 것입니다. 성공회의 전례에 사용되는 자료들을 살펴보면 이는 금방 알 수 있습니다. 성공회의 전례는 초대교회의 전례의 전통들과 동방정교회의 전례전통 그리고 서방교회에서 로마전례, 프랑스 대륙의 갈리칸전례 등으로부터 형식과 내용 그리고 특색들을 취하였습니다. 성공회 성찬예배는 성서 또는 성서정과(lectionary)가 있고 초대교회로부터 계속 이어져오는 성찬예배의 형식이 있습니다. 그리고 성공회의 성찬예배는 교회력의 중요한 정점을 인식하고 그것을 성찬예배를 통하여 표현하고자 하는 교회전례의 전통을 따릅니다. 이에 비하여 특별히 개신교의 예배는 한국이건 서구이건, 초대교회와 중세교회의 예배전통으로부터 단절된 뿌리가 없는 예배라고 말할 수 있습니다. 이 표현이 좀 심하다고 말할 수 있지만 전례학자들은 이에 동의를 하고 이렇게 표현합니다.

성공회의 성찬예배와 전례는 초대교회로부터 이어오는 예배전통은 물론 교회의 역사 속에서 계속 발전되는 전례전통을 이어가고 있습니다. 그래서 전례학자 매시 세퍼드는 '기독교의 전례의 모든 유산이 성공회 전례에 도움을 주었다'6)고 말하고, 레이몬드 압바

---

5) Underhill, Evelyn. Op. Cit., p.314-316.

는 '기독교의 전례의식의 전통을 그 본질적인 특색 그대로 보존하려고 한 가장 성실한 전례'7)라고 극찬을 합니다. 그로티우스는 '영국의 공도문은 다른 개혁교회의 것들과는 비교할 수 없는 것으로 초대교회 형태의 예배에 가장 가까운 것이다'8)라고 하였습니다.

사진 17-2. 구세주이신 그리스도 성화. 약 6세기.
Saint Catherine's Monastery, Sinai (Egypt)

---

6) Shepherd Jr, Massey H. *The Worship of the Church*, Greenwich, CT: The Seabury Press, 1952. p.87.
7) Abba, Raymond. *Principles of Christian Worship*, 허경삼 역, 『기독교 예배 원리와 실제』, 서울: 대한기독교서회, 1988. p.42.
8) Wheatly Charles, *A Rational Illustration of Book of Common Prayer of the Church of England*. London: Bell and Dally, 1867, p.34.

3. 포용적인 예배

　성공회 성찬예배의 세 번째 특징은 어느 한 극단을 주장하지 않고 넓게 포용한다는 것입니다. 성공회의 공동기도서(성찬예배와 다른 전례)에는 먼저 가톨릭교회적인 요소와 개신교의 복음적인 요소(Catholic and Protestant elements)가 함께 있음을 발견합니다.9) 여기서 말하는 가톨릭교회는 동서교회로 분열되기 이전의 공교회적인 전통의 교회를 말합니다. 이는 성공회가 취하고 있는 전례의 자료들에 기초하기도 하지만 성공회가 오랜 역사적인 경험을 하면서 로마가톨릭교회와 개신교의 극단에서 양자를 포용하며 신학적으로, 전례적으로 일치를 가져오려고 노력하였기 때문입니다. 가톨릭교회의 요소는 교회의 전통적인 성찬예배의 기도문과 형식, 교회의 의식, 교회의 성사적 전통 등을 말하며, 동시에 개신교의 복음적인 요소는 성서적이며, 예언적이며, 하느님 말씀에 대한 경청과 선포, 의식적 행동과 감각적 표지들에 대한 경계, 그리고 하느님과의 개인적인 관계의 강조 등을 포함하고 있습니다.

　성공회의 성찬예배의 포용성은 역사 속에서 오랜 경험을 통하여 형성된 성공회의 경험이고 지혜이며 신앙고백입니다. 성공회는 종교개혁 이후에 전통적인 가톨릭교회와 청교도의 개신교회 사이에서 긴장과 갈등을 경험하면서 포용적인 전례와 신학을 형성하게 되었습니다. 그리고 이는 동시에 역설적인 영국인들의 기질이기도 합니다. 성공회의 예배에는 다음과 같은 독특한 포용적인 성격을

---

9) Underhill, Evelyn. op. cit., pp.322-334에서 성공회 전례의 가톨릭적 요소와 개신교의 복음적 요소들을 열거합니다. 특히 현대성공회의 전례, 성찬예배에는 영국성공회의 복음주의운동과 옥스퍼드운동의 전례 전통이 함께 공존함을 pp.327-334에서 확인합니다.

발견할 수 있다고 에블린 언더힐은 말합니다.

"과거의 전통을 존중하는 보수적인 경향과 동시에 오늘의 현재적 상황에 대한 자유로운 열정, 기존의 교회의 관습에 관한 법제적 신실함과 동시에 그것의 고착성에 반대하는 유연함, 교회공동체의 공동체적인 삶에 대한 제도적인 존중과 동시에 교회공동체의 개인적인 삶에 대한 열림, 그리고 도덕적이고 실제적인 융통성 … 지나치게 권위적이지도 않으며 동시에 지나치게 진취적이지도 않은 것입니다. 과거에 대한 사랑을 하지만, 그리고 과거로 자주 돌아가지만, 과거를 늘 재해석하고 교훈을 받아들이고자 합니다. 순서에 따른 잘 준비된 예배에 대한 의무를 수용하지만, 예식 그 자체만을 추구하는 것을 배제합니다. 영적 지도자에 대하여 존경하면서 경청하지만, 동시에 개인의 영혼에 관한 존경과 자유를 저해하는 것에 관해서는 비관용적인 태도를 보입니다."10)

성공회의 전례의 포용성은 오늘날 교회일치를 위한 예배의 모범이 되고 있다는 것에서도 증명됩니다. 그래서 성공회 성찬예배의 포용성에 대하여 전례학자 콤버는 다음과 같이 말을 합니다. '세계의 모든 교회가 각기 그들의 예배형태를 지녔지만 성공회의 것처럼 포용적이고 정확하며 마음에 거슬리지 않는 것은 없다.'11) 세계의 많은 교회에서 성공회의 전례를 사용하고 있는 것은 성공회 성찬예배와 전례가 보편적인 평가를 받고 있다는 것입니다. 성공회 전례의 탁월성은 전통에 뿌리를 두고 있다는 것과 포용성입니다.

---

10) Underhill, Evelyn. Op. Cit., p.317.
11) Wheatly Charles, Op. Cit., p.33.

사진 17-3. 대한성공회 강화읍 성당.
성공회는 전통을 유지하면서 지역의 문화와 역사 속에 함께 하는 전례에 열려있는 교회입니다.

4. 공교회적이고 회중적이며 지역적인 예배

성공회 성찬예배의 네 번째 특징은 공교회적이며 회중적이고 지역적이라는 것입니다.

성공회 신자들은 세계 성공회 어디를 가서 예배를 드려도 전혀 생소하지 않으며 친숙합니다. 이는 세계성공회가 공동기도서를 통하여 성찬예배와 예배를 드리기 때문입니다. 공동기도서는 성공회에서 주교직과 함께 전 세계 성공회를 일치시켜 주는 구심점 역할을 하고 있습니다. 그래서 오래된 역사의 교회를 가나 짧은 역사의 교회를 가나 성공회는 함께 이러한 전통 속에서 성찬예배를 드리고 있습니다.

그러나 이와 동시에 성공회의 성찬예배와 전례는 회중적입니다.

성공회가 회중적인 전례를 드리기 시작한 것은 종교개혁때부터 입니다. 로마가톨릭교회는 1960년대까지 오직 라틴어로만 전세계 모든 교회에서 성찬예배를 드리게 했습니다. 그러나 성공회는 처음부터 회중의 언어인 지역어로 성찬예배를 드렸습니다. 그리고 회중들이 쉽게 전례에 참여할 수 있도록 전례를 단순화시키고 통일시켰습니다. 그리고 현대에 와서는 회중들의 전례의 참여를 높여 왔으며 회중과 함께 하는 성찬예배를 드리고 있습니다.

성공회의 성찬예배는 또한 지역적입니다. 성공회는 전세계적으로 공교회적인 성찬예배의 일치성을 유지하면서 동시에 지역적인 특성을 가지고 있습니다. 성공회는 각 나라마다 독특한 지역성과 토착성을 성찬예배와 전례에 수용하고 있습니다. 그래서 성공회의 성찬예배와 전례는 세계 어디를 가나 일치성을 느낄 수 있고 동시에 다양함을 체험합니다. 성공회의 전례 전통에 바탕을 두고 각 나라마다 또는 지역마다 자기 나름대로의 공동기도서를 가지고 있는 것이 바로 이 점을 반영하고 있는 것입니다.

5. 온몸으로 드리는 예배

성공회 성찬예배의 특징 중에 하나는 온몸으로 예배드린다는 것입니다. 이미 머리말에서 언급한 것처럼 성공회의 성찬예배는 온몸으로 드리는 예배입니다. 예수 그리스도는 성육신하셔서 인간의 몸으로 오셨고 이 세상에서 구원의 사역을 이루셨습니다. 우리는 성찬예배에서 그리스도의 성육신의 사건을 생생하게 축하하게 됩니다.

먼저 개인적인 차원에서 우리들은 온몸을 사용하여, 온몸을 드려서 예배드립니다.12) 성공회의 성찬예배 중에는 인간의 모든 감각, 오감각을 통하여 예배드립니다. "우리는 모든 감각이 동원되어 하느님과 인간의 종합적이고 감각적이며 다차원적인 경험에 참여합니다."13) 우리들은 시각적으로 보는 것을 통하여 하느님을 예배드립니다. 우리들이 시각적으로 볼 수 있는 예배의 상징들, 예복들, 색깔들, 교회의 성물 등은 하느님께 드리는 우리들의 믿음을 상징적으로 담고 있습니다. 청각적으로 우리들은 소리를 내어 찬양하고, 기도하고, 하느님의 말씀을 듣습니다. 후각적으로 우리들은 향을 사용하고, 하느님이 창조한 자연세계에서 아름다운 향기의 꽃들을 통하여도 하느님을 예배합니다. 촉각적으로 우리들은 교회에 들어오면서 성수를 통하여 마음을 새롭게 하고 여러 가지 몸가짐을 통하여 내적인 은총을 표현합니다. 미각적으로 우리들은 빵과 포도주를 먹고 마심으로 그리스도의 몸과 피를 받아 모십니다. 그러므로 성공회의 성찬예배는 온몸을 통하여, 온몸으로 하느님을 예배하도록 인도합니다.

성공회의 성찬예배는 그리스도의 몸인 교회공동체가 예배를 드리는 것입니다. 그리스도의 몸으로서의 교회는 복합적 의미를 가지고 있다고 했습니다. 세례받은 형제자매들의 공동체로서, 지상적·역사적 실존형식으로서, 하느님 나라의 현실로서, 지교회인

---

12) Webber, Christopher L. *Welcome to Sunday*,(Harrisburg, PA: Morehouse Publishing, 2003), pp.25-27.
13) Westerhoff III, John. and Willimon, William. *Liturgy And Learning Through The Life Cycle*.(MN: Minneapolis, The Seabury Press, 1980), p.38. 어반 홈즈 3세는 "예배와 영성" in 성공회 신학과 사상 1, 정철범 편저,(서울: 대한성공회선교 교육원, 2002), pp.107-108에서 성찬예배는 통합적 감각의 성사라고 이해하면서 성찬예배를 통하여 '우리의 감각적 본성을 거룩한 것으로 봉헌하고, 하느님께 우리의 전존재를 들어 올리게 한다'고 주장합니다.

동시에 세계교회로서, 다양성 안에 있는 통일성으로서, 우주적 공동체로서의 그리스도의 몸을 의미합니다. 그래서 성공회의 예배는 뿌리가 없는 개인적인 교회의 예배가 아닌 교회공동체인 그리스도의 몸이 드리는 예배입니다.

또한 성공회의 성찬예배는 교회공동체가 예배드리기 위하여 하느님이 창조한 세계 속에서 물리적인 것들-교회의 건축, 교회의 성물, 예배의 각종 상징, 예복 등 이 세계의 몸을 사용하여 하느님을 예배합니다. 온몸으로 드리는 예배는 한 개인의 몸과 교회공동체의 몸과 하느님이 창조한 세계의 몸으로 드리는 예배입니다. 성공회는 바로 온몸으로 예배드리기를 원하고 표현하는 교회입니다. 하느님께서 허락하신 모든 몸을 통하여, 하느님이 창조하고 허락한 당신의 세계를 통하여, 하느님을 예배하고 하느님을 경험하도록 인도합니다. 요한 캘빈은 하느님과 성찬예배에 관하여 이렇게 말하였습니다. "우리가 피조물임을 기억하라. 그리고 하느님께서 영적인 것을 우리에게 전하시기 위해 사물을 창조적으로 사용하심을 생각하라."14) 그래서 우리들이 드리는 예배는 육체적인 몸, 그리스도의 몸인 교회공동체와 하느님이 창조한 세계의 몸을 통하여 드리는 우주적 사건이 되는 것입니다.

---

14) Westerhoff III, John. and Willimon, William. *Liturgy And Learning Through The Life Cycle.*(MN: Minneapolis, The Seabury Press, 1980), p.38에서 재인용.

| 참고문헌 |

Abba, Raymond. *Principles of Christian Worship*, 허경삼 역, 『기독교 예배 원리와 실제』, 서울: 대한기독교서회, 1988.

Allmen, J-J von. *Worship, Its Theology and Practice*. 정용섭 외 역, 『예배학원론』, 서울: 대한기독교출판사, 1979.

Baycroft, John., *The Eucharistic Way*, Toronto: Anglican Book Centre, 1981.

Bicknell, E.J., *A Theological Introduction To The Thirty-Nine Articles Of The Church Of England*, GK, Glasgow: Longmans, 1963.

Burkhard, Neunheuser., 『문화사에 따른 전례의 역사』, 김인영 옮김, 왜관: 분도출판사, 1992.

Dennis R. Maynard, *Those Episkopols*, Dionysus Publications, 1994.

Dix, Dom Gregory., *The Shape Of The Liturgy*, London: Dacre Press, 1975.

Dom Robertall(ed), *Symbols Of Catholicism*, NY: Barnes & Noble Books, 2003.

Dunn, Greig S., *Servers and Services-Introduction for serving Anglican Liturgies*, Toronto Canada: The Anglican Book Centre, 1986.

The Episcopal Church, *The Book of Common Prayer*, 1979 한영대조 『공도문』, NY: New York: The Episcopl Church, 1986.

The Episcopal Church building Fund, *The Church for Common Prayer, A Statement on Worship Space for the Episcopal Church. Churches for Common Prayer, Building for the Liturgical Assembly.*

Ernest Rhys,(ed). First & Second Prayer Books of Edward VI: *with an Introduction by the Bishop of Gloucester*, London: J.M. Dent & Sons, 1910.

Ghezzl, Bert., *The Sign Of The Cross: Recovering the Power of the Ancient Prayer*, Chicago: Loyola Press, 2004.

Gonzalez, Justo L., *A History Of Christian Thought, Vol III*, Nashvill: Abingdon, 1975.

Gumbel, Nicky., *Questions of life*, Colorado Spirings, CO: Cook Communications Ministries, 1996.

Howard E. Galley., *The Ceremonies of The Eucharist*, Cambridge, MA: Cowley Publications, 1989.

Joseph M. Champlin, *Inside a Catholic Church: A Guide to Signs, Symbols and Saints*, New York: Orbis Books, 2003.

Leighton Pullan, *The History of the Book of Common Prayer*, London: Longmans and Green, 1905.

Long, Thomas G., *Beyond Worship Wars*, Bethesda, MD: The Alban Institute, 2001.

Lowther, Clarke, W. K.,(ed) *Liturgy and Worship*, London: S.P.C.K., 1950.

Macquarrie, John., *Principles of Christian Theology*(2nd Ed), New York: Charles Scribner's Sons, 1977.

Marchadour, A., *L'eucharistie dans la Bible*, 『성서에 나타난 성체성사』, 안병철 역, 서울: 가톨릭출판사, 1995.

Mauck, Marchita, *Shaping a House for the Church*, Chicago, IL: Liturgy Training Publications, 1990.

Maude,J.H., *The History of the Book of Common Prayer*, London: Rivingstons, 1899.

Maxwell, William, *Concerning Worship*, London, England: Oxford University Press, 1948.

Maxwell, William D., *An Outline Of Christian Worship: Its Development And Forms*, London: Oxford University Press, 1945.

Meade, William, *The Prayer Book in the Church*, Cincinnati: Forward Movement Publications, 1997.

Michael E. DeSanctis, *Reviewing the City of God*, Liturgy

Training Publications, 1993.

Moore, Stephen E., *Church Words*, Cincinnati: Forward Movement Publications, 1996.

National Conference of Catholic Bishops, Bishop's Committee on The Liturgy, *Environment & Art In Catholic Worship*, Chicago, IL: Liturgy Training Publications, 1986.

Neve, J.L. A., *History of Christian Thought, Vol I*, 『기독교교리사』, 서남동 역, 서울: 대한기독교서회, 1965.

Pattterson, M.W., *A History of the Church of England*, Lodon: Longmans, Green and Co, 1920.

Philippart, David(ed), *Basket, Basin, Plate, and Cup: Vessels In The Liturgy*, Chicago, IL: Liturgy Training Publications, 2001.

Philippart, David, *Clothed in Glory-Vesting the Church*, Liturgy Training Publications, 1997.

Power, David, N., *The Eucharitic Mystery*, New York: Crossroad, 1993.

Powel Mills Dawley, *Chapters in Church History*, 『교회의 역사』, 김성수 옮김. 서울: 한국양서, 1985.

Price, Charles P. and Weil, Louis, *Liturgy for Living*, San Francisco: Harper & Row Publishers, 1979.

Richard S. Vosko, *Designing Future Worshop Spaces*, Chicago, IL: Liturgy Training Publications, 1996.

Schattauer, Thomas H.(ed), *Inside Out: Worship in an Age of Mission*, Minneapolis, MN: Augsburg Fortress, 1999.

Shepherd Jr, Massey H., *The Worship of the Church*, Greenwich, CN: The Seabury Press, 1952.

Stott, John. *Christian Basics*. Grand Rapids, MI: Baker Book House, 2003.

Sydnor, William, *Looking at the Episcopal Church*, Harrisburg, PA: Morehouse Publishing, 1980.

Tayor, B. Don, *The Complete Training Course For Altar*

Guiilds, Harrisburg, PA: Morehous Publishing, 1993.

Timothy Wight, *A Community of Joy*, Nashville, TN: Abingdon Press, 1994.

Thomas, Owen C., *Introduction to Theology*(Revised Ed), 『요점조직신학』, 이재정 외 옮김, 서울: 대한기독교서회, 1993.

Underhill, Evelyn. *Worship*, New York: Harper & Row, 1936.

Wand, J.W.C., *Anglicanisim in History and Today*, London: Weidenfield and Nicolson, 1961.

Webber, Christopher L., *Welcome to Sunday*, Harrisburg, PA: Morehouse Publishing, 2003.

Westerhoff III, John. and Willimon, William, *Liturgy And Learning Through The Life Cycle*, Minneapolis, MN: The Seabury Press, 1980.

Wheatly Charles, *A Rational Illustration of Book of Common Prayer of the Church of England*, London: Bell and Dally, 1867.

White, James F., *Protestant Worship: Tradition in Transition*, Louisvill, KY: Westminster/John Knox Press, 1989.

Williston Walker, *A History Of The Christian Church*(3rd ed), New York: Charles Scribner's Sons, 1970.

Williams, G. I., *The Shorter Catechism*, 『소요리문답강해』, 최덕성 역, 서울: 성광문화사, 1981.

과르디니, 『거룩한 표징』, 장익 옮김, 왜관: 분도출판사, 1983.

김균진, 『기독교조직신학 IV』, 서울: 연세대학교출판부, 1993.

김종수, 『왜 저렇게 하지: 전례의 표징』, 서울: 한국천주교중앙협의회, 2002,

대한성공회 전국의회, 『대한성공회 공도문 1966』, 서울: 대한성공회 서적편집위원회, 1966.

대한성공회 공도문 개정전문위원회, 『대한성공회 기도서 2004』, 서울: 대한성공회 출판부, 2004,

대한성공회, 『성당에 나가보자』, 서울: 대한성공회, 1965.

로렌스 홀 스투키, 『성찬 어떻게 알고 실행할 것인가?』, 김순환 역,

서울: 대한기독교서회, 2002.
박근원 편저, 『리마예식서』, 서울: 한국기독교교회협의회, 1987.
백 플라치도, 『미사는 빠스카의 잔치이다』, 왜관: 분도출판사, 1986.
서강대학교 신학연구소 외, 『하나인 믿음』, 왜관: 분도출판사, 1979.
성서와 함께 편집부, 『어서 가거라-출애굽기 해설서』, 서울: 성서와 함께, 1991.
유봉준, 『가톨릭입문, 예비자 교리서』, 서울: 가톨릭출판사, 1986.
이기명, 『알기 쉬운 미사 해설』, 가톨릭출판사, 1974.
정철범 편저, 『성공회신학과 사상1』, 서울: 대한성공회 선교교육원, 2002.
주인돈, 「영국교회의 전례개혁 연구-1549년, 1552년, 1559년, 공동기도서를 중심으로」, 성공회신학교 사목신학연구원, 졸업논문, 1989.
최윤환, 『간추린 미사해설』, 서울: 가톨릭출판사, 1982,
최윤환, 『주일과 주일미사』, 왜관: 분도출판사, 1978.
카잔스키, 『주앞에 모여』, 최윤환 옮김, 왜관; 분도출판사, 1982.

⟨논문⟩

김웅태, 가톨릭교리마당, 「현대의 가톨릭 교회」 in
  http://www.cateforum.com/history/H-024.html
로마가톨릭 교황청, 「제7장 성 미술과 전례 제구 및 제의」
  http://www.ocatholic.com/
Johnson, Maxwell E., 「The Apostolic Tradition」 in *The Oxford History Of Christian Worship*(ed), Wainwright, Geoffrey and Tucker, Karen B., New York: Oxford University Press, 2006.
박봉랑, 「몰트만에 있어서 교회의 새로운 이해」, 〔神學論集〕 4, 서울: 강남사회복지대학, 1985.
박은규, 「예복(예배복)에 대한 신학적 탐구」 in
  http://www.theologia.pe.kr/
서공석, 「성찬의 교의신학적 고찰」, 신학사상, 1990, 봄,

성서와 함께 편집부, 「성서로 시작하는 믿음의 길-미사(1-12)」, 성서와 함께, 1990년 1월-12월호.

성서와 함께 편집부, 「나를 위한 미사라구?, 1-13」, 성서와 함께, 1987-1988.

어반 홈즈 3세, 「예배와 영성」 in 성공회 신학과 사상1, 정철범 편저, 서울: 대한성공회선교 교육원, 2002.

주승중, 「성경과 전통을 소중히 여긴 루터 계열의 예배」 in http://www.theologia.pe.kr/

주승중, 『예배의 전통을 단절시킨 쯔빙글리 계열의 예배』 in http://www.theologia.pe.kr/

Anglican-Roman Catholic Joint Preparatory Commission, "Agreed Statement on Eucharistic Doctrine 1971" in htttp://www.anglicancommunion.org/ministry/ecumenical/dialogues/catholic/arcic/docs/eucharistic_doctrine1971.cfm.

The Augsburg Confession (1530) in http://www.iclnet.org/pub/resources/text/wittenberg/concord/web/augs-010.html

The Commission on Faith and Order in W.C.C., "Baptism, Eucharist and Ministry-Faith and Order Paper No. 111" in http://www.oikoumene.org/en/resources/documents/wcc-commissions /faith-and-order-commission/i-unity-the-church-and-its-mission/baptism-eucharist-and-ministry-faith-and-order-paper-no-111-the-lima-text/baptism-eucharist-and-ministry.html#c10499.

Crockett, William, "Holy Communion" in *The Study of Anglicanism* edited by Stephen Sykes, John Botty, Jonathan Knight, Minneapolis, MN: Fortress Press, 1988.

Evangelical Lutheran Church in America, The Use of the Means Of Grace: A Statement on the Practice of Word and Sacrament, in http://www.renewingworship.org/resources/principles/html

/the_use_of_the_means_of_grace.html
http://www.kintera.org/atf/cf/%7B3482e846-598f-460a-b9a7-386734470eda%7D/THM-BYGC.PDF
http://www.gbod.org/worship/default.asp?act=reader&item_id=13351&loc_id=9,39,211,388,1102 p.24

Haquin, Andre, "The Liturgical Movement and Catholic Ritual Revison" in *The Oxford History of Christian Worship*, edited by Wainwright, Geoffrey and Tucker, Karen, new York: Oxford University, 2006.

Hatchett, Marion J., "The Anglican liturgical Tradition" in *The Anglican Tradition*, Holloway, Richard(ed), Wilton, CT: Morehouse-Barlow Co, 1984.

Ratzinger Joseph, "Is The Eucharist a sacrifice?" in *The Sacraments: An Ecumenical Dilemma*,(ed by) Hans Kung, New York: Paulist Press, 1967.

United methodist, 2004 General Conference, "This Holy Mystery: A United Methodist Understanding of Holy Communion"("이 거룩한 신비: 연합감리교회는 성만찬에 어떤 입장에 서 있는가?") in www.gbod.org/site/apps/nlnet/content3.aspx?c=nhLRJ2PMKsG&b=5703123&ct=7786907 (English version) www.gbod.org/site/apps/nlnet/content3.aspx?c=nhLRJ2PMKsG&b=5703123&ct=7787957(한글문서)

Wainwright, Geoffrey, "Ecumenical Convergences", in *The Oxford History of Christian Worship*, edited by Wainwright, Geoffrey and Tucker, Karen, new York: Oxford University, 2006.

Wikipedia, "Book of Common_Prayer" in http://en.wikipedia.org/wiki/Book_of_Common_Prayer#1662_Prayer_Book

Wikipedia, "Liturgical Movement" in http://en.wikipedia.org/wiki/Liturgical_Movement

| 사진 출처/작가 |

여기에 실린 대부분의 사진들은 저작권이 무효된 사진과 그림들로서 Wikimedia Commons를 통해서 확인하였습니다.

다음의 사진들의 출처를 밝힙니다.

- David Skidmore, Canon to Communication, Diocese of Chicago.: 2-1, 5-6, 4-20, 14-4, 15-3, 15-4, 15-7, 15-9,
- CM Almy: 4-3, 4-5, 4-6, 4-7, 4-8, 4-9, 4-10, 4-15, 4-16, 4-17, 4-18, 4-19, 4-21, 8-1,
- 이성훈: 4-12, 11-1, 16-6,
- 김의창: 6-1, 주인돈 신부 사진
- 김웅배, 이만홍: 4-14, 14-8
- FreeFoto.com: 16-3
- Clip arts of Celtic Crosses & Celtic Spirals are used by permission from Courtney Davis, from the books [101 Celtic Crosses], David & Charles, 2004 and [101 Celtic Spirals], David & Charles, 2005.